我存A股而不是台股

如何在大陸股市長期獲利的技巧和祕訣

雪球滾滾——著

自序

大學時我念的是文組，而且還是純度非常高的英語系。為什麼會選擇英語系就讀呢？因為英語是我考試最拿手的科目，而我最差勁的科目就是數學，記得曾在高一時還考過全年級倒數。從小對一切與數字相關的東西都感到恐懼，我有很長一段時間都認為，像「投資理財」這種與數字脫不了關係的東西，應該一輩子都跟我無緣了吧。

這樣的想法一直持續到我大學四年級，當時某堂課的老師讓我們閱讀羅伯特・清崎（Robert Toru Kiyosaki）所寫的暢銷書《富爸爸 窮爸爸》，並介紹了「現金流遊戲」，才終於打開我對於金錢世界的好奇心。巧合的是，那時我父親正好剛接觸到「價值投資」，時不時會跟我分享投資理念和心得，這也讓投資股票的想法在我心中萌芽。

開始工作之後，我開了人生第一個台股證券交易戶，不過在那之後的很長一段時間裡，我的投資心態還是停留在妄想「賺價差」階段。總想著在股市中快速獲利的我，經常會受到媒體或他人的影響而買股票，並沒有建立一套屬於自己的投資邏輯。由於性格偏保守的緣故，雖然我有「投機」的心態，但還是怕會賠光積蓄，所以只用了小部分的資金投入股市。

2017 年，我因為換工作搬到上海展開新生活，或許是初來乍到的緣故，我對於中國的一切都感到新鮮，其中包含了中國的股票市場。起初我在中國的投資以買基金為主，雖然靠著「投機」的方式有賺到一點錢，但內心始終感覺不踏實。

這種「投機」的投資心態，一直到有一次我回台北時才發生了轉變。因為很喜歡看書，只要回台北我一定會抽空去熟悉的書店閱讀。那次我偶然翻到了一本關於「存股」的書籍，頓時茅塞頓開，當下我就決定開始研究和執行存股的投資策略。起初我先從比較熟悉的台股著手，隨後便投入大量時間和精力鑽研陸股，最終將陸股納入我的存股組合中。會決定這麼做是受到知名投資人達理歐（Ray Dalio）的啟發，並結合我在中國闖蕩多年的感悟，讓我確信世界秩序存在變化的可能，未來美國有可能被中國追上，甚至被取而代之。

趁著 2022 年春節往返兩岸為期 35 天的隔離，我開始經營 FB 粉絲專頁「雪球滾滾 兩岸投資觀察」，內容分享我對中國經濟和股市的研究與觀察。當初成立 FB 專頁，單純只是為了打發隔離時光，沒想到一路走來，我認識了許多優秀的投資作家和一群志趣相投的網友，大家平時互相交流和鼓勵，讓我逐漸寫出了興趣和信心。

原以為在隔離結束後會沒時間經營 FB，沒想到上海突然爆發疫情，讓我獲得了額外的創作時光。隨著文章內容日漸豐富，專頁從一開始沒什麼人追蹤，逐漸有媒體平台邀約合作。後來我偶然認識了財經傳訊出版社的編輯，經過一晚的暢談投資和創作理念後，讓我決定執筆將陸股研究和投資心得彙整成一本書，毫不保留地把我的經驗分享給讀者們。

本書囊括6大層面：邏輯層面（第1章：為什麼要投資陸股？）、知識層面（第2章：關於陸股，那些不可不知的事）、執行層面（第3章：手把手教你買陸股）、思維層面（第4章：A股有坡道可以滾雪球？）、選股層面（第5章：財報不可信？如何挑選好股票？與第6章：存股名單大公開），以及策略層面（第7章：只能炒短？買進持有策略也行得通）。書中完整公開筆者陸股的投資心得和歷程，內容僅做為筆者個人經驗的分享，不構成何形式的投資建議或投資標的推薦。希望透過這本書遇見更多志同道合的夥伴，一個人或許跑得快，但一群人才能走得遠。在投資這條漫漫長路上，希望我們能在頂峰相遇。

免責聲明

本書中的選股與操作策略僅為作者個人的投資心得和經驗，讀者不應單純根據任何結論做出投資的決定。若有疑問，應該請教專業投資顧問或查閱其他著作。

本書作者已經盡一切努力確保資料的正確性和完整性，但是不能保證資料和分析方法的適用性。本書作者和出版社不負資料缺失或者錯誤的責任。

書中投資技巧是作者的研究心得，不一定準確。本書內容不構成任何形式的投資建議。

投資方法沒有絕對正確或錯誤，如果讀者發現其他方法和本書分享的方法有所不同，並不代表任何人犯錯。

目錄

第 5 章｜財報不可信？如何挑選好股票？

第 6 章｜存股名單大公開

第 7 章｜只能炒短？買進持有策略也行得通

第 1 章　為什麼要投資陸股？

本章筆者將帶著讀者一起回顧，2019 ～ 2021 年全球股市發生了哪些重大事件，並說明筆者如何利用自身優勢，妥善分散中美大國博弈帶來的投資風險。

我買 A 股的理由

相信許多台灣的投資人都有這樣的疑慮，台灣可以選擇的投資商品已經多到讓人眼花撩亂了，為什麼還要去接觸陌生又複雜的中國股票市場呢？還記得在 2015 年筆者剛踏入股市時，最初也只是單純想著如果靠台股賺到錢了，再考慮進入美國股票市場，壓根就沒有把中國股市納入考量之中。

一直到 2017 年在因緣際會之下，筆者到上海工作，其間南走北闖的經歷，對中國有了更深層次的理解和觀察，並且意識到世界秩序確實存在變化的可能性，所以投資陸股就成了一件理所當然的事。看到這裡你可能依然不明白，究竟筆者選擇投資 A 股背後的邏輯是什麼呢？接著就讓筆者娓娓道來……

世界霸權將大洗牌，中國恐取代美國

我們現在身處第二次世界大戰後所建立的世界格局，二戰結束後代表當時歐洲殖民帝國衰落，以及美國與蘇聯這兩個超級強國同時崛起。隨後美國和蘇聯便展開了長達近半世紀的冷戰[1]，對立的局勢在蘇聯 1991 年解體之後劃下句點，從此美國便正式稱霸全球。在過去這數十年裡，地球上可以說完全找不到第二個能夠與美國抗衡（更不用說超越）的國家。然而隨著中國經濟快速發展、各項實力逐漸提升之

後，開始產生微妙的變化。如今相信絕大多數人都同意，中國已經成為了後蘇聯時代的「新二哥」，這項明顯的變化讓越來越多的人逐漸意識到一件事情，那就是美國或許將會在我們的有生之年（或21世紀結束前），被這位「新二哥」給追上，甚至超越。

人們會形成這樣的觀點或共識，不是空穴來風，從客觀的數據來看，中國自1978年實施經濟改革開放[2]以來，每年國內生產總值（GDP）[3]便以驚人的速度成長，從1978年GDP只有約人民幣3,600億元，到2021年已經成長至人民幣114兆元。若照這樣的發展軌跡持續下去，「新二哥」超越「一哥」成為全球第一大經濟體，只是時間的問題。

有些人可能會說，要衡量一個國家整體的實力，不能光看國內生產總值這項經濟數據，需要考慮其他更全面的指標。確實有些專家認為，綜合分析一個國家的實力，需要從人類發展指數[4]的角度來衡量，該指數除了考慮人均國民總收入，還包含了平均壽命和受教育年限。筆者則是比較認同著名的對沖基金橋水[5]創辦人達理歐（Ray Dalio）在其著作《變化中的世界秩序》（The Changing World Order）中，提出了8種衡量一個國家實力的指標，包含教育、創新和技術、競爭力、軍事、貿易、產出、金融中心和儲備地位。

不論透過什麼指標或方法，一個國家若想要強盛，最關鍵的還是要先發展經濟。這就如同中國流行的一句話叫「經濟基礎決定上層建築」的概念，意思是經濟發展會決定其他方面的好壞，例如教育、公衛醫療、軍事實力和文化等。換句話說，只要中國的經濟能夠穩定向上發展，其他方面的指標自然而然會被帶動起來。或許當前中國在各方面都還不如美國，但隨著時間推移和經濟不斷成長，各方面只會變得越來越好，最終將衝擊或挑戰以美國為首的世界秩序。

不過對一個普通投資人來說，要準確預測「世界霸權是否將會更替」這件事情並不太現實。因為若想有效分析，除了要對宏觀經濟有足夠了解，還需要對全球政治、歷史、文化和軍事等各層面都有深入的研究。這些領域超出了大多數投資人的能力圈，也因此筆者更傾向於不去預測未來。

為什麼即使知道自己無法預測中國能否在未來超越美國，還要堅持投資中國股市呢？原因很簡單，因為有句話說：「雞蛋不要放在同一個籃子裡」。

風險要分散在不同市場中

讀者應該都有聽過「雞蛋不要放在一個籃子」這句話，簡單來說就是要投資人盡可能做到分散風險，避免不小心打翻一籃子的雞蛋，最終落得兩手空空。其實這句名言還有一段鮮為人知的下半句：「但也不要把雞蛋放在太多籃子裡」，意思是投資人雖然要做到分散，但也不要過度分散。

對台灣的投資人來說，最方便接觸到的股票市場莫過於台股，但如果光投資台股，相當於把雞蛋放在一個籃子裡，風險還是比較大的。或許會有人說，那如果再投資美股呢？畢竟現在要買美股的管道非常多，對一般投資人來說門檻也不高，甚至不需要開設境外帳戶就能操作。

從分散風險的角度來看，如果只將雞蛋額外放到美股籃子的意義並不大，因為台灣和美國不論政治或經濟的連動性都非常高。甚至可以說，台股只不過是美股大籃子中的一個小籃子，當前美股籃子若不慎打翻了，台股籃子也很難倖免。那投資日韓歐澳的股市呢？或是直接買類似 VT[6] 的 ETF 會不會比較好？但這就是「把雞蛋分散在太多籃子裡了」。

那麼我們到底該怎麼做比較好呢？現在的世界已經形成冷戰後新

二元分化的格局，分別是以美國為首的西方世界（舊霸權）和中國為首的中方世界（新霸權）。投資人想要適當分散投資風險的話，最好的方式就是把雞蛋放在這兩個大國陣營的籃子裡，也就是美國股市和中國股市。

如此一來，無論未來世界的老大換誰當，投資人都能確保投資組合能夠立於不敗之地。要知道，分散風險無關乎個人的喜好，因為從來不會因為你不喜歡，某些事情就永遠不會發生。鴕鳥心態或過於依賴偏見做投資決策，將會讓自己產生盲點，若不幸判斷錯誤，將導致無法承受的損失。

看到這裡如果你還是認為筆者只是杞人憂天，對把雞蛋分散到中國的籃子這種說法半信半疑，覺得以美國為首的西方霸權才不可能會被取代，那麼接下來筆者邀請各位讀者踏上一趟「時光之旅」，一起仔細回顧和觀察過去 3 年（2019 ～ 2021 年）世界發生了哪些大事件，或許能為你帶來不一樣的啟發。

鑑古觀今知未來

若要從過去 3 年中挑選出對全人類產生最深遠影響的事件，筆者認為非 2020 年爆發的新冠疫情莫屬。這場全球大流行的傳染病，不單單危害你我健康和國家的公衛系統，又或是改變了工作或社交等生活方式而已。筆者認為這場疫情對全球的政經局勢，已經產生了巨大且深遠的影響。

投資人要如何發現疫情帶來哪些影響呢？最簡單的方式就是透過觀察分析經濟的晴雨表，也就是股票市場，來感受疫情對世界帶來的衝擊。所以接著就快速回顧一下，從 2020 年初疫情爆發以來，全球各地的股票市場和經濟分別經歷了什麼事情。

亞洲股市

中國湖北省省會武漢是新冠疫情最早被發現的城市，病毒在武漢市內傳開之後，很快地便在中國其他省份陸續出現。面對突如其來的疫情，中國官方在 2020 年 1 月下旬就宣布啟動疫情聯防聯控機制，但仍然無法阻止中國股市出現下跌的徵兆。這波金融市場對於疫情的恐慌情緒，也開始在亞洲蔓延，日本的日經 225 指數[7]在 1 月 27 日下跌 2%，當天中國證監便會宣布股市復市日期推遲至 2 月 3 日。隔天受到日本首度出現本土人傳人案例的影響，日經 225 指數繼續下跌，而鄰近的韓國股市綜合股價指數[8]則大跌近 3%。

過完農曆春節後，中國股市在 2 月 3 日正常開市，迎來鼠年的第一個交易日；然而新年並沒有為股市帶來好彩頭，主要股票指數在當天全部大幅低開。最具代表性的指數滬深 300 指數[9]用創造歷史、接近跌停的 9.1% 跌幅開局，收盤跌近 8%，當天滬深股市共 3,177 檔個股跌停。但陸股隔天隨即低開走高，開啟一波上漲行情；不過好景不常，3 月股市再次反轉。3 月 6 日至 23 日中國股市持續下跌，其中滬指跌超 13%，最低下探至 2,646 點。導致中國股市持續下跌的原因仍是全球疫情大爆發，受到歐美股市崩盤的連帶影響。而台灣投資人熟悉的台股，也是等到 3 月才隨著全球股災，出現明顯的暴跌。

美國股市

接著回顧太平洋彼端的美國股市，在疫情的影響之下，2020 年 2 月底美股開始出現連續下跌，帶動全球股市跟著一起跌，當周道瓊指數[10]下跌了 12.4%。世界衛生組織秘書長譚德塞（Tedros Adhanom Ghebreyesus）2 月 26 日在瑞士日內瓦表示，自 25 日起中國境外上報的新增病例首次超過中國境內，顯示中國新冠疫情已經開始出現「拐點」，大家更應該關注疫情在全球擴散。

為了防堵世界各地擴散的疫情，各國政府陸續推出各種出入境限制或人員流動的管制措施，甚至出現封城的情況。這些防疫措施大幅降低了對航空和運輸的需求，最終導致石油需求在短時間內驟降、庫存量迅速攀升。在供需極度失衡的情況下，當時國際油價一度下跌超過 20%。石油輸出國組織[11]成員國為了提升油價，希望與非成員國共同實施石油減產，但最終無法達成共識，沙烏地阿拉伯與俄羅斯的石油價格戰，則進一步促使油價暴跌。

美股三大指數在 3 月 9 日開盤後迅速跳水，其中納斯達克指數[12]跌 7.2%，道瓊指數跌幅為 7.79%，創下 2008 年次貸危機[13]之後的最大跌幅；S&P 500 指數[14]跌 7%，觸發第一階段的熔斷機制[15]，全球股市也跟著陷入股災。

世界衛生組織在 3 月 11 日宣布新冠疫情成為「全球大流行」的事實，時任美國總統川普（Donald J. Trump）也於當日晚間宣布自 3 月 13 日起，暫停歐洲（除英國外）赴美國的所有旅行。全球股市在 3 月 12 日創下自 1987 年黑色星期一[16]以來最大單日跌幅，美股開盤後 S&P 500 指數下跌達 7%，隨即引發熔斷機制，這更是短短一周內的第二次熔斷，美股三大指數最終以下跌近 10%收盤。據統計，全球在美國以外的股票市場中，有將近 10 個地區股市於一天內發生熔斷，包含泰國、菲律賓、韓國、巴基斯坦、印尼、巴西和加拿大等。

為了搶救股市，美國聯準會[17]在 3 月 16 日宣布將基準利率調降接近零後，美股 16 日開盤依舊大幅下跌，S&P 500 指數開盤就跌掉了 8%，引發第 3 次熔斷，美股暫停交易 15 分鐘。兩天後 S&P 500 指數盤中下跌 177.29 點，跌幅逾 7%，再次觸發當月第 4 次的熔斷機制。當時美股在短短兩周內，經歷了 4 次史詩級的熔斷，這種空前的景象，更是讓投資大師巴菲特（Warren Buffet）都驚呼從沒見過。

保守 vs. 激進

新冠疫情之所以對全球股市造成重大影響，主因還是各地的經濟受到防疫措施而出現了危機。經濟活動減少的情況下，企業和個人收入都受到一定程度的打擊。各地政府央行為了挽救經濟紛紛推出急救包，而包裡的內容不外乎就是「放水」[18] 這種特效藥，其中以美國央行的特效藥最為猛烈。

在新冠疫情引發的經濟和股市危機初期，無論是貨幣政策還是財政政策，美國都展現十足的氣勢和決心。舉例來說，美國用了不到兩周的時間就把貨幣政策力度加大到「次貸危機」級別，隨後更是喊出了「無限量化寬鬆」[19] 的政策。根據當時的市場情況，或許不能說美國的反應過於激進，畢竟當時除了股市暴跌之外，疫情導致的超高失業數據也讓人恐慌，若無法及時有效提振經濟，市場不安情緒恐怕會更擴大，進而導致經濟大崩潰。

相較於歐美降息又放水的操作，當時的中國依舊堅持守著利率不降，與西方世界形成了鮮明的對比。由於中國的疫情爆發較早，在封城措施下，疫情獲得有效的控制，金融市場也不像歐美股市來得動盪，因此當時刺激經濟的力度顯得小很多。雖然面對 2 月股市開盤崩跌後，中國也曾啟動貨幣政策下調利率 [20]，但面對這波全球央行大幅降息潮，中國最終選擇不跟進。這也導致日後中國的基準利率相對歐美來得高，貨幣政策操作的空間在全球主要經濟體中算是比較大的。

而美國實施無限量化寬鬆的結果就是全球股市（包含台股）迎來了為期近兩年的超級大牛市，各種資產價格，包含房地產、虛擬貨幣，甚至是 NFT 都受到資金瘋狂追捧，導致價格快速膨脹。而在這段如夢似幻的大牛市期間，創造了無數少年股神和民間投資傳奇。

台股盛世再臨

不知道你是否曾經有過這種感覺：2020 ～ 2021 年，身邊投資股票的人好像突然變多了？周末和許久不見的老同學們聚餐時，大家的話題總是少不了股票：「你覺得長榮現在可以存嗎？」「台積電現在600 多了還可以買嗎？」或「下個月要發行一檔新的高股息 ETF 耶，你聽說了沒有？」生活周遭不論男女老少，每個人都開始關心起股票，就連辦公室裡那位剛來的大學應屆畢業生，竟然也能夠和同事們一起說得一口好股票。

根據台灣集中保管結算所[21]公布的數據顯示，台股的總開戶人數從 2016 年的 977 萬人，上升到 2021 年的 1,201 萬人，足足增加了 224 萬人，相當於桃園市的人口[22]。或許你會說，去開證券戶也不代表會參與股票市場交易；但即使只看有交易人數，這個數字在這 5 年來也從原先的 276 萬人增加到 550 萬人，而且大部分的成長都發生在 2020 到 2021 年。這兩年新增開戶人數分別是 67 萬人和 77 萬人，要知道在 2017 至 2019 年，一共只新增了 80 萬人。而這群新開戶的股民當中，又以 20 至 30 歲的青壯年為主力，以 2021 年的數據來看，這個年齡層的人群就占了將近 45%。

究竟是什麼風吹動了這股台灣投資浪潮呢？答案很簡單，哪裡有錢賺，大家就往哪裡去。如果回顧過去台股的投資績效，答案就會一目了然。2020 年上半年，全球雖然遭遇了新冠疫情這隻「黑天鵝」[23]，但台股在大跌後回過神來的表現讓人驚豔，全年竟然還上漲了 22.7%；上市公司市值大增新台幣 8.5 兆元，其中光是台積電一檔股票的市值就年增了新台幣 5.16 兆元，若扣除外資持股，平均每位台灣股民帳面上賺到約新台幣 42 萬元。

這場股市派對一路持續到了 2021 年，年初台股就順利突破「萬五」和「萬六」，創下當時的歷史新高。雖然 5 月台灣受到本土疫情的影響，台股一度下跌一千多點，但依舊無損台股全年的精采表現。下半年由「航海王」[24] 領銜主演，讓台股上演了一齣「萬八」盛世戲碼，全年大漲 3,486 點，漲幅高達 23.6%，績效勝過了其他亞洲主要的股票市場。

在這場「全民瘋股票」的派對中，台股全年開戶總人數突破了台灣總人口的一半。這一年平均每位股民的帳面獲利高達近新台幣 96 萬元，絕對能稱得上台股史上最大豐收的一年。

投資熱潮延燒至海外市場

隨著越來越多投資人在台股嘗到了賺錢的甜頭，不少人的胃口也開始被撐大，規模有限的台股市場，很快地就滿足不了這些投資人。因此在這段時間裡，除了台股，特定的海外股市、加密貨幣[25]，甚至是 NFT[26] 等商品，都成為台灣投資人瘋狂追捧的對象。

在海外股市方面，對大多數台灣投資人來說，首選絕對是美國股市。原因很簡單，首先在台灣投資美股的管道已經越來越多，加上網路上相關的討論或教學資源也比以往豐富，投資門檻已經大幅降低，最關鍵的是當時投資人手上多了從台股賺的錢和爆棚的投資信心。

根據台灣券商公會統計，2021 年台股複委託[27] 交易累積總額高達新台幣 4.31 兆元，美股就占了 77%。若再加上直接透過海外券商買美股的投資人、使用本土券商推出定期定額服務買美股的投資人，以及直接投資台股 ETF 商品中追蹤美股指數的投資人，實際參與美國股市的台灣股民和資金，應該遠遠大於券商公會發布的統計。

而美股之所以能從其他海外股市中脫穎而出，成為台灣股民最嚮往的海外投資市場，除了前面提到的門檻降低，另外還有一個關鍵的吸引力，那就是賺錢太容易了。眾所周知美股市場中有許多大型好公司，長期持有這些企業的股票，能夠為投資人帶來豐沛的報酬，就算只是無腦投資美股的 S&P500 指數，從 1964 到 2021 年的含息累積報酬率高達 30,209％，年化報酬率為 10.5％，令世界其他主要股市只能望之興嘆。

美國股市能夠長期穩定為投資人帶來高額的報酬，背後反映了美國經濟實力的強大。在第二次世界大戰後，美國便確立了其世界霸主的地位，美元也成為了國際貿易中最廣泛被使用的貨幣，美股自然而然地成為了投資人的天堂。

大通膨時代

各國對疫情逐漸找尋到一套有效的防疫模式，例如彈性的邊境管制措施和施打疫苗，全球疫情逐漸趨緩，世界各國陸續恢復到疫情之前的生活模式。正當大家對於疫後第 3 年，也就是 2022 年感到充滿希望時，就在 2 月爆發了俄烏戰爭[28]，讓所有人措手不及。還記得當時筆者人還在上海的隔離酒店進行居家檢疫，看到新聞頻道上播報著各種衝突畫面時，內心感覺還是有幾分不真實。

俄羅斯和烏克蘭做為世界重要的糧食作物、原物料和能源生產國，突發的戰火打亂了能源供給、農作物和原物料的生產與運輸，進而導致全球部分原物料、糧食和能源價格大漲。與此同時，新冠病毒在經過兩年的進化[29]之後，傳播性變得更加強大，也讓過去的「防疫模範生」中國，在農曆春節後出現多點爆發的本土新冠疫情。

當時世界各地陸續走向後疫情時代，選擇放棄嚴格的管制政策，讓人民與病毒共存；但中國依舊堅持「動態清零」[31]的防疫方針，面對突發疫情會採取的防疫措施主要包含大規模核酸檢測和封控，藉此限制人員的流動，以便降低病毒的傳播。

2022 上半年，中國最嚴重的疫情出現在經濟重鎮上海，從 3 月中下旬開始到 5 月底，絕大多數的上海人都過著只能在小區裡活動的生活，整座城市的商業活動幾乎全面停擺。長達 2 個月的時間裡，除了特定保供行業[31]和部分獲准復工復產的公司[32]，大部分的企業和員工都只能透過網路居家辦公。這也導致過去那些仰賴線下經營活動的店家或企業，例如服飾店、電影院、理髮店、KTV 或健身房等受到巨大的衝擊。此外，當一座城市採取疫情防控後的影響，不只局限於該城市，周圍各省市為了防止病毒從中高風險的地方輸入，都會在各大交通要道和設施例如高鐵站、機場或高速公路出入口設置防疫措施和關卡。由於高速公路被切成了好幾段，導致公路運輸不通暢，各地的企業日常經營所需的原物料、半成品與成品無法順利在各地流通。加上最大的災區上海，又剛好是中國長三角地區貨櫃吞吐量最大的港口，可想而知會對周邊城市的產業和供應鏈產生非常大的影響。

於是幾乎所有商品價格都受到俄烏戰爭和中國疫情防控的影響，不得不上漲反映原物料和能源的成本，最終成為壓垮駱駝的最後一根稻草，全球大放水後一隻可怕的通貨膨脹怪獸正式誕生。先來看看台灣是什麼情況，消費者物價指數[33]年增率從 2021 年 8 月首度突破 2% 之後就一直飆升，到了 2022 年 3 月更是直接飆破 3%，之後更持續上揚，4 月增加到 3.38%，5 月再來到 3.39%。放水放最兇的美國則更為誇張，通膨不斷往歷史新高邁進，2022 年 5 月消費者物價指數比去年同期飆升了 8.6%，創下了近 40 年來的新高。

為了有效控制住這隻通膨巨獸，各國央行紛紛祭出「升息」大招，例如美國就在 2022 年 6 月 16 日宣布升息 3 碼，幅度創近 28 年來最大。這也是美國 2022 年上半年繼 3 月 17 日升息一碼、5 月 4 日升息兩碼之後第三次升息，而且力道一次比一次還要強勁。台灣的央行則是分別在 3 月 17 日宣布升息一碼後，6 月 16 日再度宣布升息半碼。另外從 6 月 1 日起，美國也開始執行縮表[34]，透過任由持有的證券到期、且收益不再另行投資的方式，開始縮減資產負債表上持有的美國公債、機構債與抵押擔保證券（MBS）。

一個地球兩個世界

當市場上的消費需求縮減，導致企業獲利減少，最後造成經濟成長停滯，甚至開始出現衰退，但物價仍持續高漲時，就是經濟學家所說的「停滯性通膨」。這個詞是把「經濟停滯」與「通貨膨脹」組合在一起，1970 年代由諾貝爾經濟學獎得主保羅薩謬森（Paul Samuelson）提出。在美國 1970 至 1980 年代初期，停滯性通膨曾肆虐美國經濟和就業市場，當時油價飆漲、失業率上升，超寬鬆的貨幣政策導致消費者物價指數於 1980 年衝上 14.8%，迫使美國在同年把利率調高至接近 20%。

許多經濟和投資專家紛紛表示，從宏觀的角度來看當前的經濟形勢，他們擔憂未來將出現停滯性通膨。一旦歐美的經濟陷入停滯性通膨循環，將出現高失業率，加上高物價後將進一步影響消費者支出。這些不利因素最終會造成企業獲利降低、減少人員成本，進一步推升失業率，經濟陷入惡性循環，包含台股在內的全球股票市場到時也很難不受牽連。

另一方面，中國在 2022 年上半年和美國為首的西方世界走出上了不同道路。首先在通膨表現相對溫和[35]，其次在貨幣政策方面，有別於歐美央行升息縮表，中國卻開始降息降準，向市場注入流動性。雖然上半年經濟和 GDP 成長率[36]受到疫情影響，表現恐不如預期；但面對全球經濟的不確定性和挑戰，中國央行將會比歐美央行擁有更多調整的空間。未來中國如果能尋找出一套兼顧動態清零和發展經濟的平衡政策，經濟和股市或許有機會走上與歐美不同的道路。

投資請保持客觀中立

簡單回顧完過去瘋狂又難忘的 3 年後，很難不對這個世界的變化產生各種主觀想法，但筆者想提醒讀者，在進行投資決策的過程中，要時刻提醒自己盡量保持客觀和理性，絕對不能有主觀的情緒或意識形態。不論你的意識形態或個人喜好是希望美國持續稱霸全球，還是中國超越美國，在執行投資決策時都要誠實地問自己：會有這樣的決定是否受到主觀意識、偏見或個人喜好所影響？當然，人要完全不受主觀情緒干擾是非常困難的事情，因此要做到「投資中立」，是需要刻意練習的。

在行為經濟學裡有一個概念叫做「確認偏誤」（Confirmation bias），或叫做證實性偏差。這是心理學上的普遍現象，簡單說就是人都會傾向尋找支持自己想法或觀點的證據，而刻意忽略那些對自己不利的證據。若在進行投資決策時受到這種偏誤的影響，將會使投資人不斷強化自己想法或觀點，最後產生認知上的偏差和錯誤，導致投資決策失敗。

筆者以前也經常會犯這個錯誤，只願意接收公司有利的消息和報導，來證明自己買股是多麼明智，而忽略關於公司的壞消息。為了避免確認偏誤對投資產生負面影響，做投資決策時應該盡量以客觀事實為依據，並提升自己看事情的高度，同時多聽聽和自己抱持著反面觀點的資訊，試圖發現自己的盲點。

俗話說「當局者迷，旁觀者清」，身處在兩岸之中的我們，在保持投資中立這方面是非常困難的，很容易受到主流媒體或同溫層所影響。但正因為我們身處局中，風險比旁觀者高出許多，若不能有效分散投資風險，當事態發展超出預期，投資損失恐怕會巨大無比。面對未來世界局勢的不確定性，筆者無法預測中美誰會成為未來的霸權，以及誰的經濟發展會更有前景，所以不願做出孤注一擲的賭注，而是把雞蛋分別放在兩個市場的籃子中。

中美市場比例各占多少較佳？

「那到底該用多少資金來投資陸股或美股呢？」相信許多投資人在剛開始接觸台股以外的股票市場時，都會被這個問題所困惑。這個問題沒有標準答案，可以從以下 3 個方向思考：

公平起見，各占一半

既然兩強競爭的格局已經形成，那就把雞蛋平均分配到這兩個籃子裡，將資金分為兩份，一份買美股，另一份買陸股。

按 GDP 比例分配

2021 年中國與美國的 GDP 分別約為 17.7 兆美元和 23 兆美元，由此可知中美雙方 GDP 比例約為 4：6。若將歐盟與英國視為以美國為首的西方陣營，那英美歐相加約為 43 兆美元，由此可知中西雙方的 GDP 比例約為 3：7。投資人可以每年根據最新的 GDP 數據，調整對於兩地股市投入資金的比例。

中西陣營 GDP 比例

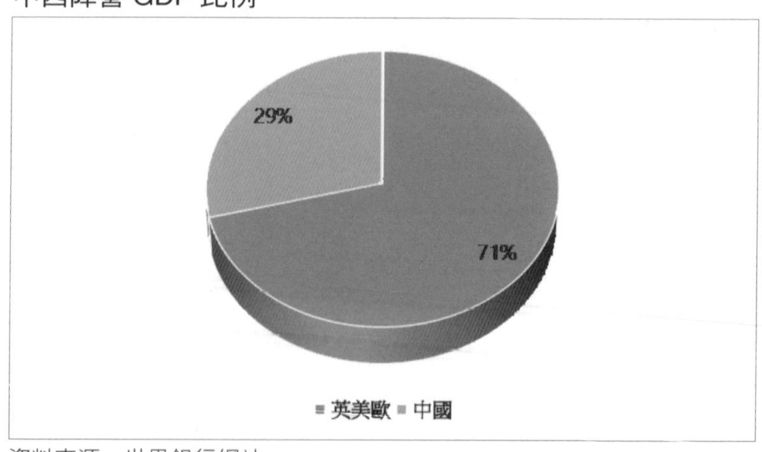

資料來源：世界銀行網站

按股票市值比例分配

2021 年中國股市（滬深兩市）的總市值為約 13 兆美元，美國股市（NYSE 與 NASDAQ）的總市值約為 52 兆美元，中美雙方的股市市值比例約 1：4。投資人可以根據每年最新的股市總市值數據，調整兩地股市投入資金的比例。

中美股市總市值比例

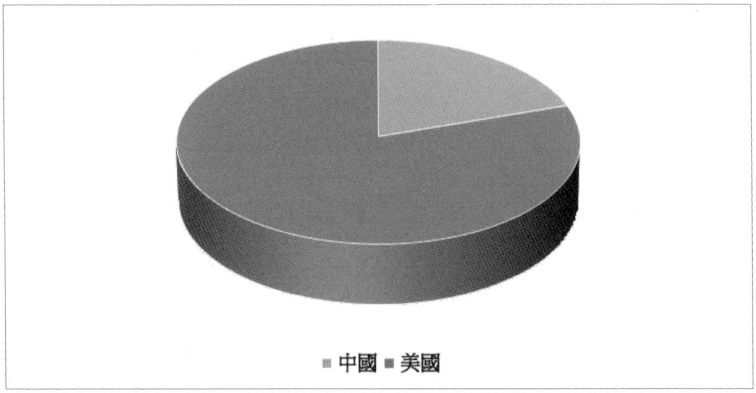

中國 美國

資料來源：https://www.world-exchanges.org/

除了分散買陸股與美股，筆者還有投資台股，主要是考慮到未來將長期生活在兩岸，還是有很高的台幣需求。至於讀者是否要投資台股，可以根據自身的情況適當配置。而針對中美股市的投資比例，筆者傾向於採取 1：1 配置，因為從長期發展趨勢來看，不論是 GDP 或股市市值，中國都將逐漸追上美國。未來如果出現中國 GDP 或股市市值超越美國時，筆者甚至會考慮提高投資陸股的比例。

如果未來兩個籃子都能夠孵出小雞，然後持續生出金雞蛋，那就能從兩邊都賺到錢。最壞的情況是其中一個籃子翻掉了，雞蛋碎滿地，至少還保有一個籃子，不至於落得兩手空。

投資陸股有哪些優勢？

筆者認為，台灣的投資人投資陸股至少具備以下 4 點先天優勢，但光靠這些優勢就想獲取高投資收益是絕對不夠的，還需要後天的學習和努力。憑藉著這些先天優勢，再搭配正確的投資方法，投資人就如虎添翼，提高獲取豐厚報酬的機會。

語言無障礙

兩岸使用的語言都是中文，雖然正體字和簡體字寫法不同，大多時候不會影響閱讀理解。生活日常用詞則存在較多的差異，例如馬鈴薯叫土豆、滑鼠叫鼠標等，但隨著兩岸交流日益普及，兩岸用語已經存在互相影響與通用的情況。

在股市同樣會存在專業術語不同的情況，但從字面多少都可以猜到意思，例如陸股中講分紅就是台股講的配息[37]。因此台灣投資人在閱讀中國公司年報、財經新聞、網路文章或投資書籍時，不會出現語言不通的問題。

不要小看語言這項優勢，雖然現在中文網路媒體上有不少美股投資或美股上市公司財報的分析文章，但只要經過翻譯加工後，訊息傳遞要做到毫無誤差是不可能的。因為在翻譯時，譯者需要先根據自己的思考能力來理解原文，再翻譯成目標語言，在理解的過程中很難不加入譯者自己的主觀想法。但投資陸股時，投資人都能自行閱讀和理解新聞、財報和各種資訊，不用擔心被過度加工。當然投資人本身具備閱讀英文原文或財報的能力，就不需要顧慮這項問題，不過大家捫心自問：自己是否真的有這種能力呢？

文化無障礙

筆者曾在美國住過一個夏天，也在中國生活長達 5 年，根據自身的觀察和經驗，總結出台灣人在生活習慣、傳統道德觀、金錢觀甚至人情世故等方面，比起美國會更接近中國。這也說明為什麼許多台灣人，到了新地方生活後，還是習慣找文化背景相似的人（例如來自中國或港澳的華人）聚在一起，畢竟溝通的成本比較低。

這一項無形的文化優勢會幫助我們在投資陸股時，能夠更理解其商業邏輯、市場規則或消費習慣等，對投資決策的判斷才能更加精確。反過來說，我們受到美國商業和娛樂文化的影響很深，但畢竟從小受到的教育和成長環境不同，很多時候商場上發生的事情我們較難理解。舉例來說，2014 至 2015 年美國西岸港口碼頭工人罷工[38]，讓當時還在航運公司上班的筆者，在工作上受到了相當程度的衝擊。雖然也針對罷工進行了大量的研究和分析，不過內心還是無法理解碼頭工會運作的邏輯和職場文化。

還記得當時從前輩口中聽過美國工會非常強勢，工會除了會嚴格規定員工每天的工作量和時間，還限制雇主不能對員工提出超過規定的要求。這在台灣職場是很難想像的，員工如果沒有按時完成公司交辦業務，就要加班趕工了，不太可能理直氣壯跟上司說：「我今天的工作量已經到了，未完的任務改天再說吧。」

中國經濟與台股息息相關

還記得剛開始經營 FB 粉絲專頁的時候，曾看過不少網友說：「我只有買台股而已，中國的市場和經濟發展關我什麼事？」每次聽到類似的言論時，都會替這些人捏一把冷汗，因為中國的經濟發展不只和買台股的你我有關係，而且關係可大了。

為什麼會這樣說呢？根據金管會[39]在 2022 年 4 月 10 日公佈的數據，截至 2021 年底，台股上市櫃公司赴中國投資的家數達 1,208 家，占比 73.26％。截至 2021 年底，累計投資新台幣 2 兆 2,852 億元，較 2020 年底增加 170 億元，其中又以電腦及周邊設備業、電子零組件業投資金額較大。另外，2021 年度上市櫃公司在中國合計創造利益 5,523 億元，約占該年度總海外投資收益的 30％，比前年度增加 1,064

億元，創下近 10 年的新高。主要是受到電子業、塑膠工業及半導體業，因智慧型手機、電子材料、化工產品及電腦相關產品需求增加所致。

總結來說，台股的上市櫃公司超過 7 成都有在中國投資做生意，除非你投資的台股上市櫃公司是另外 3 成，否則即使只投資台股 ETF[40]，都沒辦法說中國經濟和市場與自己的投資毫無關聯。因此台灣投資人如果願意花一些時間和精力研究中國股市、經濟和市場，先不論要不要投資中國股市，至少過程中所學習到的寶貴知識，都有助於自己在投資台股公司時做出更好的判斷。

不過投資人要留意的是，隨著中西方兩大陣營逐漸分化，未來台股和中國經濟的關聯性或許會逐漸降低。例如在 2022 年 6 月，台灣雖然寫下出口連續 24 個月正成長的紀錄，對日本及東協出口也雙雙刷新單月最高紀錄。不過，由於中國持續受到疫情政策影響，6 月台灣對中國及香港出口衰退 4.5%，終止連續 28 個月正成長的紀錄。若單純看中國（不含香港）的數據則更加驚人，6 月出口減幅達到 15.8%，創下 2019 年 4 月以來最低的水準。因此台股未來將會和中國股市呈現分化走勢，台股將更傾向美國股市這個大籃子。

符合入場資格

中國股市由於金融監管政策，並不是一個進入門檻很低的市場。不像美國股市，投資人只要有網路、證件和銀行帳戶，只需要幾分鐘就能完成線上開戶，毫無投資門檻可言。對於非中國籍的投資人來說，如果不具備港澳台身分，那基本上這輩子就和直接投資中國股市無緣了。因此台灣投資人和歐美日韓投資人相比，可說具備獨特的先天優勢。不論你是否打算在中國定居、生活或工作，只要你有中國的銀行卡，基本上都能在中國的券商成功開戶，並進行 A 股交易，關於開戶的經驗分享請見第 3 章「如何開戶」。

現在投資陸股的管道也非常多元，就算暫時沒辦法到中國開設證券戶與銀行帳戶，在台灣也有許多方法能夠投資陸股，達到分散風險的目標。對於沒有人民幣現金流需求（長期生活在台灣）的投資人來說，透過海外複委託或直接買台股中的陸股 ETF，或是基金公司的陸股基金，應該是比較符合實際情況的選擇。

至於和筆者一樣長期生活在中國，或是未來有這項計畫的投資人，建議可以考慮直接透過中國券商投資陸股，交易成本會比在台灣使用複委託或買陸股 ETF 和基金便宜。

這本書適合誰

本書適合以下 5 種人閱讀，要注意的是，本書內容僅為筆者投資心得與經驗分享，不構成任何形式的投資建議或投資標的推薦。

新手小白（進入股市少於 1 年）

如果你是正準備開始學習投資理財的朋友，那麼你將會從這本書獲得筆者 7 年多來的投資心得，或許能讓你在投資初期少走許多彎路。如果你是剛開始接觸開股市，但尚未摸索出一套投資策略體系的話，都可以閱讀與參考。

未頓悟者（投資超過 1 年，但尚未找到獲利之道）

如果你已經投資超過 1 年，但始終沒有找到讓自己晚上睡得安穩、而且吃得下飯的投資方式，那麼這本書將分享筆者的安心投資哲學。本書第 4 章中提到的投資思維和滾雪球策略，筆者除了用來投資陸股，也在投資台股時使用。所以不論你是在哪片股海中載浮載沉，都可以閱讀與參考本書的內容。

高手達人（投資多年且獲利穩定）

如果你已經在台股中找到屬於自己的投資邏輯和獲利體系，那麼這本書對你來說，更像是一本陸股投資的故事書。內容總結了筆者陸股投資心得和感悟，或許有機會對你的投資帶來新啟發。

在中國生活者

如果你目前在中國經商、創業、工作或求學，又或是將來有這方面的打算，那麼本書會是很好的股票投資啟蒙工具書，幫助你更快打開投資中國股市的大門。有別於其他中國投資理財書籍，這本書的用字遣詞和所列舉的案例，都更能與台灣讀者產生共鳴，學習起來也會感到更加輕鬆。筆者認識許多在中國生活的台灣朋友，其實都有投資的經驗或習慣，但因為缺少幫助他們入門的學習資源，最終放棄了身處在中國市場的優勢。

居安思危者

孟子在作品《告子下》[41] 中曾說：「生於憂患，死於安樂。」意思是如果人們過於安逸享樂，則無法避免禍害；如果懂得未雨綢繆、防患於未然，則得以興旺。如果你有居安思危的意識，雖長期看好台股或美股的發展，但對中國的崛起仍保持敬畏，想透過投資中國分散風險，那麼或許你會對我投資陸股的經歷和心得感興趣。

筆者認為未來如果美國優勢不再，最終被中國追趕超車，投資陸股將有機會享有這份時代的紅利，獲得中國爆炸性成長的豐厚報酬。若美國從此衰敗，至少還有機會保有一部分投資中國股市的資產。又或是當中國經濟持續成長，而美國同樣保持領先優勢時，那麼甚至有機會同時收穫兩個超級經濟體互相競爭、共贏共榮的雙份報酬。

1　冷戰（Cold War）指的是二戰之後，以美國為首的資本主義陣營及其盟國（西方陣營），與以蘇聯為首的社會主義陣營及其衛星國（東歐集團）之間長達半世紀的政治對抗。

2　改革開放由中國前領導人鄧小平所提出，從 1978 年起開始實施一系列以經濟為主的改革措施，可以簡單理解為「對內改革，對外開放」。

3　國內生產總值（Gross Domestic Product）簡稱 GDP，指一段時期內（一個季度或一年）一個區域的經濟活動所生產產品和勞務的價值總和。一般會被當作衡量一個地區經濟狀況和發展水平的重要指標。

4　人類發展指數（Human Development Index，簡稱 HDI），是聯合國開發計畫署從 1990 年開始發布的一個指數，用來衡量各國社會經濟發展程度的標準，並依此將各國或地區分為四種等級：極高、高、中、低四組。只有被列入第一組「極高」（0.8 以上）的國家，才有可能成為已開發國家。

5　橋水基金（Bridgewater）是全球最大的對沖基金，為達理歐（Ray Dalio）在 1975 年於美國創立的資產管理公司。

6　全名為 Vanguard Total World Stock ETF，是由美國 Vanguard 公司發行的 ETF。成立於 2008 年，追蹤 FTSE Global All Cap Index 指數，成份股包含了已開發市場和新興市場，讓投資人用一檔 ETF 就可以買入全世界股票。

7　日經 225 指數又稱日經平均指數，是日本股市最具代表性的股價指數。由日本的媒體「日本經濟新聞社」從東京證券交易所 1 部上市的股票中，挑出流動性較高的 225 檔股票計算所得的指數。

8　韓國股市綜合股價指數是韓國交易所的股票指數，由所有在交易所內交易的股票價格計算。

9　滬深 300 指數挑選上交所和深交所兩市中市值和流通性最大前 300 家公司的股票價格計算，是陸股中最具代表性的指數。

10　道瓊指數全稱為道瓊斯工業指數（Dow Jones Industrial Average），成份股包含 30 家在紐約證券交易所（NYSE）和納斯達克交易的大型上市公司指數。

11　石油輸出國組織（Organization of Petroleum Exporting Countries，簡稱 OPEC）為 13 個國家組成的政府間國際組織，目標是協調和統一成員國之間的原油政策與價格，確保原油市場的公平穩定，並為原油消費國提供經濟發展和穩定的原油。

12　納斯達克指數（NASDAQ Composite Index），指在納斯達克交易所所有掛牌的公司，目前有 2,600 多家公司，根據市值權重所加權計算的指數。

13　次貸危機全稱為次級房屋借貸危機（Subprime Mortgage Crisis），指 2007 年至 2008 年，由美國抵押貸款違約和法拍屋急劇增加所引發的全球金融危機。

14　S&P500 指數（Standard & Poor's 500 index），中文叫標準普爾 500 指數。簡單來説就是由美股 500 家大型企業所組成的一個指數，是美股市場中最具代表性的指數之一。

15　熔斷一詞源於電路的保險機制，指當電路出現異常或短路時，電流達到熔斷點後，保險絲就會燒掉讓電源被切斷。在股票市場中，這個概念用可以理解為當股市出現異常時，為了保護投資人而讓股市交易暫停或停止的機制。美股的熔斷機制以 S&P500 指數為基準，一共分為三個等級：下跌 7%為一級熔斷，股市交易暫停 15 分鐘；下跌 13%為二級熔斷，股市交易再度暫停 15 分鐘；當下跌幅度達 20%時，則為三級熔斷，股市交易隨即終止。

16　黑色星期一指 1987 年 10 月 19 日星期一發生的全球股災，當時由道瓊工業指數帶頭下跌了 508 點，引發全球股市全面下跌，進而演變成金融市場大恐慌。

17　美國聯準會（Fed）就是美國的中央銀行體系，創立於 1913 年，由三大機構（聯邦準備理事會、聯邦準備銀行和聯邦公開市場委員會）所組成。聯準會是全世界最具影響力的金融機構，負責維持美國貨幣政策與金融系統的安全性與穩定性。

18 放水就是擴大貨幣供給，常見的手段包含調節基礎利率、調節商業銀行保證金、公開市場操作、再貼現窗口等。

19 量化寬鬆（Quantitative Easing，簡稱 QE），「量」代表增加貨幣供應量，「寬鬆」則表示降低銀行等金融機構的資金壓力。通常實施量化寬鬆是為了減低企業與民眾借貸的成本，提供市場充足的流動性，達到刺激整體經濟的目的。簡單的流程如下，中央銀行購買企業債、公債或是其他證券，藉此把大筆資金釋放到市場上，因此量化寬鬆也有「印鈔票」的說法。而無限量化寬鬆就是指美國央行無限量收購美國公債與不動產抵押貸款證券（MBS）。

20 中國央行在 2020 年 2 月 20 日下調貸款市場報價利率（LPR）一年期 10 個基點，五年期則是 5 個基點。4 月 15 日下調中期借貸便利（MLF）20 個基點，隨後又在 4 月 20 日下調貸款市場報價利率（LPR）一年期 20 個基點，五年期則是 10 個基點。

21 台灣集中保管結算所原為台灣證券集中保管公司，設立於 1989 年 10 月，負責處理「有價證券集中保管帳簿劃撥制度」相關業務。

22 根據桃園市民政局公布的數據顯示，截至 2022 年 6 月，桃園市共有 226 萬人。

23 黑天鵝事件（Black Swan Incidents）指那些難以預測且不尋常的事件。它存在於自然、經濟、政治等領域，雖然屬於偶然事件，如果處理不好就會導致系統性風險，產生嚴重後果。

24 台股中的航運類股受惠於疫情航運運價暴漲，連帶股價瘋狂暴漲，許多專挑航運股的投機者被網友稱為航海王。

25 加密貨幣（Cryptocurrency）是一種使用密碼學原理，確保交易安全及控制交易單位創造的交易媒介。常見的加密貨幣包含比特幣（BTC）和以太坊（ETH）等。

26 NFT（Non-fungible token，非同質化代幣）是一種被稱為區塊鏈數字帳本上的數據單位。每個代幣可以代表一個獨特的數字資料，做為虛擬商品所有權的電子認證或證書。

27 複委託指投資人透過本土的券商，下單買進海外股市的股票或 ETF 等商品。

28 俄烏戰爭指的是 2022 年 2 月 24 日，俄羅斯領導人普丁（Vladímir Vladímirovich Pútin）以「去軍事化和納粹化」，派遣俄軍進入烏克蘭領土，迅速發展為第二次世界大戰以來歐洲最大規模的戰爭，該軍事行動被西方陣營視為侵略。

29 截至 2022 年 7 月，新冠病毒一共出現過三次大變異，從 Alpha、Delta 到 Omicron，每一次變異後的傳播性都變得更強大。

30 動態清零指當出現本土病例時，透過綜合防控措施快速撲滅疫情。

31 保供行業一般指生產、運送和販售民生必需品的商家，例如食品、藥品和生活用品等。

32 上海在 2022 年 4 月中旬率先公布了一份復工復產白名單，共 666 家企業獲准復工。主要包含醫療、汽車、芯片和生技等產業。

33 消費者物價指數（Consumer Price Index，簡稱 CPI）是反映一段時間內，消費者購買生活消費品和服務價格變動趨勢和程度的相對數。

34 縮表指聯準會縮減資產負債表上持有的債券。過去在量化寬鬆時期大量買入美國公債、房貸抵押證券（MBS）與機構債券等資產，造成資產負債表迅速膨脹。啟動縮表表示當這些公債和機構抵押擔保證券到期後，收益不再另行投資，或索性拋售相關部位。

35 根據中國統計局數據，2022 年 6 月消費者物價指數同比數據為 2.5%，較美國公布的 9.1%緩和許多。

36 根據中國統計局數據，2022 年上半年 GDP 成長率為 2.5%，但第 2 季受到多地疫情影響，只剩 0.4%，創下疫情以來最低值。

37 配息就是公司發放現金股利，將盈餘以現金方式配發給股東。

38 美國西海岸碼頭工人自 2014 年開始持續了 9 個多月的勞資談判，期間斷斷續續罷工。直到 2015 年 2 月 22 日，美國西海岸碼頭工人與雇主達成為期 5 年的勞資協議，結束長達 9 個多月的罷工。

39 金管會全稱為金融監督管理委員會，功能包含維持金融穩定、落實金融改革、協助產業發展、加強消費者與投資人保護與金融教育。

40 ETF（Exchange-Traded Fund）即交易所買賣基金。ETF 可以在股票交易所上市和買賣，交易流程和投資股票相似，只不過買的不是個別股票，而是基金。

41 〈告子〉是《孟子》書中的篇目，分上、下兩篇。

第 2 章　關於陸股，那些不可不知的事

本章將帶領著讀者認識陸股的基本資料、交易規則、指數與基金等。最後附上常見的股市名詞兩岸用語對照以及解釋，讓讀者在認識陸股的過程中暢行無阻。

基本介紹

首先從股票分類、交易所、板這 3 個面向來認識 A 股，接著與筆者一同坐上時光機，踏上一場陸股回顧之旅，溫習滬深兩市這 30 多年來的發展脈絡與重大事件。

陸股分類

剛接觸中國股票的投資人一定會經歷過這樣的混淆期：A 股？ B 股？那有沒有 C 股呢？

其實只要搞清楚這些字母代號背後的意義，就會發現陸股沒有想像中那麼複雜。

陸股分類

分類	說明	交易幣別
A 股	又稱「人民幣普通股票」，是指在中國境內註冊的公司，並在上海證券交易所或深圳證券交易所掛牌上市的股票。一般來說只有中國本地投資人才符合交易資格，持台胞證的居民也符合開戶交易資格，非中國本地的投資人可透過「滬港通」[1] 或「深港通」[2] 進行交易	人民幣
B 股	又稱「人民幣特種股票」，指在中國境內註冊的公司並在上海證券交易所或深圳證券交易所掛牌上市的股票，通常只有境外投資人才符合交易資格	外幣 （一般為美元或港幣）
H 股	H 為香港英文名稱 Hong Kong 首字母縮寫，是指在中國境內註冊的公司，並在香港證券交易所掛牌上市的股票。大多數 H 股公司的大股東都具有官股背景，所以有時候也被稱為「國企股」。有些在中國境內註冊的公司會同時在上海或深圳證交所，以及香港證交所掛牌上市，同時發行 A 股與 H 股，這類股票稱為「AH 股」或「A+H 股」	港幣
紅籌股	在中國之外註冊並在「香港掛牌」上市。因為具有中國官股背景，故俗稱為「紅籌」	港幣
P 股	P 為 Private 的首字母，是指在中國之外註冊並在「香港掛牌」上市。通常是民營企業，故又稱為「民企股」。P 股與 H 股最主要的差別在公司註冊地；P 股與紅籌股的區別則在於有無官股背景	港幣
N 股	N 為紐約英文 New York 的首字母縮寫，是指中國境內註冊並在「美國掛牌」上市，通常採取 ADR[3] 的形式掛牌	美元
S 股	S 為新加坡英文 Singapore 的首字母縮寫，是指在中國境內註冊，並在「新加坡掛牌」上市	新幣

資料來源：作者整理

三大交易所

世界各地的股票都需要一個交易平台提供投資人進行買賣，這樣的平台稱為股票交易所，在台灣為台灣證券交易所[4]，美國比較知名的交易所有紐約證券交易所[5] 和納斯達克證券交易所[6]。中國股票市場則有 3 個主要的交易所組成，包含上海證券交易所、深圳證券交易所和北京證券交易所，分別在資本市場中扮演不同的角色。

中國股市三大交易所

交易所	位置	成立時間	定位	公司數量
上交所	上海	1990	央企、國企以及科創板的高新科技公司	約 2,140 家
深交所	深圳	1990	民營企業和創業板公司	約 2,682 家
北交所	北京	2021	創新型中小企業	約 100 家

資料來源：上交所、深交所與北交所網站

上海交易所

成立於 1990 年 11 月 26 日，上海證券交易所在同年的 12 月 19 日開業，受到中國證監會監督和管理。主要功能包含提供證券集中交易場所和設施、制訂和修改業務規則、審核與安排證券公開發行上市申請與交易、決定證券終止上市和重新上市等。

經過 30 多年的快速成長和發展，如今上交所已發展成為擁有股票、債券、基金、衍生性商品 4 大類證券交易品種、市場結構完整的證券交易所。目前上交所也是全球第三大證券交易所。根據 2020 年的數據顯示，上交所在 IPO 數量[7] 及融資金額[8] 均排名全球所有股票交易所中第一名；股票成交金額則在全球所有股票交易所中排第四名。

深圳交易所

深圳證券交易所於 1990 年 12 月 1 日開始營業，受中國證監會監督管理。主要功能包含提供證券集中交易的場所、設施和服務；制訂和修改業務規則；審核、安排證券上市交易，決定證券暫停上市、恢復上市、終止上市和重新上市等。經過 30 多年快速的成長與發展，深交所的市場規模不斷擴大，功能穩步增強，吸引力和影響力持續提升，多項指標位居世界前列，是全球最具活力的新興股票市場之一。根據 2021 年底的數據顯示，深交所在全年成交金額、融資金額和 IPO 公司家數 3 個項目上，分別排世界所有股票交易所中第 3 名、第 3 名和第 4 名。

北京交易所

北京證券交易所於 2021 年 9 月 3 日成立，同年 11 月 15 日開始營業，是中國第一家公司制證券交易所，受中國證監會監督管理。經營範圍包含為證券集中交易提供場所和設施、組織和監督證券交易，以及證券市場管理服務等業務。與滬深兩市最大的區別在於，北交所主要為科技新創中小型企業服務，成立初期北交所上市公司的來源為「新三板」中的精選層，未來新增的股票則會是新三板中創新層掛牌滿 12 個月且符合條件的公司。接下來就來詳細說明什麼是「板」。

陸股中的四種板

要解釋中國股市中的「板」，可以用餐廳的菜單來比喻，一家餐廳會依照料理的屬性分為前菜、主菜和甜點飲料等「區塊」，而這些「區塊」就可以理解為股票交易所中的「板」，交易所根據對公司要求和條件的不同，來劃分設置不同的「板」。

首先是門檻要求最高的「一板」（俗稱主板），可以理解成餐廳菜單上的「主菜」，料理方式最講究且價格最高。一家公司想要在一板市場上市，公司不但要有獲利，而且需要 3 年累計營收超過人民幣 3 億元。上交所裡的公司大部分是央企、國企和傳統企業，俗稱舊經濟；而深交所則是以創新型的科技公司為主，俗稱新經濟。

要求門檻次之的則是「二板」，可以理解為餐廳菜單上的「特色菜」。例如深交所的特色料理就是創業板，定位偏向傳統產業與新技術結合的創新型和成長型公司，同樣也要求公司具備穩定的獲利能力。這幾年眼看著深交所的特色料理做得有聲有色，上交所當然也會羨慕，於是在 2018 年，科創板的概念首次被提起，2019 年上交所正式開設科創板這個專屬於上交所的特色料理。科創板對於科技純度的要求甚至比創業板高，哪怕公司虧損也能上市，這對於許多還處在燒錢研發的新創科技公司來說，條件友善很多。深交所原先還設有「中小板」，做為創業板與主板的過渡，中小板已於 2021 年合併入主板。

接下來就是菜單上的甜點或小菜的「三板」，料理方式與要求最為簡單。中國的三板市場主要包含三類企業股：第一類，歷史遺留問題公司，主要指從過去中國的 STAQ 和 NET 交易系統轉過來的股票；第二類，因連年虧損而被迫從一板上摘牌下市的企業；第三類， 2006 年初，國家批准中關村科技園區的高科技企業在三板市場進行交易後掛牌的企業。前兩類目前統稱為「老（舊）三板」，而第三類就是「新三板」。其中新三板的設計有點像是美國職棒小聯盟農場制度[9]，分為三個層次：基礎層（相當於 1A）、創新層（相當於 2A）以及精選層（相當於 3A），依照表現層層遞進。舉例來說，在新三板掛牌滿 12 個月的創新層公司，市值、收入等都符合條件的話，就可以申請到精選層去了。在北交所成立之前，一家公司如果在精選層待滿 12 個月，且符合條件後，才可以去科創板或創業板申請上市（有點像從小聯盟升上大聯盟）。

有了北交所這個為了「創新型中小企業」服務而成立的交易所，這些精選層的公司就自動變成上市公司了（不再只是掛牌而已），而之後北交所的「新股」，則會從創新層的掛牌公司中選拔出來。

中國各板特色

分類	特色
一板市場	一板市場又被稱為主板市場，也是一般所説的證券市場，是一個地方發行證券、公司上市及股票交易的主要場所。一板市場對公司的要求標準比較嚴格，針對營業期限、股本大小、獲利水準、最低市值等都有規範，因此能上市的企業大多為大型成熟企業，具有較大的資本規模和穩定的獲利能力
二板市場	二板市場主要針對創業成長型的新興公司而設立，上市要求比一板寬鬆，因此二板市場具有前瞻性和高風險等特點。國際上大部分成熟的證券市場都設有這類股票市場，比較類似台灣股票市場中上櫃公司的概念。在中國主要的二板市場就是指上交所的科創板和深交所的創業板，這兩個市場明確定位是為具有高成長性的中小企業和高科技企業服務
三板市場	三板市場在中國指的是股轉系統，可分為新三板和老（舊）三板市場，屬於櫃檯買賣市場（OTC），相當於台灣股市中興櫃的概念。三板市場主要服務小型或微型企業，掛牌門檻低，許多下市的公司也會在這裡交易。2021 年 9 月北京證券交易所成立，新三板精選層超過 70 家掛牌公司全部平移至北交所，成為其第一批上市公司，成為專門服務規模小的新創公司的區域
四板市場	四板市場就是區域性股權交易市場，是為特定區域內企業提供股權或債券轉讓和融資服務的私募市場。中國一般以省為單位，具有促進當地中小微企業股權交易和融資等作用

資料來源：作者整理

陸股簡史

相較於歷史悠久的歐美股市或鄰近的日韓股市，中國股市算是非常年輕，依照時間軸來看，主要可以分為以下 6 個時期：

蹣跚學步期（1990 年代初期）

中國股市草創成立之初，市場上存在各種不合法的行為，例如上證指數的爆炒與深圳證券交易所的發行舞弊等醜聞。當時的股市就像一個情緒難以捉摸的嬰兒，容易受到各種外部因素影響，導致股價在短時間內出現暴漲暴跌。

叛逆青春期（1995 至 2005 年）

中國股市在這段時間開始快速成長，不過表現像極了青春期的叛逆少年，各方面都表現得不夠成熟穩重。從 1999 年「519 行情」[10] 誕生開始到 2001 年，滬指反彈到 2,245 點，當時的市場一片狂熱沸騰，但整體本益比已經超過了 60 倍。如果市場繼續過熱，恐將形成超級大泡沫，於是監管單位開始推出各種戳泡泡的政策幫市場降溫，最終導致陸股大跌，開啟長達 4 年的熊市。2005 年 6 月 6 日出現的 998.23 點歷史低點，至今仍讓許多老股民印象深刻，因為這不僅是陸股飆破千點後，又首次跌破千點大關，同時也在破底後，重新走出一波強悍的牛市，並於 2007 年 10 月創造出 6,124 點的高點。

成年大考驗（2008 年）

2007 年滬深股指連創新高，股市總市值也飛快成長。在短短的 7 個月內，上證指數接連突破 3,000 點、4,000 點、5,000 點，最終躍升到了 6,000 點的歷史新高。不過好景不常，2007 年歲末陸股先是玩了一次自由落體，從 6,124 點連續下跌 30 多天，跌幅高達 20%。雖然股市在年末遭遇到了亂流，不過 2007 年絕對是中國全民炒股元年，總開戶數超過 1 億大關。接下來的故事相信大家都不陌生，美國引發了全球的金融危機，上證指數在 2008 年底創下 1,664 點新低，大起大落的表現，讓 2008 年成為中國股民刻骨銘心成年大考驗的一年。

初入社會期（2008 至 2014 年）

中國股市在這段期間就像是一個剛出社會的新鮮人，不斷面對各種挑戰，也同時培養了不少社會歷練。歷經過 2008 年金融海嘯的洗禮，官方隨即推出人民幣四兆元的經濟刺激計畫，透過信貸擴張推動了中國股市，這也讓陸股成為當時全球反彈最強勁的市場之一。

不過從 2009 年下半年開始，又開啟了新一輪的景氣循環熊市，期間消費板塊、房地產板塊和銀行板塊雖然偶有表現，但整體市場呈現下跌的趨勢。到了 2012 年，央行終於決定出手下調 0.5%的存款準備金率，分別在 2 月和 5 月，共調整了 2 次。同年證監會也決定增加

500 億美元的合格境外機構投資者（QFII）和人民幣 500 億元的人民幣合格境外機構投資者（RQFII），嘗試引入資金挽救市場。緊接著從 2013 到 2015 年，A 股迎來繼 2005 至 2007 年牛市之後的新一輪大牛市。這一輪牛市孕於創業板，由槓桿資金將牛市推向高潮，當然最終逃不過被「去槓桿」擠破泡沫的命運。

跌宕起伏期（2015 至 2018 年）

2015 年中國股市搭上互聯網高速發展的時期，任何公司只要插上了「互聯網 +」的翅膀，股價基本上就可以起飛。2015 年首個交易日滬指以 3,258.63 點開盤，到了 6 月初一度攀上 5,178 點的高峰。2015 年可說是由槓桿推動了市場大部分的上漲，雖然沒有人評估過當時槓桿到底有多大，但泡沫破滅，最終在官方介入救市下，市場才走出了危機。2018 年在中美貿易戰[11]、美國聯準會升息和經濟增速放緩的影響下，中國股市歷經了僅次於 2008 年金融危機的大熊市，滬指全年跌了 24.6%，創業板更是跌了 28.7%。

中美周期錯位（2019 至 2022 上半年）

從全球的角度來看，2019 年毫無疑問屬於放水的一年，超過 30 家央行宣布降息，在這樣的背景下，股票市場普遍迎來牛市。陸股當然也不例外，由於前一年的大跌，讓陸股從估值的角度來看，都比其他股市來得低，有著極大的上漲空間。2019 年全年以深成指數和富時 A50 漲幅最多，分別高達 41%和 35%。

2020 年新冠肺炎疫情首先在武漢被發現，導致陸股成為全球最早開始下跌的市場，接著疫情擴散引發全球股災。不過各地央行開始大放水救市，讓歐美日韓等主要股市迅速爬起，重新迎來一波一年半的大牛市。放眼全球主要經濟體，只有中國在當時沒有選擇跟著放水，於是在經濟與股市周期方面，中西開始逐漸出現分歧。

2022年上半年初，隨著俄烏戰爭和中國疫情再起使全球通膨惡化，歐美等西方的央行開始升息，導致全球大部分股市陸續跌回了熊市。中國則是受到各地疫情影響與房地產政策帶來的挑戰，嚴重衝擊經濟，導致成長不如預期，股市則較全球主要股市提早跌了一波，貨幣政策便開始步入降息與寬鬆的周期。

而美國不斷透過升息抑制通膨，經濟開始出現下行跡象，光是在2022年上半年，就已經出現連續兩個季度GDP負成長，符合技術性衰退的定義。

中美經濟與貨幣周期的錯位，將會對兩地股市帶來不同的影響，中國未來若能有效取得防疫與經濟的平衡，並搭配寬鬆的貨幣政策，預期將能帶動經濟和股市從低谷中走出。

交易規則

俗話說「有規矩才能成方圓」，想要在一項遊戲或比賽中取得優勢，熟悉規則是通往勝利的基礎。股票市場也不例外，投資人在正式進場交易前，一定要詳閱市場的相關規則，避免還沒在股市中賺到錢就先因為不懂規則而產生損失。另外要特別留意的是，不同地方的股市有著不同交易規則，即使我們可能已經很熟悉台股或美股的交易制度和規則，陸股在許多方面還是有不同之處。投資人如果有參與多種市場交易時，一定要特別留意每個市場的規則，以免因為一時疏忽或混淆，犯下不必要的投資錯誤。

交易時間

A股的交易除了法定假日[12]，時間是周一到周五9:30～11:30，以及13:00～15:00，共4小時，11:30～13:00是午休時間。

根據交易規則，交易時間還可以再細分為 3 個階段：早盤集合競價階段、連續競價階段，以及收盤集合競價階段。

中國股市交易時間

時間	規則	是否成交
9:15 ～ 9:20	可以下單和撤單	預撮合，不會成交
開盤集合競價階段 9:20 ～ 9:25	只能下單，不能撤單	所有的交易單會在 9:25 以最大成交量的價位統一成交，然後這個價就是當日的開盤價。不能產生開盤價的時候，以連續競價方式產生
9:25 ～ 9:30	可以委託下單但 9:30 開盤後才會進行交易	休息，不成交
連續競價時間 9:30 ～ 11:30、 13:00 ～ 14:57	可以下單和撤單	
收盤集合競價階段 14:57 ～ 15:00	只能下單，不能撤單	收盤價透過集合競價的方式產生。若不能產生收盤價或未進行收盤集合競價時，以當日該證券最後一筆交易前一分鐘所有交易的成交量加權平均價（含最後一筆交易）為收盤價

資料來源：上交所網站、深交所網站

交易單位

有別於台股交易單位「張」（1,000 股），A 股的交易單為叫做「手」（100 股）。投資人下單必須為 100 股或其倍數。另外，A 股的股票票面價值為人民幣 1 元，發行時不一定按照面值，通常可採用溢價（即高於票面價值）發行。在交易下單時，申報價格最小變動單位為人民幣 0.01 元。

漲跌幅限制

陸股漲跌幅限制

交易所	漲跌幅限制	特殊情況
上交所主板	10%	首個交易日無價格漲跌幅限制： 1. 首次公開發行上市的股票和封閉式基金 2. 增發上市的股票 3. 暫停上市後恢復上市的股票 4. 下市後重新上市的股票
深交所主板	10%	首個交易日無價格漲跌幅限制： 1. 首次公開發行股票上市 2. 暫停上市後恢復上市
北交所	30%	首次公開發行上市的股票，上市首日不設漲跌幅限制
風險警示股[13]	5% 或 10%	風險警示股票價格的漲跌幅限制為 5%；下市整理股票價格的漲跌幅限制為 10%
科創板和創業板	20%	首次公開發行上市股票在上市後前 5 個交易日不設價格漲跌幅限制。科創和創業板的風險警示股票與下市整理股票價格漲跌幅限制比例仍為 20%

資料來源：上交所網站、深交所網站、北交所網站

交易撮合方式

集合競價是指將所有的買單和賣單都集中到交易系統，進行一次性撮合交易。根據上交所交易規則，成交價格需要滿足 3 個條件：

1. 可實現最大成交量的價格；

2. 高於該價格的買入申報與低於該價格的賣出申報全部成交的價格；

3. 與該價格相同的買方或賣方至少有一方全部成交的價格。

兩個以上申報價格符合上述條件的，使未成交量最小的申報價格為成交價格；仍有兩個以上使未成交量最小的申報價格符合上述條件，其中間價為成交價格。集合競價的所有交易以同一價格成交。

舉例來說在集合競價階段，A 公司的股價在 10 元時能使所有報價

的單子成交量最大，那麼該成交價格就是 10 元，這個價格同時也就是當日的開盤價。

按照第二條規則，高於 10 元的買單和低於 10 元的賣單，都可以按照該價格成交；

按照第三條規則，與成交價 10 元相同的買賣單，依照買賣單數量來決定，誰的數量少誰就成交。

連續競價是一種對買賣單進行逐筆連續撮合成交的方式，成交價格的確定原則為：

1. 最高買入申報價格與最低賣出申報價格相同，以該價格為成交價格；

2. 買入申報價格高於即時揭示的最低賣出申報價格，以即時揭示的最低賣出申報價格為成交價格；

3. 賣出申報價格低於即時揭示的最高買入申報價格，以即時揭示的最高買入申報價格為成交價格。

舉例來說，假設現在 B 公司股票的最高買入的報價是 20 元，最低賣出的報價也是 20 元，那麼這個價格就是成交價。

第二條規則的情況下是買方占便宜，因為成交價低於自己想買入的價格；第三條規則的情況下則是賣方占便宜，因為成交價比自己想要的賣價更高。

舉例來說，C 公司股票現在買入的報價是 30 元，最低賣出的報價是 25 元，那成交價就是 25 元；但如果賣出的報價是 25 元，最高的買入價是 30 元，那成交價就是 30 元。

交割與交易制度

陸股交易及交割皆為 T ＋ 1

交易制度	交割制度
T+1	T+1

資料來源：上交所網站、深交所網站、北交所網站

T+N 交易制度：指交易當天買入的股票在第 N 天可以賣出。

T+N 交割制度：交割即買賣雙方透過結算系統實現一手交錢、一手交貨。在 N 日之前，客戶不能提取現金、也就是說資金交割要在第 N 個工作日才能入帳。

零股交易

零股就是指不足 1 手（100 股）的股票，通常投資人只能以 100 股或其倍數進行交易，為什麼還會出現零股呢？ 因為上市公司有時候會有配股[14]或送股[15]，所以此時投資人就可能會出現不滿一手的零股。舉例來說，假設某公司某年決定配 0.5 股，假設某投資人原先持有一手該公司的股票，配股後手上的股數將變成 100 股加上配發的 5 股共 105 股。A 股的零股交易規定如下：

1. 零股交易，只能出現在賣出操作中，投資人不能買進零股。

2. 零股可以與整手的股票一起賣出，如果只剩下零股，那麼可以單獨賣出。

舉例來說，假設某投資人擁有 A 公司的股票 120 股，他在賣出時如果涉及到零股交易，必須和整手的股票一次賣出。如果他先賣了整手（100 股），只剩下 20 股零股了，那麼這 20 股零股便可以單獨賣出。但是在賣零股時，必須把零股全部一次性委託，不能分多次下單。這剩下的 20 股零股不能拆成 10 股和 10 股來賣。總結來說，與台股相比之下，A 股的零股交易便利性和普遍性就低很多，而且交易零

股除了要支付規定的傭金，還要付券商一些特殊的服務費。加上流動性不高，要在市場上湊整數才會成交，所以投資人若有零股都會長期持有，隨著配送股不斷增加，湊成整手的股票。

交易費用

A 股交易費用一般由以下 3 個部分組成，分別是：

印花稅：根據官方稅法規定，在股票成交後向賣方投資者依稅率徵收的稅金，為成交金額的萬分之一。

券商傭金：是證券公司為客戶提供證券代理買賣服務收取的報酬。通常在成交金額的萬分之 0.1 至 3。最低收取費用為人民幣 5 元，不滿 5 元則按 5 元計算。

過戶費：指投資者委託買賣的股票成交後，買賣雙方為了變更股權登記所支付的費用，這筆費用的收取方是證券登記清算機構。按成交金額的萬分之 0.01 收取。

配息規則

投資人若要享有領股息的資格，需要在股權登記日當天收盤時持有該公司股票。A 股的上市公司通常會在股東大會審議完分紅預案後的 2 個月實施配息。

上市公司派發股息時統一按稅前全額發放；賣出股票時根據持有股票期限進行扣稅：

1. 持股 1 個月至 1 年（含 1 年）的，稅負為 10%；

2. 持股 1 個月以內（含 1 個月），稅負為 20%；

3. 超過 1 年的，不用扣稅。

對長期投資的存股族來說，A 股的股息有免稅的投資優勢。

股票代號

一家公司的股票代碼跟車牌號差不多，或多或少能透露出這家公司的實力以及知名度。如果代號中有著華人都特別偏愛的數字（例如8，音似發），那這家公司肯定不簡單，例如 000088 鹽田港和 000888 峨眉山。以下是陸股常見的股票代號規則：

陸股股票代號規則

股票類型	代碼
滬市 A 股	股票代號以 600、601 或 603 開頭
滬市 B 股	股票代號以 900 開頭
深市 A 股	股票代號以 000 開頭
深圳 B 股	股票代號以 200 開頭
創業板	股票代號以 300 開頭
科創板	股票代號以 688 開頭
中小板（已併入主板）	股票代號以 002 開頭

資料來源：作者整理

特殊標記

有時投資人在看盤下單軟體上，會發現股票代號前面突然多了幾個英文字母，以為公司是不是出了什麼大事情，這時候請先不要驚慌，其實這是 A 股的溫馨提醒機制，常見的主要標記如下：

陸股股票標記

標記	意涵
ST	意即「特別處理」的股票，表示公司出現財務狀況或其他異常狀況
*ST	股票有下市風險
XR	表示為除權日
XD	表示為除息日
DR	表示為除權除息日

資料來源：上交所網站、深交所網站、北交所網站

常見指數

什麼是指數呢？在股票的世界裡，指數一般指「股價指數」，有時候又被稱為「股市指數」或「股票指數」，財經新聞報導中經常會簡稱「股指」，英文則叫做「Stock Index」。因為要追蹤某市場或板塊中每一檔股票的股價變化走勢，實在太困難了，所以指數的發明便是為了衡量某個股票市場（或市場中的某些股票）行情變化的指標。

一檔指數所包含股票一般被稱為該指數的「成份股」。透過對指數在不同時期的變化，投資人能更了解某個市場或板塊的行情和趨勢。中國股市的指數主要分為以下幾大類：寬基指數、窄基指數、主題指數、風格指數和策略指數。

寬基指數

寬基指數通常符合以下兩個條件：包含 10 檔以上成份股和不限制成份股所在行業。寬基指數的特點就是分散風險，因為其成份股覆蓋行業範圍更加廣泛，整體的穩定性也就更強。

以下是陸股比較常見且具代表性的寬基指數：

陸股常見的寬基指數

上證 50 指數（000016）

編制方式	上證 50 是以上證 180 指數樣本為樣本空間，挑選上海證券市場規模大、流動性好、最具代表性的 50 檔證券做為樣本，綜合反映上海證券市場最具市場影響力龍頭企業的整體表現，其概念類似台股中的台灣 50 指數
特性	成份股大多是藍籌股[16]，例如貴州茅台、中國平安，招商銀行，隆基綠能和長江電力等大型權值股，是上海市場中最具代表性的指數
行業占比	金融、主要消費和工業為主
指數基日和基點	以 2003/12/31 為基日，以 1,000 點為基點
5 年年化報酬率	+3.7%（截至 2022/6/30）
加權方式	自由流通市值加權
調整頻率	每半年調整一次，為每年 6 月和 12 月的第二個周五下一交易日生效

資料來源：中證指數網

滬深 300 指數（000300）

編制方式	由上海和深圳證券市場中市值大、流動性好的 300 檔股票組成，能反映滬深兩市整體表現，類似美股中的 S&P500 指數
特性	滬深 300 囊括中了 A 股兩市中最核心的 300 家企業，優勢是涵蓋新興產業與成熟產業，且公司幾乎都是行業龍頭，兼具成長股與價值股。例如貴州茅台、寧德時代、中國平安、招商銀行、五糧液等，可以說是 A 股市場中最具代表性的指數
行業占比	工業、金融和主要消費為主
指數基日和基點	以 2004/12/31 為基日，以 1,000 點為基點
5 年年化報酬率	+4.11%（截至 2022/6/30）
加權方式	自由流通市值加權
調整頻率	每半年調整一次，為每年 6 月和 12 月第二個周五的下一交易日生效

資料來源：中證指數網

中證 100 指數（000903）

編制方式	舊中證 100 指數的編制方式非常簡單，就是從滬深市場中選取 100 檔市值較大、流動性較好且具有行業代表性的上市公司證券做為指數樣本，以反映滬深市場核心龍頭上市公司證券的整體表現，相當於滬深 300 的加強版。在 2022 年 5 月 18 日公布的修訂方案於該年 6 月 13 日生效後，進行以下調整： 首先是將成份股的選樣範圍從滬深 300 擴大到中證全指，更加貼近 A 股市場全貌。再來是增加了時下最流行的 ESG 評價，剔除 ESG 評級 C 以下的股票。最後還設有互聯互通的資格要求，讓指數更加國際化
特性	成份股包含滬深市中最核心且最優質資產的，比滬深 300 更加集中，且加入 ESG 評級與互聯互通條件，更加符合國際投資市場偏好
行業占比	工業、金融和主要消費為主
指數基日和基點	以 2005/12/30 為基日，以 1,000 點為基點
5 年年化報酬率	+4.07%（截至 2022/6/30）
加權方式	自由流通市值加權
調整頻率	每半年調整一次，為每年 6 月和 12 月第二個周五的下一交易日

資料來源：中證指數網

中證 500 指數（000905）

編制方式	篩選滬深兩市中市值和流動性前 800 名的股票，然後再剔除滬深 300 指數成份股，保留 301 名至 800 名
特性	代表 A 股市場中一批中型市值的股票，這些股票跟藍籌股比起來波動較大。由於成份股數量龐大，幾乎涵蓋各種產業，雖然是中型企業，但也都是細分領域中的佼佼者
行業占比	工業、原材料和訊息技術為主
指數基日和基點	以 2004/12/31 為基日，以 1,000 點為基點
5 年年化報酬率	+1.01%（截至 2022/6/30）
加權方式	自由流通市值加權
調整頻率	每半年調整一次，為每年 6 月和 12 月的第二個周五的下一交易日

資料來源：中證指數網

中證 1000 指數（000852）

編制方式	選取排在中證 500 後，總市值和流動性排第 801 到第 1,800 名的股票，就是中證 1000 指數，與滬深 300 和中證 500 等指數形成互補
特性	代表 A 股市場中一批小型市值的股票，指數特色為高度分散，前 3 大行業的占比長期都在 10%左右，前 10 大成份股權重加起來也只有 5%左右
行業占比	工業、原材料和訊息技術為主
指數基日和基點	以 2004/12/31 為基日，以 1,000 點為基點
5 年年化報酬率	-1.29%（截至 2022/6/30）
加權方式	自由流通市值加權
調整頻率	每半年調整一次，為每年 6 月和 12 月第二個周五的下一交易日

資料來源：中證指數網

富時中國 A50（FTXIN9）

編制方式	在滬深兩市中挑選市值規模和流動性最佳的 50 家公司，概念類似台股中的台灣 50 指數
特性	包含滬深兩市的藍籌股，由於只選取 50 家公司，所以集中程度會比中證 100 更強，但因為橫跨滬深兩市，所以又比上證 50 分散。成份股包含貴州茅台、寧德時代、五糧液、招商銀行和比亞迪等大型權值股
行業占比	金融、房地產和消費為主
指數基日和基點	以 2003/7/21 為基日，以 5,000 點為基點
1 年年化報酬率	8.71%（截至 2022/7/27）
加權方式	自由流通加權
調整頻率	每季調整一次，為每年 3 月、6 月、9 月、12 月

資料來源：FTSE Russell 網站

深證 100 指數（399330）

編制方式	在深市中挑選市值規模和流動性最佳的 100 家公司，是深證中最具代表性的指數
特性	定位深交所的旗艦型指數，兼具創新型與成長型龍頭企業，包含寧德時代、五糧液、美的集團、比亞迪和東方財富等
行業占比	工業、訊息技術和主要消費為主
指數基日和基點	以 2002/12/31 為基日，以 1,000 點為基點
5 年年化報酬率	7.15%（截至 2022/7/27）。
加權方式	自由流通加權
調整頻率	每半年調整一次，為每年 6 月和 12 月第二個周五的下一交易日

資料來源：國證指數網

創業板指數（399006）

編制方式	創業板指由創業板中市值大、流動性佳的 100 檔股票組成，反映創業板整體運行情況，概念類似美股中的納斯達克指數
特性	定位創業板的旗艦型指數，聚焦成長型優質中小企業，包含寧德時代、東方財富、邁瑞醫療、匯川技術和億緯鋰能等
行業占比	工業、醫藥衛生和訊息技術為主
指數基日和基點	以 2010/5/31 為基日，以 1,000 點為基點
5 年年化報酬率	9.27%（截至 2022/7/27）
加權方式	自由流通加權
調整頻率	每半年調整一次，為每年 6 月和 12 月第二個周五的下一交易日

資料來源：國證指數網

窄基指數

窄基就是與寬基相對應的概念，又稱作行業指數，依照不同行業來編撰指數，讓投資人更清楚掌握某個行業的股價表現。窄基指數必須要包含 10 檔以上成份股，但這些成份股必須來自同一行業內。窄基指數的特色就是集中，在特定周期時收益會更大，例如當指數所追蹤的行業正處於爆發成長期時，如果投資人看好某個行業，投資與該行業指數掛鉤的 ETF 或基金會很有效率。

但投資單一行業的缺點是，承受的風險會相對更高，例如當出現不利於行業發展的政策或大環境出現變化時，整個行業受到衝擊，將連帶影響指數與掛鉤產品的績效。

中證行業分類

中證指數行業分類標準劃分為 4 個級別，目前共 11 個一級行業、35 個二級行業、98 個三級行業和 260 個四級行業。中證一級行業分類常見指數如下：

中證行業分類

一級行業	說明	相關指數
能源	石油、天然氣、煤炭等	上證能源行業指數和中證全指能源指數等
原材料	金屬、建材、化學原料、塑料等	中證全指建築材料指數、中證煤炭指數、中證自然資源指數和中證大宗商品股票指數等
工業	航天、電力設備、機械製造、環保、運輸等	中證環保產業指數、中證全指機械製造指數、中證航空主題指數、中證軍工指數等
可選消費	汽車零件、紡織服裝、家電、零售、餐飲休閒等	中證汽車指數、中證全指家用電器指數和中證全指可選消費指數等
主要消費	食品飲料、農牧漁、家庭用品等	上證主要消費行業指數、中證全指主要消費指數、中證申萬食品飲料指數和中證全指農牧漁指數等
醫藥衛生	醫療、醫藥、生技等	上證醫藥衛生行業指數、中證申萬醫藥生物指數、中證醫療指數和中證全指醫療指數等
金融	銀行、保險、證券等	上證金融地產行業指數、中證證券保險指數和滬深 300 非銀行金融指數等
訊息技術	電子、網路軟體、半導體等	上證資訊技術行業指數、中證電子指數、中證半導體產業指數等
通信服務	電信、傳媒等	上證通信服務行業指數、中證全指通信服務指數和中證傳媒指數等
公用事業	電力、燃氣、水務等	上證公用事業行業指數和中證全指公用事業指數等
房地產	房地產開發與管理	中證全指房地產指數和上證房地產行業指數

資料來源：中證指數網

國證行業分類

國證行業分類標準為 4 級分類，包括：一級行業 11 個、二級行業 30 個、三級行業 88 個、四級行業 164 個。國證一級行業分類常見指數如下：

國證行業分類

一級行業	說明	相關指數
能源	石油、天然氣、煤炭等	國證能源行業指數和深證能源行業指數等
原材料	金屬、建材、化學原料、塑料等	深證原材料行業指數和國證建材指數等
工業	航天、電力設備、機械製造、環保、運輸等	深證工業指數、國證機械指數和國證航太指數等
可選消費	汽車零件、紡織服裝、家電、零售、餐飲休閒等	深證可選指數和國證 1000 可選消費行業指數等
主要消費	食品飲料、農牧漁、家庭用品等	深證主要消費行業指數、國證食品飲料行業指數和國證農牧漁產品行業指數等
醫藥衛生	醫療、醫藥、生技等	國證醫藥指數和深證醫藥指數等
金融	銀行、保險、證券等	深證金融指數、國證綜合金融行業指數和國證銀行行業指數等
訊息技術	電子、網路軟體、半導體等	深證資訊指數、深 A 軟體與互聯網指數和國證半導體晶片指數等
通信服務	電信、傳媒等	深證電信指數和國證通信指數等
公用事業	電力、燃氣、水務等	深證公用事業行業指數和國證公用事業指數等
房地產	房地產開發與管理	國證房地產行業指數和深證房地產指數等

資料來源：國證指數網

概念（主題）指數

台股近年非常流行的某概念 ETF，其實就是追蹤這些依照某概念來編撰的指數。因為股票市場上總會出現一些熱門的投資題材，指數編撰公司也會根據這些熱門的題材設計相對應的指數。A 股近幾年比較流行的題材包含新能源[17]、區塊鏈[18]、白酒[19]、碳中和[20]等，對應的指數像是中證新能源汽車指數、深證區塊鏈 50 指數、中證白酒指數、國證中財碳中和 50 指數等。

風格指數

風格指的是投資風格，主要分為成長型和價值型。例如深證 300 成長指數和深證 1000 價值指數等。

策略指數

策略就是指選股策略，像是高股息（紅利）或低波動（低波）。例如深證紅利 50 指數和深證 300 低波動率指數等。

陸股基金

基金就是投資人把錢交給專業的基金公司來代為投資，在中國買基金的投資人（俗稱基民）數量遠大於買股票的投資人（俗稱股民）。根據中國證券業協會發布的《2021 年度證券公司投資者服務與保護報告》顯示，截至 2021 年底，中國散戶股票投資者已超過 1.97 億人，基金投資者則是超過 7.2 億人，基民是股民的 3.6 倍。

這項數據符合筆者長期在中國的觀察，身邊幾乎所有的中國朋友都有透過買基金理財，卻沒有什麼人願意買股票，因為普遍認為操作股票的風險太高，還不如交給專業的基金公司。依照投資標的、交易管道和運作方式，基金還能被進一步分為不同的類型，接下來逐一詳細介紹。

依投資標分類

常見的投資標的包含股票、債券和貨幣商品，而打包超過一種投資商品的基金則屬於混合類型。風險由高至低依序為股票型基金、混合基金、債券基金、貨幣基金。風險越高代表基金伴隨的報酬也越高，接下來將針對這 4 種基金進行介紹。

股票型基金

股票型基金顧名思義，就是把募集到的資金主要投資在股票，通常比例超過 80%。股票型基金還可以根據投資策略分為主動型與被動型，詳細介紹如下：

1. 主動型基金

由基金經理透過募集投資者的錢進行主動投資，要買什麼股票、使用什麼樣的交易策略，都由基金經理說了算，因此主動型基金非常依賴基金經理的投資能力。這種基金命名的方式通常會由基金公司名稱加上投資策略或主題組合而成。

以下彙整截至 2022 年 7 月底陸股中規模較大的主動型基金：

規模超過人民幣百億的主動型股票基金

基金名稱	基金代號	基金公司
易方達消費行業股票	110022	易方達基金公司
中歐時代先鋒 A/C[21]	001938/004241	中歐基金公司
廣發高端製造股票	004997	廣發基金公司
工銀前沿醫療股票 A/C	001717/010685	工銀瑞信基金公司
信澳新能源產業股票	001410	信達澳亞基金公司
易方達研究精選股票	008286	易方達基金公司
工銀文體產業股票 A/C	001714/010687	工銀瑞信基金公司
廣發醫療保健股票 A/C	004851/009163	廣發基金公司
匯豐晉信低碳先鋒股票	540008	匯豐晉信基金公司
前海開源公用事業	005669	前海開源基金公司
華夏能源革新 A/C	003834/013188	華夏基金公司
中歐醫療創新 A/C	006228/006229	中歐基金公司

資料來源：中信證券 APP

2. 被動型基金

又稱為指數型基金，由基金經理人將投資者資金用來追蹤指數的基金。通常只需要複製指數成份股即可，不需要基金經理人主動選股或買賣股票。這種基金的命名方式，通常會由基金公司名稱加上追蹤的指數名稱組合而成。關於作者如何挑選被動型指數基金以及具體投資策略，請見第 5 章與第 7 章。

以下彙整截至 2022 年 7 月底陸股中規模較大的被動型基金：

陸股主要指數相關 ETF

ETF	代號	追蹤指數	基金公司
華泰柏瑞滬深 300ETF	510300	滬深 300	華泰柏瑞基金公司
廣發中證 100ETF	512910	中證 100	廣發基金公司
匯添富中證 800ETF	515800	中證 800	匯添富基金公司
南方中證 1000ETF	512100	中證 1000	南方基金公司
華夏上證 50ETF	510050	上證 50	華夏基金公司
易方達深證 100ETF	159901	深證 100	易方達基金公司
易方達創業板指數 ETF	159915	創業板指	易方達基金公司

資料來源：中證指數網、國證指數網

規模超過人民幣百億的行業指數基金

基金	代號	追蹤指數	基金公司
招商國證生物醫藥 A/C	161726/012417	國證生物醫藥指數	招商基金公司
匯添富新中證能源車 A/C	501057/501058	中證新能源汽車指數	匯添富基金公司
富國中證新能源車 A/C	161028/013048	中證新能源汽車指數	富國基金公司
招商中證白酒基金 A/C	161725/012414	中證白酒指數	招商基金公司

資料來源：中信證券 APP

債券型基金

顧名思義就是把募集到的資金主要投資在債券上，通常債券比例為 80%，若是純債基金則是 100% 持有債券資產。債券就是一種「借據」，債券發行方為了募集資金，跟投資人借錢，並承諾投資人在債券到期前，按一定利率支付利息，並按約定條件償還本金。債券的發行方通常會是公司、政府單位或國家，因此風險會低於股票型基金。債券基金的名稱通常會根據債券的類型來命名，例如可轉債、信用債與長中短期債等。

陸股中也有債券型 ETF 的產品提供投資人選擇，債券型 ETF 就是指以債券類指數為追蹤標的，並試圖複製其報酬率的投資產品。雖然債券 ETF 只包含債券，但是它們卻可以像股票一樣在股市中直接交易。因此透過投資債券 ETF，投資人可以很方便地買入一籃子的債券。與普通的債券相比，債券 ETF 具有以下 3 大特點：

被動操作：債券 ETF 採用指數複製法實現對標的指數的有效追蹤，以最小追蹤誤差為投資目標。ETF 經理人只需要根據指數的成份債券比例進行複製即可，不需要主動挑選或交易債券。

便捷交易：ETF 交易市場分為一級和二級，一級市場是指「實物申購贖回機制」[22]，因為 ETF 通常有最小申購與贖回份額的規定，通常只有資金量較大的投資人或機構，才能參與 ETF 一級市場的交易。而在二級市場，債券 ETF 則和股票一樣方便投資人進行交易；另外 ETF 小額投資的特性，也大大降低了債券投資的門檻。

分散投資：因為指數通常是包含一籃子的債券，如此一來與單買一張債券相比，具有明顯的分散優勢，對突發事件的敏感性較低，非系統性風險相對較小。債券 ETF 的分散投資，可以滿足投資人資產配置與風險管理的需求，降低整體投資組合的風險。

常見的債券 ETF

名稱	代號	追蹤指數	基金公司
國債[23]ETF	511010	上證 5 年期國債指數	國泰基金公司
10 年國債 ETF	511260	上證 10 年期國債指數	國泰基金公司
地方債[24]ETF	511050	上證 1-5 年期地方政府債指數	興業基金公司
10 年地方債 ETF	511270	上證 10 年期地方政府債指數	海富通基金公司
公司債[25]ETF	511030	中高等級公司債利差因子指數	平安基金公司
城投債[26]ETF	511220	上證城投債指數	海富通基金公司
可轉債[27]ETF	511380	中證可轉債指數	博時基金公司
上證可轉債 ETF	511180	上證投資級可轉債指數	海富通基金公司

資料來源：中信證券 APP

混合型基金

混合型基金就是同時包含股票和債券的基金，基金經理人可以根據市場的變化，調整股票和債券的比例，達到實現提高收益和降低風險的目的。由於需要主動判斷操作，這種類型基金報酬率就非常依賴於基金經理人的投資能力。按照股票和基金的比例，混合型基金還可以分為偏股型、偏債型和平衡型基金。這類基金的風險介於債券和股票型基金之間。

規模超過人民幣 300 億的混合型基金

名稱	代號	基金公司
景順長城新興成長型	260108	景順長城基金公司
易方達藍籌精選	005827	易方達基金公司
富國天惠精選成長 A/C	161005/003494	富國基金公司
睿遠成長價值 A/C	007119/007120	睿遠基金公司
中歐醫療健康 A/C	003095/003096	中歐基金公司

資料來源：中信證券 APP

貨幣型基金

貨幣型基金就是由基金公司把募集到的資金，投入一些流動性高且安全的短期票據，通常是一年內到期、風險極低，且會產生利息的投資商品，例如銀行承兌匯票、商業票據和短期政府債等。因為風險極低所以報酬率也不會太高，有類儲蓄的特性。支付寶旗下的「餘額寶」[28] 就是屬於這類型的投資商品。

按交易管道分類

基金的銷售管道分為場內與場外，場內就是股票市場，場外就是股票市場之外，像是銀行、證券公司代銷或基金公司直銷等管道。

場內外基金比較表

類型	交易管道	常見基金	特性	費用
場內	證券帳戶	封閉式基金、上市型開放式基金（LOF）和交易型開放式基金（ETF）	交易規範和買賣股票一樣，需要在交易時間內交易。因為場內基金的價格是根據買賣方出價決定的，容易出現折溢價的情況	買賣單向券商手續費（通常較低）
場外	基金公司平台、銀行或券商平台	全部開放式基金、上市型開放式基金（LOF）和部分交易型開放式基金（ETF）	通常在交易日下午 3 點前申購的基金，按當天的淨值成交，交易日下午 3 點後或非交易日申購的基金，按下一個交易日的淨值成交	申購與贖回費（通常較高）

資料來源：作者整理

按運作方式分類

基金的運作方式分為開放式與封閉式。開放式基金是指基金發行的總額不固定，總數隨時增減，投資人可以按基金的報價向基金公司申購或贖回。而封閉式基金則是指事先確定發行總額，在封閉期內基金單位總數不變，基金上市後，投資人可以透過股票市場交易。

開放式與封閉式基金比較

類型	交易管道	特性
開放式	基金公司或代銷平台	單位數不固定。每天只會有一個價格，也就是淨值，因此沒有折溢價的問題
封閉式	股票市場	單位數固定。價格按照買賣方出價決定，容易受市場波動影響。另外，通常具有到期時間，到期後若沒有轉成開放式基金，就會將基金資產扣除相關費用後，退還給投資人

資料來源：作者整理

名詞解釋

中國和台灣都使用中文，但除了字體不同，許多習慣性用詞和專業術語也存在差異。對於剛接觸陸股的投資人來說，需要一段時間來適應股票專有名詞，不過大都能從字面上能猜到意思，並不會造成太多的困擾。

陸股常見交易類用詞

中國用語	台灣用語	解釋
打新股	申購新股	申購即將發行的新股票
手	股票買賣單位	1 手是 100 股
倉位	資金比例	是指投資人擁有的資金和實際投資的比例
滿倉	滿手	把所有可投資的資金都拿去買股票
半倉	投入一半	把一半可投資的資金拿去買股票
空倉	空手	沒有把可投資的資金拿去買股票
建倉	買入	指買入某檔股票
持倉	持有	買入某檔股票以後因看好後市，而一直持有該股票
加倉	追高	因持續看好某檔股票，而在該股票上漲的過程中繼續追加買入的行為
減倉	賣股	賣掉一部分的股票
斬倉	停損	股票處於虧損狀態，決定賣掉股票
補倉	攤平	就是因為股價下跌被套，為了攤低該股票的成本，而進行的買入行為
平倉／清倉	出清持股	把之前買入的股票全賣掉
止盈	獲利了結	當股票到達一定的價格，而且出現獲利，投資人打算獲利出場

資料來源：作者整理

陸股常見財報類用詞

中國用語	台灣用語	解釋
市盈率	本益比	Price-to-Earning Ratio，簡稱 P/E，指每股市價除以每股盈餘
股利支付率	配息率	每股股利與每股盈餘的比例關係，表示企業每賺取 1 元時，普通股股東所能分配到的股利金額
市淨率	股價淨值比	每股股價除以每股淨資產
分紅	配息	指公司在獲利時，每年按股票份額比例支付給投資者的紅利，是上市公司對股東的投資回報
送（紅）股	配股	指上市公司將利潤（或資本金轉增）以紅股的方式分配給投資者，使投資者所持股份增加，而獲得收益
利潤表	損益表	報告公司一年、一季或某個時段內發生的收入、支出、收益、損失，以及由此產生的淨收益

陸股常見財報類用詞（續）

中國用語	台灣用語	解釋
配股	增資	配股是股份有限公司在擴大生產經營規模、需要資金時，透過配售新股票向原有股東募集資金。增資方式包括現金增資、盈餘轉增資、資本公積轉增資等。
每股收益	每股盈餘	Earnings Per Share，簡稱 EPS，指公開市場上，每股給投資者／股東帶來的收益
轉增股	資本公積配股	將資本公積轉為公司資本，按照股東持股比例配發股票，藉此增加投資者的投入資本
經營現金流量	營業現金流量	反映企業透過本業營運實際產生的現金流
籌資現金流量	融資現金流量	反映企業在取得外部資金（如借錢或現金增資）及後續支出過程中產生的現金流
收益率	報酬率	指在一段時間內某個投資標的投資回報率

資料來源：作者整理

1 滬港通為透過上交所或港交所在對方所在地設立的證券交易服務公司，買賣規定範圍內的對方交易所上市股票。

2 深港通為透過深交所或港交所在對方所在地設立的證券交易服務公司，買賣規定範圍內的對方交易所上市股票。

3 ADR（American Depositary Receipts，美國存託憑證）是美國以外的企業在美國證券交易市場所發行的交易憑證。

4 台灣證券交易所（Taiwan Stock Exchange，TWSE）是台灣證券集中交易市場的經營機構。

5 紐約證券交易所（New York Stock Exchange，NYSE）位於美國紐約，是全球最大的股票交易所。

6 納斯達克證券交易所（National Association of Securities Dealers Automated Quotations，NASDAQ）是世界第一個電子證券交易市場，也是世界第二大股票交易所。

7 IPO（Initial Public Offering，首次公開發行）是公開上市集資的一種類型。公司透過證券交易所首次將股票賣給一般投資者的募集資金方式。

8 融資是指投資人向證券公司貸款買股票。

9 每一支美國職棒大聯盟的球隊都會有（數個）小聯盟球隊，做為隊中年輕球員、受傷或暫時下放球員比賽之處，提供培養、訓練、復健和比賽機會。小聯盟球隊通稱為農場球隊，或稱農場系統。小聯盟球隊依實力區分為 7 個級別，由高而低依序是：3A（AAA）、2A（AA）、高階 1A（Advanced A）、1A（A）、短期 1A（Short A）、高階新人聯盟（Rookie Advanced）與新人聯盟（Rookie）。

10 519 行情：1999 年，在網路股風潮的帶領之下，滬深股市一掃過往的低迷，走出暴漲行情。在短短 30 個交易日內，上漲了 65%，519 行情因此成為了老一輩投資人心中抹滅不了的璀璨記憶。

11 中美貿易戰起源於 2018 年美國向中國製造的商品徵收懲罰性關稅，希望藉此打擊中國經濟，以扭轉長期貿易逆差。

12 中國常見的法定節假日：元旦、春節、清明節、勞動節、端午節、中秋節和國慶節。

13 公司股票被實施下市風險警示的，股票簡稱前冠以“*ST”；股票被實施其他風險警示的，股票簡稱前冠以“ST”；公司股票同時被實施下市風險警示和其他風險警示的，在股票簡稱前冠以“*ST”。

14 配股指公司按一定比例向現有股東發行新股，屬於再籌資的手段，股東需按配股價和配股數量繳配股款，完全不同於分紅。

15 送股指上市公司將本年度的利潤留在公司，發放股票做為紅利，從而將利潤轉化為股本。送股後公司的股本增大，每股淨資產降低，但公司資產、負債、股東權益的總額並沒有改變。

16 藍籌股又稱績優股，指在某行業中處於領先地位，長期業績優良、公司知名度高、市值大。

17 新能源指傳統能源之外的各種能源形式，如太陽能、地熱能、風能、海洋能、生物質能和核聚變能等。

18 區塊鏈為一種網路科技，透過一個又一個的區塊串連而成的網路系統，相較於過去透過伺服器運作的網路系統，區塊鏈能將資料以更安全、更透明的方式讓用戶使用。

19 中國的白酒不是指白葡萄酒，而是中國的燒酒，又稱燒酎、白酒、白乾、火酒、高粱酒，是一種傳統蒸餾酒。知名的白酒品牌如貴州茅台、五糧液等。

20 碳中和指在一定時間內的二氧化碳排放量，與種樹和使用再生能源等方式累積的減碳量相互抵銷，達到中和的狀態。

21 根據費用收取的方式不同，基金公司將基金份額分為 A 類與 C 類，兩類分別設置不同代碼並分開計算淨值。A 類：購買時收取費用，通常不從基金資產中提列銷售服務費；C 類：購買時通常不收取費用，但從基金中提列銷售服務費。

22 實物申購贖回機制指投資人向基金公司申購 ETF 時，需要拿 ETF 指定的一籃子債券來換取；贖回時得到的不是現金，而是相對應的一籃子債券。一級市場的存在使二級市場的交易價格不會嚴重偏離基金的淨值，否則就會發生套利交易，使二級市場價格接近基金份額的淨值。

23 國債是由一個國家的中央政府機構所發行債券。

24 地方債是由一個國家的地方政府所發行債券。

25 公司債是由一家公司所發行債券。

26 城投債是中國債券市場的特殊債券，指的是由城投公司發行的債券，城投公司可以理解為地方政府融資平台公司。

27 可轉債是由一家公司所發行債券，可以按規則依照約定價格和時間，把債券轉換成股票。

28 餘額寶是由支付寶推出的資金管理服務，屬螞蟻金服集團旗下，投資人將資金轉入餘額寶，就相當於購買了合作基金公司提供的貨幣基金。

第 3 章 手把手教你買陸股

本章將透過 16 大步驟總結成功開戶經驗，以及分享如何高效使用券商 APP 各種功能。最後將公開實用又免費的陸股資料查詢網站，讓你學會快速掌握投資陸股所需的資訊與數據。

如何開戶

對於不同條件的台灣投資人，筆者整理了以下幾種不同參與陸股市場的方式，讀者可以根據自身情況選擇最合適方式：

台灣人如何投資中國股市？

人是否在中國	有無中國門號 & 銀行卡	是否方便到中國	投資建議
否	無	否	台股 ETF、港股複委託、海外券商等
否	有	否	台股 ETF、港股複委託、海外券商等
否	無	是	親自到中國券商開戶
否	有	是	親自到中國券商開戶
是	有		親自到中國券商開戶

資料來源：作者整理

總結來說，持有台胞證的投資人如果想要開中國券商帳戶直接投資陸股，必須親自到中國一趟，特別是還沒有辦理過中國門號或銀行卡的投資人。雖然某些券商有提供港澳台投資人線上開戶的服務，但有一些條件限制，例如只允許交割帳戶是特定幾家銀行等。

因為筆者沒有親身經歷過線上開戶，詢問了身邊的台灣朋友，也沒聽說有誰成功在線上辦理開戶，所以接下來的分享會以現場開戶的流程為主，從如何辦理手機門號、申請銀行卡，再到開設證券戶，一共 16 大步驟，讓你輕鬆開啟投資 A 股的大門。

辦電話卡

對於所有剛到中國生活的台灣人來說，第一件要做的事情通常是辦手機門號，常見的 APP 像是微信和支付寶等，都需要透過手機門號註冊和認證。在中國生活如果沒有手機門號的話，幾乎什麼事情都做不了。由於電話號碼對於日常生活來說非常重要，所以申辦的難度並不高，持台胞證辦理，基本上都不會遇到太大的問題。

第一步：

從中國三大電信公司（中國移動、中國聯通和中國電信）中挑選一家喜歡的，如果有興趣想研究三大電信的區別，在網路上搜索一下就會有不少參考資料，這裡就不多做贅述。

第二步：

透過百度地圖搜尋一下離自己最近的「營業廳」，也就是電信門市，前往辦理手續，需要攜帶的物品有台胞證和手機。

第三步：

如果對於手機號碼沒有要求的話，就只需按照現場工作人員的指示，填寫各種表單資料和操作即可。中國的手機號碼總共有 11 位數，先選號碼的開頭再選尾號，基本上挑選方便好記又看得順眼的即可。如果是對號碼有講究的讀者，可以要求選號碼，有些搶手的號碼例如尾號 888，是需要額外付錢的。

第四步：

完成門號辦理後要詢問工作人員如何下載和操作「掌上營業廳」，也就是各家電信的 APP，未來要辦理加值或各種業務就會方便很多，不需要再親自跑一趟門市。

溫馨提醒：包含後續辦理銀行卡和開證券戶，盡量選擇到台灣人比較多的城市辦理，例如北上廣深，或是福建廈門和蘇州崑山等。因為如果在台胞不多，甚至沒有台胞的城市辦理業務，很有可能會遇到現場工作人員怕麻煩拒絕，或看到台胞證之後不知道怎麼操作的情況，但即使如此應該也不至於辦不好。

中國辦理手機門號流程

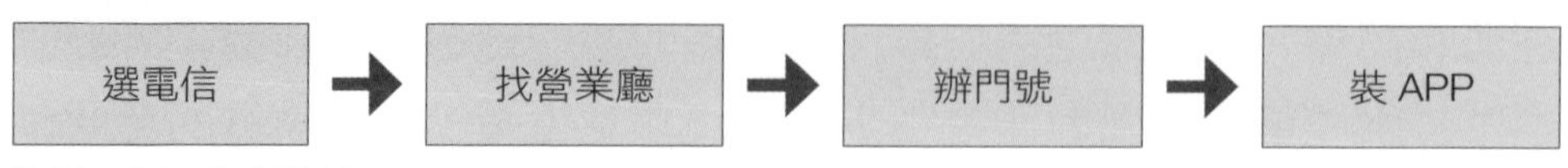

資料來源：作者整理

辦銀行卡

聽一些早期來中國發展的台商或台幹說過，以前台灣人在中國只需要台胞證就可以輕鬆在各大銀行開戶辦理銀行卡。但自從 2016 年 12 月，中國央行發布「關於加強支付結算管理防範電信網絡新型態犯罪有關事項的通知」後，台灣人就無法像過去一樣只憑一張台胞證就可以開戶了。

筆者 2017 年剛來中國時，因工作需求在某大型商業銀行開辦過銀行卡，這些年來對於服務和網銀功能還算滿意。2021 年底，又在某「四大行」[1] 開戶，辦理業務的過程非常順利。雖然台灣人要開中國銀行戶比過去困難許多，但只要資料準備齊全，要在中國的銀行成功辦理銀行卡並不會太困難。

第一步：

選擇一家大型銀行，如果沒有特殊需求的話，建議考慮「四大行」，也就是中國銀行、建設銀行、農業銀行和工商銀行，這四家是大型國有銀行，背後是政府信用在撐腰。除了網點（分行）幾乎遍布全中國，分行服務效率和專業度基本上能讓人放心。

第二步：

因為疫情，現在許多銀行可能會需要提前預約才能辦理業務，建議先打電話到分行詢問以免撲空。在預約的同時，也可以詢問好申辦銀行卡所需要的資料，以便提前準備周全。

第三步：

提前準備相關資料，包含台胞證、中國手機門號、工作證明（勞動合同）、居住地址（最好不要是飯店）等。即使是同一家銀行，不同的分行可能對於資料的要求都不一樣，所以盡可能把資料準備齊全。如果被某家分行拒絕開戶也不要氣餒，可以多嘗試幾家，曾聽說有人跑好幾家銀行才成功。

第四步：

依約到分行辦理開戶業務，只要按照櫃檯工作人員的要求填寫和提交資料即可。在辦理的過程中記得要開通「網銀」功能，並下載該銀行客戶端 APP，這樣才方便日後各種銀行業務綁定和操作。

溫馨提醒：中國的銀行開戶一定要本人親自到分行辦理，別相信任何聲稱可以提供線上代辦的服務。另外許多人也會選擇有台資背景的富邦華一銀行，筆者聽不少在中國的台胞分享過，富邦華一的分行會安排台灣銀行員駐點，對於離鄉背井想開戶的人來說，在服務上能感受到更多台式親切。

辦理銀行卡的流程

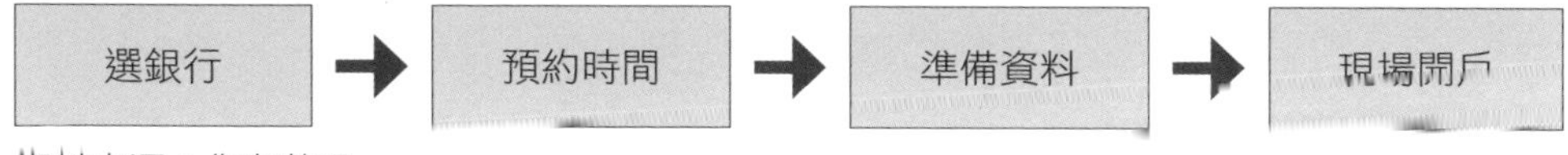

資料來源：作者整理

開證券戶

開辦好手機門號和銀行卡，基本上就具備了開辦中國券商 A 股交易證券帳戶的關鍵材料。另外想要開證券戶還要提供臨時住宿登記證明表（銀行開戶可能也需要）和台灣身分證，要注意這兩項證明都必須是原件。臨時住宿登記證明表需要到當地派出所開立，這個是所有台灣人入境中國後在 72 小時內必須辦理的業務（如果住飯店可詢問飯店如何申請）。現在有些券商也開放持有「台灣居住證」的投資人線上辦理開戶，但筆者是到券商門市辦理的，所以分享線下開戶的經驗和流程。

第一步：

挑選一家券商，建議選排名較前的大型券商。中國常見的知名券商包含華泰證券、國泰君安、中信證券、銀河證券和海通證券等。

第二步：

現在因為疫情，銀行和券商的業務都鼓勵客戶提前預約，如果沒有預約很可能會撲空。在預約的過程中，也可以確認開戶時所需要的資料，以便提早準備好。

第三步：

依照預約時間前往券商門市辦理開戶業務，到了開戶櫃台後只需要按照工作人員的指示提交和填寫資料。過程中需要做風險評估測試和設置密碼等，整個流程大約一小時以內能完成。

第四步：

開完戶之後記得下載券商的 APP，確定能夠順利登入和與銀行帳號綁定。如果不熟悉下單軟體操作，要現場詢問營業員，然後加上對方微信方便日後聯繫。下單的手續費也記得要和營業員確認，散戶基本上都是一口價，一般在 0.02% 到 0.3%。

溫馨提醒：雖然開證券交易戶非常方便，但中國在外匯管制比較嚴格。除非本身就在中國做生意或工作，擁有中國的資金來源或存款，不然一般情況下無法直接從台灣匯錢到中國的帳戶，做為投資資金。

券商開戶的流程

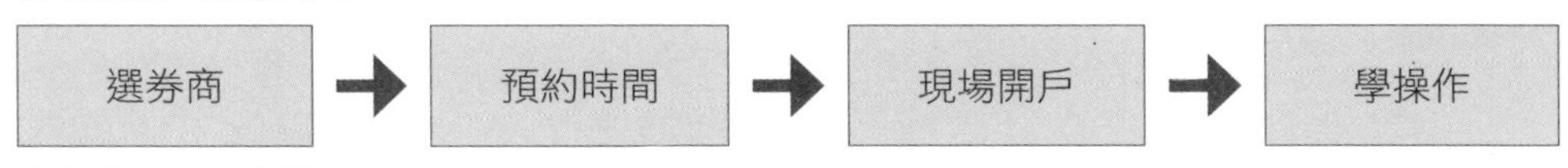

資料來源：作者整理

最後總結一下三項業務分別需要的資料，但每一家公司要求可能會有差異，視實際情況而定，務必提前確認：

辦理各項業務所需材料

業務	所需物件
門號	台胞證 + 手機
銀行卡	台胞證 + 工作合同 + 住宿登記 + 門號
證券戶	台胞證 + 住宿登記 + 台灣身分證 + 門號 + 銀行卡

資料來源：作者整理

其他板開戶門檻

上述券商開戶流程是指開通滬深兩市主板的交易資格，對於二板市場、北交所和滬深港通則有更嚴格的開戶規定。不過對大多數投資人來說，主板能提供的投資選擇已經非常充足了。

各板塊開戶門檻

板塊	資金限制（人民幣）	交易經驗限制
創業板	不低於 10 萬	主板投資 2 年
科創板	不低於 50 萬	主板投資 2 年
港股通	不低於 50 萬	開戶滿 20 個交易日
北交所	不低於 50 萬	主板投資 2 年

資料來源：上交所網站、深交所網站、北交所網站

創業板

申請開通創業板交易資格的個人投資者，須同時滿足以下兩個條件：申請前 20 個交易日證券帳戶及資金帳戶內的日均資產不低於人民

幣 10 萬元，以及參與主板證券交易 24 個月以上。

科創版

申請開通科創版交易資格的個人投資者，須同時滿足以下兩個條件：申請前 20 個交易日證券帳戶及資金帳戶內的日均資產不低於人民幣 50 萬元，以及參與主板證券交易 24 個月以上。

港股通（包含滬港通和深港通）

滬港通：透過上交所或港交所在對方所在地設立的證券交易服務公司，買賣規定範圍內的對方交易所上市股票。

深港通：透過深交所或港交所在對方所在地設立的證券交易服務公司，買賣規定範圍內的對方交易所上市股票。

滬港通和深港通採用「雙通道」獨立運行機制，舉例來說，投資者透過深港通下的港股通帳戶買入港股通標的股票，無法透過滬股通下的港股通賣出，只能原買入帳戶賣出。申請開通港股通交易資格的個人投資者，須同時滿足以下條件：已開通證券 A 股帳戶；前 20 日日均淨資產不低於人民幣 50 萬元；風險測評穩健型及以上；透過港股通業務知識測試（80 分）；且經審查不存在嚴重不良紀錄。

北交所

申請開通北交所交易資格的個人投資者，須同時滿足以下兩個條件：申請前 20 個交易日證券帳戶及資金帳戶內的日均資產不低於人民幣 50 萬元，以及參與主板證券交易 24 個月以上。

如何使用交易軟體

俗話說：工欲善其事，必先利其器，對於投資人來說，券商的交易軟體就是買賣股票的利器。筆者分享一款自己長期使用的券商 APP

基礎操作功能和使用技巧。該券商也有提供電腦端的看盤下單軟體，不過筆者已經習慣使用手機 APP 看盤下單，相信對大部分投資人來說操作手機 APP 會比較方便，所以這裡介紹手機 APP 為主。

之所以介紹這款券商的 APP，僅僅是因為筆者長期使用，對這個 APP 較為熟悉，並沒有要推薦任何券商或產品，建議讀者多方面對比後，再決定去哪裡開戶。如果你不是在這家券商開戶的話，也不用太擔心，因為每家券商 APP 的功能與操作方式大同小異。關於 APP 的使用操作問題，除了參考本書，還可以請教營業員，或是向他們索取操作說明手冊。

打開這款券商的 APP 之後會出現 5 大分類，分別是「首頁」、「行情」、「交易」、「理財」和「我的」，接下來將依照這 5 個項目依序介紹。

首頁

如果把 APP 比喻成一個網站，那首頁就是打開 APP 後最先跳出的頁面。筆者會使用到的功能主要有以下兩個：

消息中心：這裡有財經新聞、收盤分析、個股公告、帳戶變動通知、股價波動警示等，用戶可以在「我的」頁面進行客製化設定，後面會詳細介紹如何操作。

在線客服：如果遇到操作問題可以先到這裡諮詢，智能 AI 客服滿靈活聰明的。

資料來源：中信證券 APP

行情

這個區塊應該是投資人使用頻率最高的，可細分為市場行情和個股行情兩大類。由於筆者偏向存股長期投資，所以接下來分享筆者比較常使用的區塊；若是傾向短線操作（例如技術分析）的投資人，直接請教專屬的營業員，或許能夠獲得更多適合的 APP 使用方法。另外提醒讀者，以下頁面中出現的股票或投資商品僅做為範例，並不是投資推薦。

市場行情查詢

市場行情分為整體市場和投資人自選股兩部分，自選股的頁面就是為了方便投資人查看自己挑選的個股資訊，這裡會把重點放在整體市場資訊查詢，個股的查詢則在後面詳細介紹。

・市場概況

首先展示 A 股市場中的滬深京三大交易所中幾個具代表性股指（如上證指數、深證指數、創業板指、上證 50、滬深 300 等）的即時表現，投資人也可以根據個人需求進行客製化設計。另外在下方紅綠相接的長條，表示有多少檔股票上漲和下跌，A 股和台股相同，紅色表示上漲，綠色表示下跌，和美股相反。

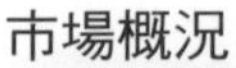

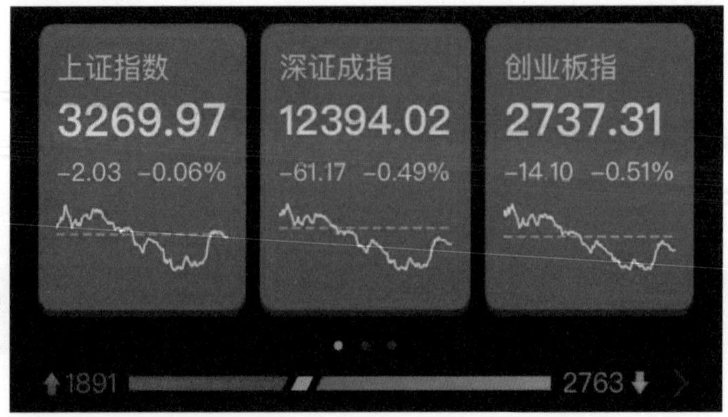

資料來源：中信證券 APP

・市場估值

估值就是對企業（股票）的價值進行評估，對投資人來說是很好判斷股價是否高於價值的指標。主要的指標分別是市盈率（每股市價除以每股盈餘）和市淨率（每股股價除以每股淨資產），這裡會列出當日的數據和近 90 天最低和最高值。

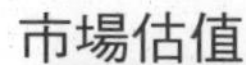

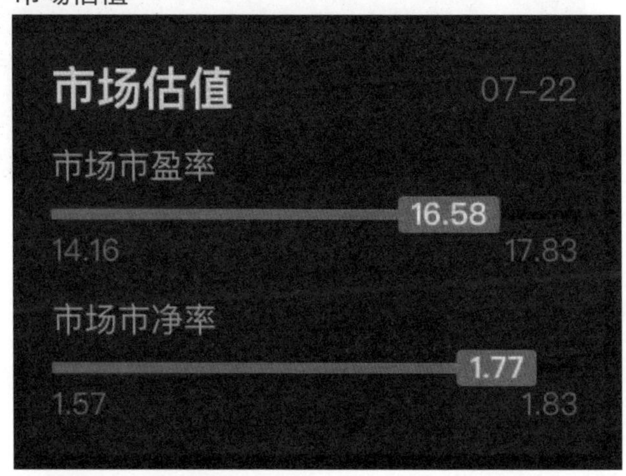

資料來源：中信證券 APP

・指數估值

對指數型投資人來說，此功能實在太方便了，能夠簡單找出指數當前市盈率處於哪個歷史位階，以便判斷股價的相對高低。區間分為低位區（0～20％）、較低位區（20％～40％）、中位區（40％～60％）、較高位區（60％～80％）以及高位區（80％～100％）。

指數估值

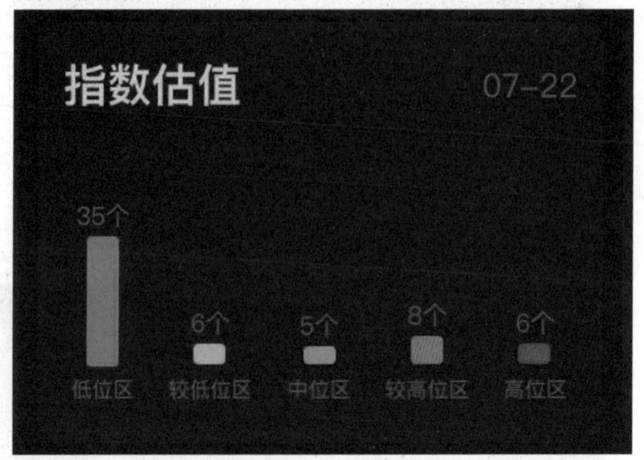

資料來源：中信證券 APP

· 北向資金淨流入

北向資金和台股的外資概念類似，被股民稱作「聰明錢」的北向資金，對陸股有不小的影響力。為什麼叫「北向資金」呢？因為大多數的外資都是透過香港交易所的滬深港通來買陸股，從地理位置來看，香港在南，深圳和上海在北，所以外資從香港買入滬深兩市股票的資金流向，就叫北向（上）資金。反之中國投資者買香港股票的資金流向，叫南向（下）資金。

透過滬深港通資金淨流入的數據資料，能清楚看到外資面對行情變化的資金操作情況。除了當日，這家 APP 還提供近半年和近一年的數據和資金餘額情況。

滬深港通

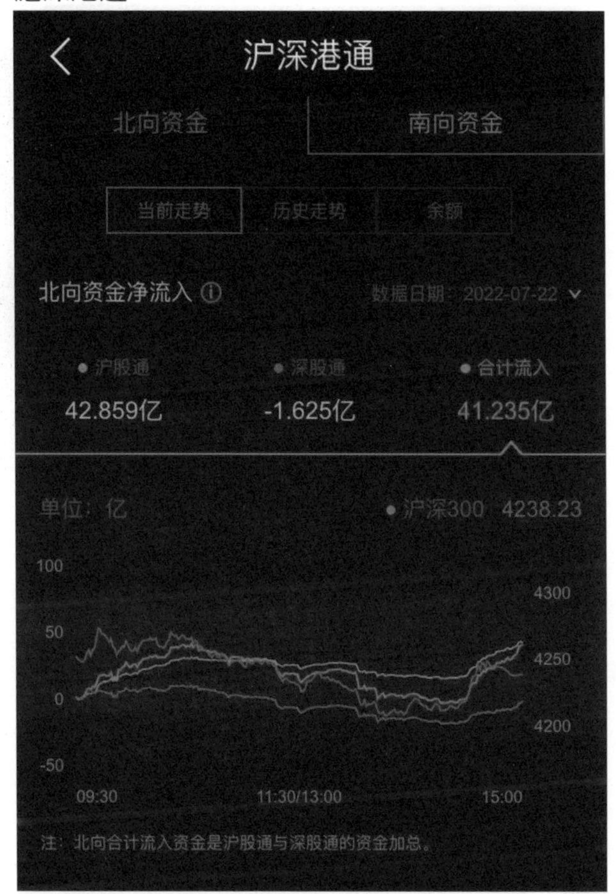

資料來源：中信證券 APP

另外因為 A 股中有不少公司同時在香港上市（稱為 A+H 股），由於滬深股市用人民幣交易，港股則用港幣交易，加上兩市交易不同步，所以會出現折溢價[2]的情況，在這個頁面中也能查詢到相關資料。要注意的是，這家 APP 是從 A 股投資人的角度出發，故溢價是指 A 股相對港股出現溢價，反之折價亦同。

滬深港通 -AH 股溢價榜

沪深港通

AH股溢价榜

股票名称	H股	A股	溢价(A/H)%
浙江世宝	1.970 0.00%	10.16 2.01%	498.02
京城股份	4.000 0.25%	18.11 1.40%	424.99
新华制药	6.090 1.00%	23.88 -3.94%	354.68
中信建投	7.410 0.41%	26.17 0.85%	309.52
新天绿能	3.900 -0.51%	13.59 -3.21%	304.06

資料來源：中信證券 APP

・板塊排行榜

若要掌握各細分行業或概念股的股價表現，可以善用板塊排行榜的功能。

板塊排行榜

A股 港股 美股 全球 更多

沪深京 板块 科创 新三板 ETF

板块排行榜

行业 概念 风格 地域

环保行业	光伏设备	航运港口
+2.43%	+1.72%	+1.54%
超越科技 19.99%	协鑫集成 10.11%	兴通股份 7.57%

查看更多

資料來源：中信證券 APP

點進去之後，畫面會展示各行業或概念股的漲跌情況，另外也可以按風格[3]和地域[4]來篩選。

板塊排行（按行業分類）

板块排行
行业 概念 风格 地域
名称↓ 幅度
游戏 991344 -1.63%
生物制品 991343 -1.61%
房地产服务 991342 0.52%
专业服务 991341 -0.80%

資料來源：中信證券 APP

板塊排行（按概念分類）

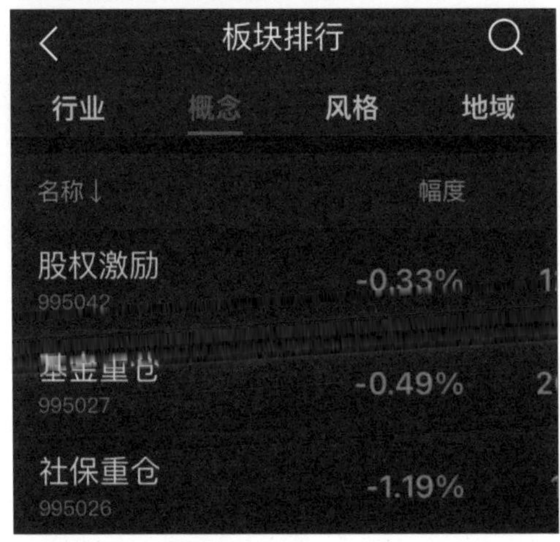

資料來源：中信證券 APP

進一步點入任意一項行業／概念／風格／地域後，就會展示出該項目所有成份股表現，投資人可以判斷哪些公司表現優於整體行業。

・其他功能

在市場行情的部分還有「條件選股」、「相似 K 線」和「籌碼分布」等資訊，提供各種不同需求的投資人參考。

個股行情查詢

了解如何查詢整體市場行情後，接下來就要認識如何查詢個別股票的行情和實用資訊。

・個股首頁

個股查詢

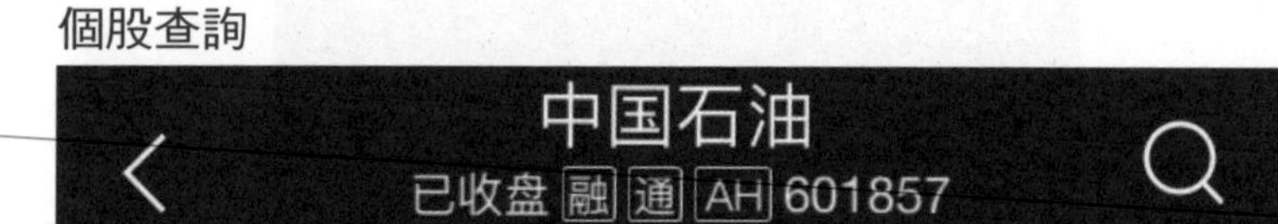

資料來源：中信證券 APP

首先在公司名稱下方那幾個字塊表示這檔股票的屬性，各種標示的說明如下：

個股類型簡稱說明

簡稱	解釋
融	融資融券標的股票
滬	滬港通標的股票
深	深港通標的股票
通	香港投資者可以購買的內地股票
AH	A 股和港股同時上市的股票
警	風險警示股票
退	即將下市股票
京	在北京證券交易所掛牌上市的股票
掛牌	掛牌公司股票
集合	集合競價交易的股票
做市	做市交易的股票
協議	協議交易的股票
創新	股轉創新層股票
基礎	股轉基礎層股票
兩網	兩網公司及下市公司股票
行權	僅提供行權功能的期權
限制	持有人數存在 200 人限制的證券
VCM	港股波動調節標的股票
CAS	港股收盤競價標的股票
CDR	存託憑證
科創	科創板標的股票
創新企業股票	創新企業在滬深 A 股發行股票

資料來源：中信證券 APP

接著會顯示當日股價和漲跌情況，以及各種基礎數據，並搭配 K 線圖，由於筆者不做短線交易，所以這些功能大多時候會直接忽略，但不代表不重要，視投資人操作風格而定。最下方可以進行買或賣的交易，連接到「交易」功能，詳細買賣操作將於後面「交易」區塊進行詳細介紹。

個股查詢（續）

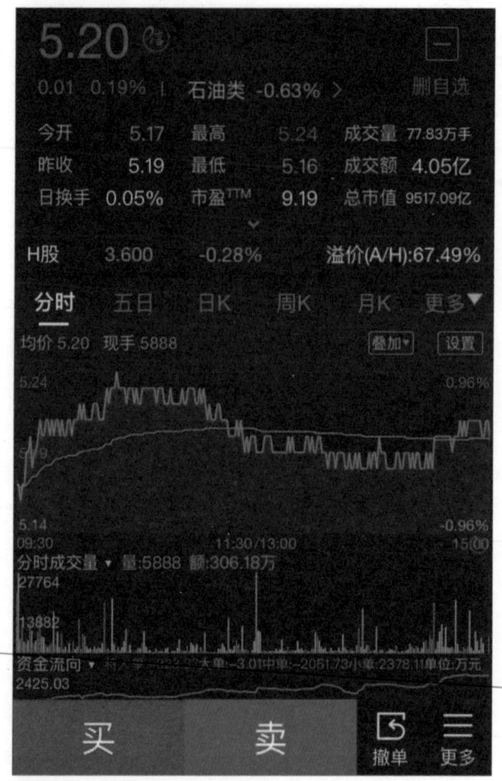

資料來源：中信證券 APP

・盤口

盤口就是股票在交易過程中，各種交易動線變化，台股習慣稱為「盤勢」。首先會有各種與股價以及交易量相連動的數據。緊接著會展示當日和近 5 日資金流向，所謂的主力就是指特大單和大單的交易方，判斷標準如下：

交易類型說明

單種	委託量（股）	委託金額（人民幣）
特大單	20 萬以上	100 萬以上
大單	6 萬至 20 萬	30 萬至 100 萬

資料來源：中信證券 APP、作者整理

當日資金流向

資料來源：中信證券 APP

接下來是融資融券數據，在股市中除了能用現金交易，還可以選擇用信用交易，也就是透過融資和融券的方式來買賣股票。融資是指投資人預測某檔股票之後會上漲，向券商借錢來買該股票，等股價上漲後再賣出，還清借款後獲得價差。

而融券則剛好相反，指投資人預測某檔股票之後會下跌，但手上並沒有這張股票，此時就可以繳部分保證金後向券商取得這張股票，然後立刻將股票賣出，等股價下跌後再用便宜的價格買回給券商，並賺取價差。投資人可以觀察融資融券餘額差值的變化，判斷市場上對這檔股票的後市是樂觀還是悲觀。一般來說當融資餘額持續增加時，表示市場多數看好股票後續的表現；相反的若融券餘額增加，則表示市場多數認為後續股票將下跌。

融資融券數據

融资融券数据
融资融券余额差值
27.12 亿
比上一交易日上升
–1.09 %
28.42
28.20
27.99
27.77
27.55
27.34
27.12
2022-06-23
2022-07-22
大宗交易
4 笔 近半年交易
龙虎榜
0 次 近一年上榜

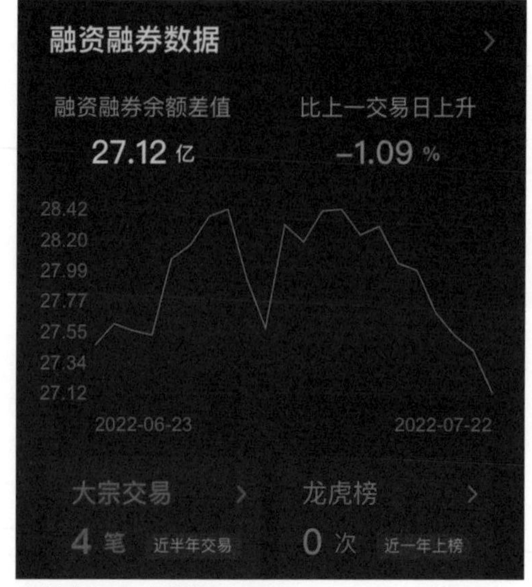

資料來源：中信證券 APP

最下方的畫面會顯示該股票所屬的板塊以及其行情變化。

所屬板塊

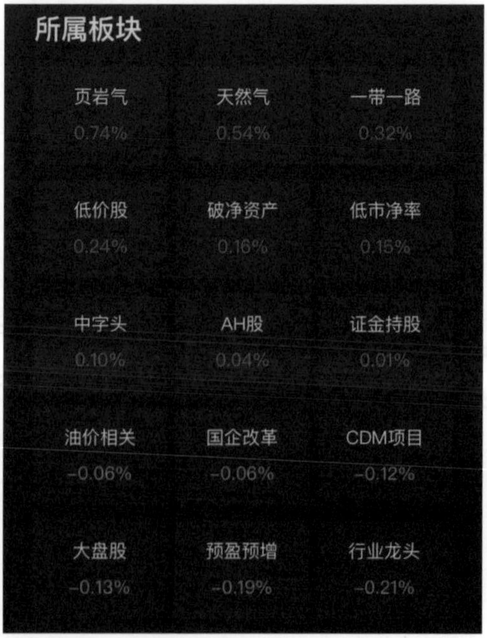

所属板块
页岩气
0.74%
天然气
0.54%
一带一路
0.32%
低价股
0.24%
破净资产
0.16%
低市净率
0.15%
中字头
0.10%
AH股
0.04%
证金持股
0.01%
油价相关
–0.06%
国企改革
–0.06%
CDM项目
–0.12%
大盘股
–0.13%
预盈预增
–0.19%
行业龙头
–0.21%

資料來源：中信證券 APP

· 新聞

這裡會展示有關公司的媒體報導、財務報表、公告、業績預測等最新資訊，是投資人快速蒐集個股相關消息的好地方。

· 公告

這裡展示公司在交易所發布的官方公告和通知。通常筆者會注意業績發布、各季度財報、年報和分紅公告等消息。

· 研報

這裡會有各大券商的研究報告和買賣判斷，不過對於這些機構的消息，筆者只會當作新聞看，不做為交易參考的依據。

· 簡況（F10）

這個區塊對筆者來說是個股研究中最重要的部分，因為買進股票就是投資公司，所以在買進之前，一定要竭盡所能地摸清底細。簡況又分為「公司簡況」、「股東股本」和「財務數據」三大項，接下來會介紹筆者經常關注的數據。

公司簡況 - 主要指標

首先會展示財報的關鍵數據和 3 張財務報表（利潤表、資產負債表和現金流量表），不過筆者自己喜歡在「財務數據」的區塊做財務資料查詢。

主要指標

主要指标	利润表	资产负债表	现金流量表
关键指标			
营业收入		7794亿	2.614万亿
归属净利润		390.6亿	921.6亿
扣非净利润		396.4亿	995.3亿
每股指标			
每股收益		0.210元	0.500元
每股净资产		7.125元	6.905元
每股资本公积金		0.697元	0.696元
每股未分配利润		4.404元	4.191元
每股经营现金流		0.461元	1.866元

資料來源：中信證券 APP

公司簡況 - 公司資料

這裡會簡單介紹公司名稱、註冊地址、董事長、上市資訊和主要業務等。

公司資料

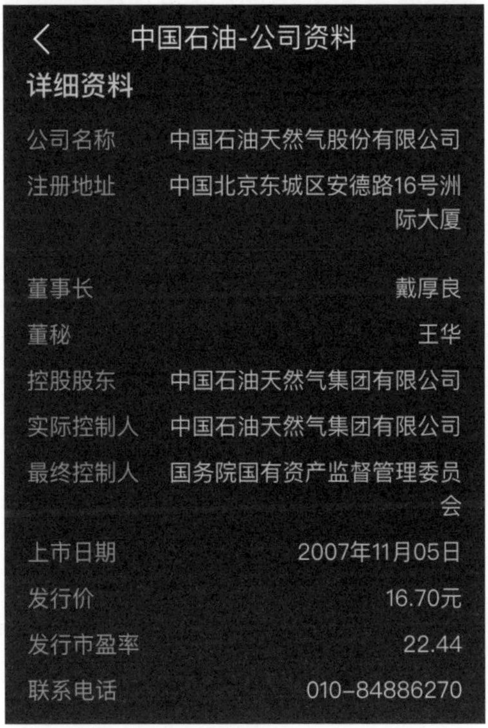

中国石油-公司资料

详细资料

公司名称	中国石油天然气股份有限公司
注册地址	中国北京东城区安德路16号洲际大厦
董事长	戴厚良
董秘	王华
控股股东	中国石油天然气集团有限公司
实际控制人	中国石油天然气集团有限公司
最终控制人	国务院国有资产监督管理委员会
上市日期	2007年11月05日
发行价	16.70元
发行市盈率	22.44
联系电话	010-84886270

資料來源：中信證券 APP

公司簡況 - 營收占比

投資人可以根據 3 種不同的分類來查找數據，分別是行業、產品和地區。

營收占比

主营构成分析

按行业

2021年年报 | 2021年中报 | 2020年年报

2021年年报	收入比例
销售	81.97%
炼油与化工	37.02%
勘探与生产	25.61%
其他收入之和	−44.60%

业务名称	营业收入	毛利率(%)
销售	2.143万亿元	3.16%
炼油与化工	9677亿元	27.86%
勘探与生产	6695亿元	26.70%
天然气与管道	4102亿元	5.65%
其他(补充)	626.1亿元	−6.21%
总部及其他	3.000亿元	25.67%

資料來源：中信證券 APP

公司簡況 - 公司高管

這裡會顯示公司的高層名單和背景介紹，另外高管的持股情況和變化也能在這裡查詢到。身為股東當然會希望公司高層的利益和公司利益一致，畢竟如果連高層都不願意持有公司股票，恐怕是對公司的前景沒信心。

公司簡況 - 分紅送轉

分紅送轉就是配股配息，這裡會是存股族最關注的區塊。投資人可以查詢到公司歷年配股配息的紀錄和除權息日期。

分紅送轉

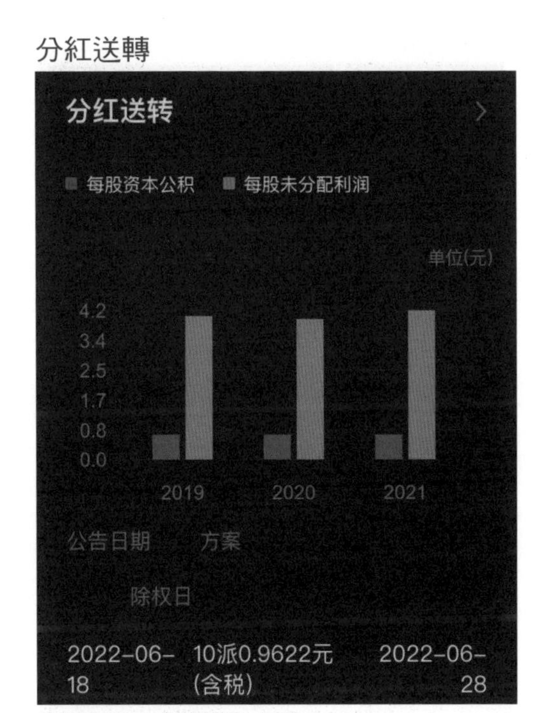

資料來源：中信證券 APP

公司簡況 - 行業對比

最後畫面會呈現行業內各項數據前三名的公司表現，方便投資人判斷公司在業界的表現處於什麼位置。

股東股本

首先會顯示公司流通股本數和總股東人數，另外還有股東人數與股價的變化以供參考。

股東股本

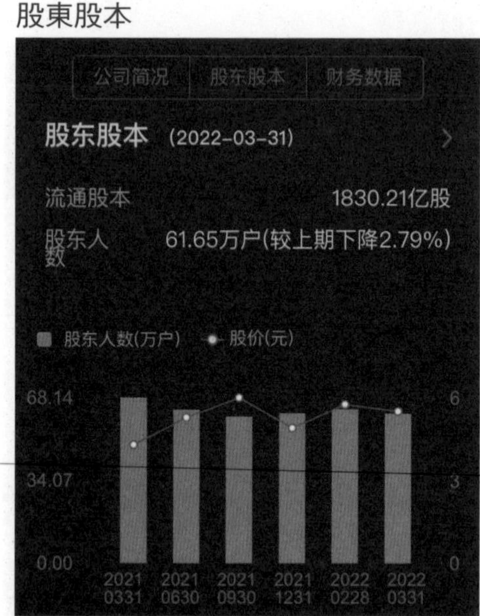

資料來源：中信證券 APP

股東股本 -10 大股東

這裡會列出公司的大股東有誰，還有他們的持股比例與變化。一般會傾向於 10 大股東中包含官股（國企、央企等）、外資、社保基金、券商或保險公司等。因為跟著這些大咖一起投資，能夠更安心，畢竟他們的資金龐大，選擇標的都會非常謹慎。

股東股本 - 機構持倉

機構可以理解為法人，包含基金、券商、QFII[5] 等。

機構持股匯總

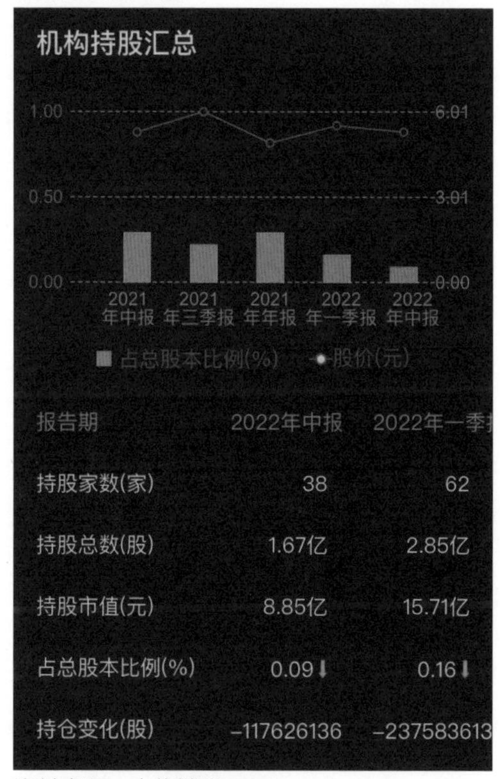

报告期	2022年中报	2022年一季报
持股家数(家)	38	62
持股总数(股)	1.67亿	2.85亿
持股市值(元)	8.85亿	15.71亿
占总股本比例(%)	0.09⬇	0.16⬇
持仓变化(股)	−117626136	−237583613

資料來源：中信證券 APP

財務數據 - 主要指標

這裡和「公司簡況」中的主要指標大致相同，不過多了柱狀和折線圖，可以更直觀地掌握數據。

財務數據 - 主要指標

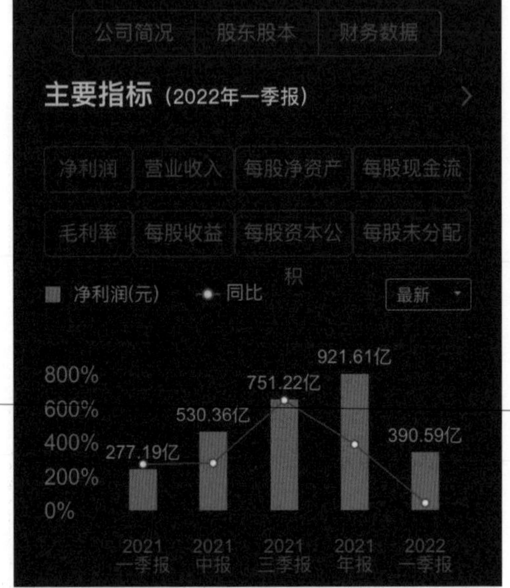

資料來源：中信證券 APP

財務數據 - 三張表

這裡會展示利潤表、資產負債表和現金流量表的基礎數據，方便投資人針對公司的財務體質進行健康檢查。不過財務分析是一門專業且深奧的學問，很難用三言兩語帶過，因此在這裡不多做解釋。讀者可以購買相關的書籍或是報名課程，學習財務專業知識。

利潤表

利润表（2022年一季报）	
营业总收入	7793.68亿元
营业总收入同比增长	41.21%
营业利润	576.34亿元
营业利润同比增长	30.54%
净利润	436.35亿元
净利润同比增长	37.90%

資料來源：中信證券 APP

個股其他資訊

通常券商 APP 還會提供智庫、專家投顧產品、投顧報告、研究報告、市場提醒和財經要聞等，有些服務是需要額要付費給券商的。

交易

這個區塊就是投資人下單的地方，為了安全起見，需要輸入交易密碼登入後才能使用相關功能。因為筆者只開通能夠用現金買賣股票的「普通交易」權限，沒有申請「信用交易」和「期權期貨」交易，所以接下來的介紹會以「普通交易」為主。

總資產

登入後會先跳出交易帳號的總資產，另外還會顯示浮動收益、可用資金和可取資金。可用資金就是指存在證券交割戶內，投資人可以運用或轉出的資金。進一步點進去之後，會依照資產類型展示分布圓餅圖，通常會分成三種：股票（含 ETF）、理財（含銀行理財產品和基金產品）以及現金。

交易功能區塊

這個部分是整個交易頁面的精華，接下來將詳細介紹投資人常用的功能。因為本書主要分享「滬深兩市」股票交易為主，所以「港股」和「新三板」這裡就不多做介紹。至於「理財」區塊則會在後面詳細介紹。

交易功能

沪深京 港股 新三板 理财
买入 卖出 撤单 持仓
当日委托 当日成交 银证转账 查询

資料來源：中信證券 APP

·買（買入）

在股票欄位可以輸入股票名稱／代號／首字母等方式查找個股，然後依照欲交易的金額輸入，最小單位是人民幣 0.01 元。散戶投資人通常會使用限價委託，也就是按照限定價格或優於限定的價格來完成交易。

交易條件還有最優 5 檔即時成交剩餘撤銷和 5 檔成交剩餘轉限。所謂的最優 5 檔就是不指定價格，委託進入交易主機時能與最優 5 檔範圍內成交或部分成交即予以撮合。未成交部分立即自動撤銷或轉成限價委託。如此一來，下一筆單就可以和對方數筆不同價格的委託單撮合成交。最後在輸入欲買入的單位數，A 股最小單位是一手，也就是 100 股，須依照 100 的倍數下單。

買入操作

資料來源：中信證券 APP

如果證券交割戶可用資金小於下單預計成交的金額時，系統就會在投資人點選買入時跳出提示，告知交易可能失敗。

委託買入

委托买入
委托账号: [redacted]
证券代码: 600000
证券名称: 浦发银行
委托价格: 7.35
委托数量: 100
买入数量大于最大可买，交易可能不会成功，点击买入后仍可继续委托。
确认买入该证券?
取消
买入

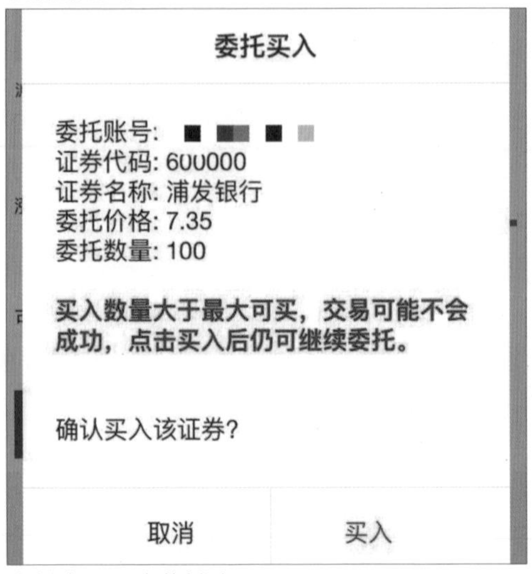

資料來源：中信證券 APP

・賣（賣出）

操作方式大致和買入相同，金額最小單位、交易條件和交易單位都相同。

賣出操作

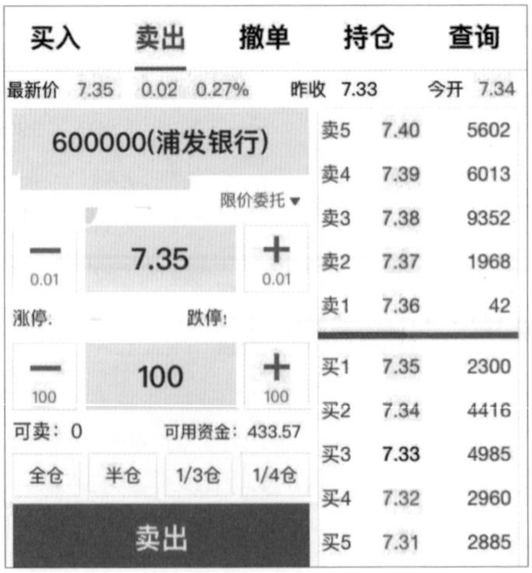

买入
卖出
撤单
持仓
查询
最新价 7.35 0.02 0.27%
昨收 7.33
今开 7.34
600000(浦发银行)
限价委托
7.35
0.01
0.01
涨停:
跌停:
100
100
100
可卖: 0
可用资金: 433.57
全仓
半仓
1/3仓
1/4仓
卖出
卖5 7.40 5602
卖4 7.39 6013
卖3 7.38 9352
卖2 7.37 1968
卖1 7.36 42
买1 7.35 2300
买2 7.34 4416
买3 7.33 4985
买4 7.32 2960
买5 7.31 2885

資料來源：中信證券 APP

如果投資人賣出委託的股數單位超過庫存，系統也會跳出提示，交易委託後會失敗。

以上就是買賣的基本操作。如果在非開盤時間投資人想要下預約委託單，則須在交易日前一天 18:00 後才能下單，俗稱隔夜委託，預約單要到次一交易日早上 9:15 之後才能查詢。一般下單的有效時間則為 A 股交易時間：9：15 ～ 9：25 開盤集合競價，9:30 ～ 11:30 和 13:00 ～ 14:57 是連續競價時間，14:57 ～ 15:00 是收盤集合競價時間。關於更多交易時間和規則請見第 2 章。

・撤（撤單）

在交易期間委託之後，未成交的單可以撤單，要注意一旦成交之後就不能撤單了，所以投資人下單時務必特別留意。如果是隔夜委託則是從 18:00 到次一交易日上午 8:50 前可隨時撤單。中午休盤時段 11:35 ～ 12:55 委託的單也可以在期間隨時撤單。撤單成功後資金隨即解凍可重新下單。

・持（持倉）

持倉就是持股明細，會顯示總資產、浮動收益、總市值。另外也可以查詢個別股票的盈虧、剩餘股數、成本和市價。已經清倉（賣出）的股票也會顯示在這個畫面裡。

・銀證轉帳

通常在開戶的同時就會設定好與證券交割帳戶連接的銀行帳戶，以便將資金從銀行轉入或轉出證券交割帳戶。在成功開戶之後，券商營業員就會請你操作網銀 APP，將證券戶和銀行的帳戶綁定，通常只需要在網銀 APP 裡面找到「證券期貨」，就可以輕鬆完成綁定。

・查詢

在這個區塊除了可以查詢到當天的交易委託明細和成交明細，還能搜尋歷史委託、歷史成交、資金交割和對帳單等資料。

查詢

买入 卖出 撤单 持仓 查询

当日委托 当日成交 更多

历史委托

历史成交

资金查询

交割单

对账单

当日资金明细

历史资金明细

限售股查询

資料來源：中信證券 APP

其他交易

除了股票交易，也能在券商 APP 上進行新股申購，新股就是指 IPO 的公司股票，而申購新股就是俗稱的「打新」。投資人還可以根據需求選擇券商提供的智能交易服務，不過有一定的門檻限制，例如投資經驗和資金量等。另外在買賣區塊投資人也可以直接輸入代號購買場內債券、場內基金或 ETF。

理財

這個區域就很像一般銀行 APP 所提供的理財服務，主要包含各大銀行、基金公司所推出的存款產品、基金與私募產品等。不過對於涉及場外交易的產品，投資人需要額外開通 OTC（Over-the-Counter）交易權限。

現金理財

提供證券公司和基金公司合作的現金理財工具，就是投資人在證券交易結算後資金餘額的理財服務。利息通常會優於銀行活存。

基金理財

這個區塊是基金交易的地方，如果是 LOF[6] 或 ETF[7]，也可以在股票交易的區塊操作買賣。如果沒有證券帳戶但有銀行帳戶的話，通常也能夠透過銀行 APP 的基金區塊購買場外基金，因此基金具有門檻較低且更方便購買的特性。

根據中國證券業協會發布的《2021 年度證券公司投資者服務與保護報告》顯示，截至 2021 年底，中國散戶股票投資者已超過 1.97 億人，基金投資者則超過 7.2 億人。由此可知中國基金市場的規模之大，若想了解更多基金的詳細介紹，請參考第 2 章。

基金

資料來源：中信證券 APP

其他理財產品

通常券商 APP 上也能夠交易券商發行的理財產品，券商理財產品通常包含收益憑證和資產管理等產品與服務。另外也會有場外私募基金交易和針對大戶的信託計畫和其他資產管理服務，這兩部分商品都需要開通 OTC 權限。因為筆者沒有參與這類型的投資，所以就不多做介紹。

我的

最後一個區塊就是屬於個人的介面，筆者較常用的功能如下：

手機開戶

一般情況下只有持中國身分證的投資人才符合線上開戶資格。

權益專區

券商給投資人的各項優惠活動都會在這裡顯示，例如筆者剛開戶時就有新人開戶專享的理財特權（6%年化報酬率的產品）。可以定期來看看有什麼優惠或福利，通常服務好的營業員也會提醒投資人。

業務辦理

包含各種分業務的辦理，例如期權交易開戶、OTC 開通、二板市場開通、港股通開通等。如果是持台胞證開戶的投資人，當台胞證到期時更換新證後，也需要在這裡進行證件資料更新，才能繼續交易。

投教專欄

通常券商都會準備投資教學資料，有可能是影片或圖文資料。強烈推薦新手投資人利用這些資源進行學習，能夠幫助新手全面且快速地了解中國股票市場和交易規則。

系統設置

這裡可以進行帳戶安全設置、消息提醒設置等。其中消息提醒的部分，筆者設定了持有的股票分紅時、成交時、資金變動時進行提示，投資人可以根據自己的需求安排。

實用的網站資源

不論你屬於投資中哪一個門派的信徒，在學習和實際操盤的過程中，都免不了需要大量蒐集市場和個股的交易資訊。筆者將分享幾個常用的免費網站資源，讀者可以根據自己的投資方式和需求挑選合適的網站。以下頁面中出現的股票或投資商品僅做為範例，並不構成任何形式的投資推薦。

上交所網站

上交所網站就是上海證券交易所官方網站，網址為：http://www.sse.com.cn/。

進入上交所網站後會出現以下畫面，可以看到「首頁」、「黨建」、「披露」、「數據」、「產品」、「服務」、「規則」和「關於」，共八大區塊，接下來將逐一介紹有什麼實用的功能和資訊。

首頁

這個區塊最常用的就是搜尋功能，如果想要查詢上交所上市的個股資訊，在這裡輸入公司名稱（須為簡體字）或股票代號後，就能查找個股相關資料，以下使用股票代號 600000 的浦發銀行示範。

輸入股票代號、點擊搜尋，就會出現個股相關資訊。左邊的畫面會出現即時的股價走勢圖、成交量與成交額等資訊，右邊畫面則會顯示公司最新的公告。點擊公司名稱和股票代號右邊箭頭，則可以進入個股的主畫面。

個股資訊

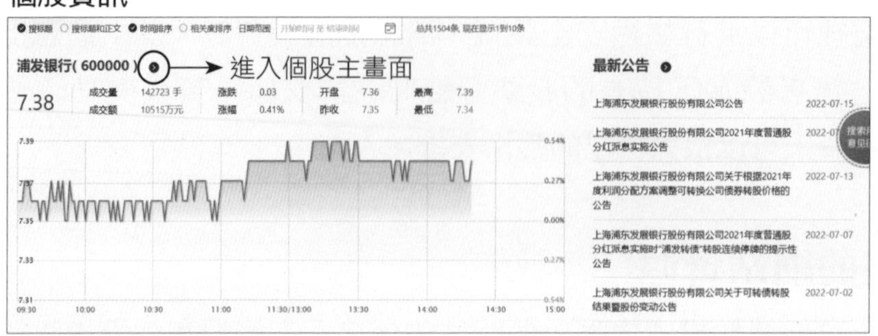

資料來源：上交所網站

最下方則會有公司基本訊息，例如可轉債、優先股、上市日期、公司全稱等。

個股資訊（續）

上市公司基本信息

证券代码	证券简称	可转债代码	可转债简称	扩位证券简称	A股上市日期	公司名称	英文简称	注册地址
600000	浦发银行	110059	浦发转债	浦发银行	19991110	上海浦东发展银行股份有限公司	SPD BANK	上海市黄浦区中山东一路12号

优先股

发行人公司代码	公司简称	优先股代码	优先股简称	上市/挂牌日期	发行人全称	发行方式	发行价格（元）	发行数量（万股
600000	浦发银行	360008	浦发优2	20150326	上海浦东发展银行股份有限公司	非公开	100	15000
600000	浦发银行	360003	浦发优1	20141218	上海浦东发展银行股份有限公司	非公开	100	15000

資料來源：上交所網站

點擊進入個股的主畫面之後，可以查詢到更詳細的交易資訊，例如融資融券、大宗交易等統計資料，另外對於成交相關數據也可以按時間（日、月、年）篩選。

個股資訊（續）

成交统计

2019　种类：A股　周期：每日 月度 年度

更多历史数据，请点击此处

融资融券统计 2022-07-26

2022-07-26

信用交易日期	融资余额(元)	融资买入额(元)	融资偿还额(元)	融券余量	融券卖出量	融券偿还量
2022-07-26	3,806,565,733	6,690,377	26,706,961	11,071,300	96,000	141,600

大宗交易统计

开始时间 至 结束时间

交易日期	成交价(元)	成交金额(万元)	成交量(万股/万份)	买入营业部	卖出营业部	是否为专场
2022-06-10	7.92	316.8	40	中泰证券股份有限公司客户资产管理部	华泰证券股份有限公司总部	否
2022-06-09	7.91	316.4	40	中泰证券股份有限公司客户资产管理部	华泰证券股份有限公司总部	否
2022-06-07	7.86	1160.21	147.61	华泰证券股份有限公司总部	平安证券股份有限公司客户资产管理部	否
2022-04-27	7.83	445.68	56.92	招商证券股份有限公司温州娄东大街证券营业部	国金证券股份有限公司温州蒋家桥路证券营业部	否
2022-04-12	8.11	200.07	24.67	中信建投证券股份有限公司上海浦东新区福山路证券营业部	中信证券股份有限公司上海分公司	否

資料來源：上交所網站

黨建

「黨建」就是指黨的建設，由於本書指專注投資理財的分享，對政治感興趣的讀者可以自行點進去了解。

披露

這個區塊包含許多實用的功能，包含交易所資訊、融資融券資訊、股票期權資訊、個股／基金／ ETF ／ REITs[8] ／債券公告等。

數據

這個區塊是整個網站中的精華，像是股票、債券、基金的數據和訊息，最後還有指數相關訊息。接下來帶大家逐一了解可以獲取什麼有用的資訊。

數據

上海證券交易所 SHANGHAI STOCK EXCHANGE

首页　党建　披露　数据　产品　服务　规则　关于　用户入口

股票数据	债券数据	基金数据	行情信息
成交概况	成交概况	基金成交概况	行情走势
优先股成交统计信息	债券基本信息	基金规模	行情报表
首日表现	统计数据	**其他数据**	**上证系列指数**
募集资金	可转债转股统计	融资融券	**中证系列指数**
股本结构	定向可转债成交统计	转融通	**中华系列指数**
分红/送股	可交换债换股统计	港股通成交概况	
市值排名	债券收益统计	资管计划份额转让	
活跃股排名	净价与全价	会员统计数据	
	债券活跃品种	股票质押回购	

資料來源：上交所網站

‧股票數據

在「成交概況」這裡投資人可以查詢到每日、周、月和年的成交概況，依照 A、B 股主板和科創板區分。

另外筆者比較常用的功能還有「市盈率」，可以看到不同指數中細分行業的靜態市盈率[9]。

行業市盈率

行业分类名称	上证A股		上证180成分股		上证380成分股		其他A股	
	股票数(亏损数)	静态市盈率	股票数(亏损数)	静态市盈率	股票数(亏损数)	静态市盈率	股票数(亏损数)	静态市盈率
农、林、牧、渔业	16(5)	55.12	1	-	1	-	14(5)	80.9
采矿业	51(4)	10.95	8(1)	10.09	16	13.16	27(3)	15.11
制造业	1311(139)	26.18	95(2)	25.82	216(4)	20.7	1000(133)	31.65
电力、热力、燃气及水生产和供应业	80(13)	21.82	7(1)	21.87	17(3)	17.13	56(9)	28.77
建筑业	51(9)	7.27	8	6.25	10	9.01	33(9)	16.56
批发和零售业	100(14)	13.44	1	-	17(1)	11.41	82(13)	15.43
交通运输、仓储和邮政业	74(10)	9.31	4(2)	5.46	21(2)	10.51	49(6)	18.32
住宿和餐饮业	4	289.77	-	-	2	-	2	-
信息传输、软件和信息技术服务业	134(24)	29.02	8	21.25	25	43.13	101(24)	43.06
金融业	86(3)	6.04	41	5.98	17	5.3	28(3)	9.98
房地产业	58(10)	9.95	3	6.27	15(1)	11.96	40(9)	23.09
租赁和商务服务业	20(4)	30.51	1	-	3	14.56	16(4)	16.26
科学研究和技术服务业	35(1)	50.79	1	-	6	38.42	28(1)	53.44
水利、环境和公共设施管理业	31(5)	20.82	-	-	6	20.11	25(5)	22.19
居民服务、修理和其他服务业	-	-	-	-	-	-	-	-
教育	5(1)	33.45	-	-	-	-	5(1)	33.45

資料來源：上交所網站

· 債券數據

這個區塊可以查詢每日、周、月和年的債券成交訊息，由於本書內容以股票為主，債券就不多做討論。

· 基金數據

這個區塊可以查詢每日、周、月和年的基金成交訊息。

· 其他數據

這裡主要查詢融資融券交易訊息，另外也可以查詢場內基金和個股的融資融券匯總數據。

融資融券匯總數據

融资融券汇总数据

融资融券交易汇总

信用交易日期	融资余额(元)	融资买入额(元)	融券余量	融券余量金额(元)	融券卖出量	融资融券余额(元)	操作
20220727	819,846,008,863	27,682,660,786	7,653,129,218	64,161,423,121	365,661,409	884,007,431,984	
20220726	818,271,843,241	26,296,720,021	7,702,906,332	63,735,038,595	410,147,830	882,006,881,836	
20220725	818,877,487,640	26,605,640,093	7,733,793,268	63,315,557,034	510,277,286	882,193,044,674	
20220722	819,125,924,113	31,598,198,519	7,627,876,510	63,428,133,072	487,471,265	882,554,057,185	
20220721	820,120,344,143	36,486,633,015	7,586,361,524	62,845,739,998	419,220,221	882,966,084,141	
20220720	819,291,476,832	32,845,807,949	7,653,354,534	63,207,502,714	404,783,807	882,498,979,546	
20220719	818,368,021,163	32,107,635,239	7,620,539,324	62,682,997,977	463,112,844	881,051,019,140	
20220718	816,693,870,032	33,996,089,175	7,542,419,418	62,363,955,895	412,043,919	879,057,825,927	
20220715	814,971,261,389	37,629,148,735	7,577,495,924	61,484,021,300	477,429,422	876,455,282,689	
20220714	816,457,913,392	36,646,453,803	7,556,219,418	61,663,350,657	475,522,882	878,121,264,049	

資料來源：上交所網站

· 行情訊息

這裡包含行情走勢和行情報表，可以看到全市場的數據訊息。

行情訊息

行情报表 更新时间：2022-07-28 11:35:09 刷新

序号	证券代码	证券简称	类型	最新	涨跌幅	涨跌	成交量(手)	成交额(万元)	前收	开盘	最高	最低
1	600519	贵州茅台	主板A股	1924.55	0.26%	4.95	13848	266913.37	1919.60	1921.10	1938.00	1912.80
2	688032	禾迈股份	科创板	975.00	1.43%	13.78	4313	40933.60	961.22	999.00	1000.00	908.00
3	688348	昱能科技	科创板	593.01	2.28%	13.20	6616	38899.85	579.81	599.00	600.00	568.00
4	688536	思瑞浦	科创板	485.41	5.06%	23.36	2773	13217.92	462.05	465.00	487.99	465.00
5	688301	奕瑞科技	科创板	475.60	5.34%	24.10	2234	10457.59	451.50	452.99	480.00	447.23
6	688052	纳芯微	科创板	428.77	1.85%	7.78	2508	10691.60	420.99	425.00	435.49	419.01
7	603290	斯达半导	主板A股	393.26	5.47%	20.38	23914	93028.32	372.88	378.00	395.20	375.02
8	688063	派能科技	科创板	391.11	-0.48%	-1.89	24915	97346.08	393.00	404.00	406.18	377.00
9	603444	吉比特	主板A股	370.60	-0.06%	-0.22	1463	5441.58	370.82	370.82	377.77	368.09
10	688390	固德威	科创板	369.00	3.07%	11.00	17310	62603.28	358.00	364.82	371.99	350.13
11	688696	极米科技	科创板	355.90	-3.09%	-11.36	3276	11755.78	367.26	363.51	371.65	355.00
12	688598	金博股份	科创板	351.00	6.09%	20.14	18404	63937.65	330.86	335.00	356.98	333.07

資料來源：上交所網站

・指數

最後還可以連結到上證（內部）、中證和中華指數的網站，搜尋指數相關數據。最常見的上證指數主要在中證指數網站上都能查詢到，後面也會詳細針對該網站進行介紹。

產品

這個區塊是上交所的產品展示區，包含股票、基金、債券、REITs和期權。

・股票與存託憑證

通常筆者會在這裡查詢各行業有什麼上市公司，還可以根據註冊地查詢上市公司。

・基金

基金區塊內可以查詢到基金、ETF 和 REITs 的名單與資料。

・債券

債券區塊內可以查詢到各種債券產品，包含國債、地方債、金融債、公司債、可轉債等。

· REITs

目前上交所上市的 REITs 投資標的主要包含產業園區、高速公路、水務公司和機場物流等。中國股票市場中的 REITs 商品發展相對慢，上交所直到 2021 年才迎來首批上市的 REITs 商品。

· 股票期權

股票期權合約（台灣稱選擇權）是上交所統一制定、規定買方有權在未來特定時間點，用特定價格買入或賣出約定股票或 ETF 等的標準化合約。本書專注在股票，就不對選擇權多做介紹。

服務

這個區塊包含提供給一般投資人和企業的服務，筆者較常使用「滬港通」、「投資者服務」和「路演服務」的內容，接下來會針對這三部分進行介紹。

服務

資料來源：上交所網站

· **滬港通**

滬港通就是指滬港兩市交易互聯互通機制，讓兩地的投資人可以互相買賣規定內的對方交易所上市股票和股票 ETF。投資人可以在這裡查詢到滬港通的相關規則和股票名單等資訊。

· **投資者服務**

上交所的投教服務滿完整的，投資人可以在此找到免費教學影片。從投資基礎知識、產品介紹到年報閱讀等。除了影片，也有豐富的學習手冊供投資人閱讀。

· **路演服務**

路演服務就是上交所提供給投資人的直播觀看平台，內容包含 IPO 路演、上市公司業績說明會、重大事項說明會等。多參加公司的重大會議或活動，會幫助投資人更了解公司的管理層和運營情況，因此這個區塊是很好的資源。

上證路演

資料來源：上交所網站

規則

這個區塊主要包含交易所相關法規，這個部分在本書第二章已和讀者分享幾個比較重要的規則。若對於完整交易規定感興趣的話，也能在這裡下載完整交易規則手冊。

業務規則查詢

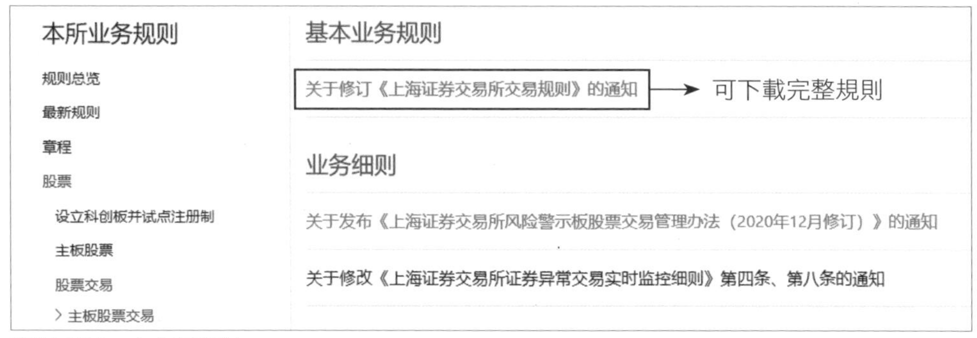

資料來源：上交所網站

關於

在這個區塊可以找到上交所的介紹、研究報告、月報和統計年鑑，對於交易數據有需求的投資人，在這裡能獲得許多有用的資料。

刊物查詢

刊物
上证统计月报
〉市场概况
〉证券指数
〉上市公司
〉会员
〉证券交易
〉投资者
〉历史月报
统计年鉴
证券法苑
关闭导航菜单
日期

市场概况

月度市场概况 数据日期：2022-06

月度市场概况	6月份	上月数
交易日	21	19
上市公司数	2093	2096
上市股票数	2133	2137
上市证券数	28920	28394
股票发行股数（亿股）	46845	46740
股票市价总值（亿元）	493943.54	460824.63
流通股数（亿股）	41315	[illegible]
流通市值（亿元）	421400.30	[illegible]

資料來源：上交所網站

深交所網站

深交所網站就是指深圳證券交易所官方網站，網址為 https://www.szse.cn/。

進入深交所網站後會出現以下畫面，可以看到除了「首頁」，還有「黨的建設」、「發行上市」、「訊息披露」、「市場數據」、「法規法則」、「市場服務」和「關於本所」，共 8 大區塊，接下來將逐一介紹實用的功能和資訊。

首頁

這個區塊最常用的就是搜尋功能，如果想要查詢深交所上市的個股資訊，在這裡輸入公司名稱（須為簡體字）或股票代號後，就能查找個股相關資料，以下使用股票代號 002594 的比亞迪示範。

輸入股票代號、點擊搜尋就會出現個股相關資訊。左邊的畫面會出現公司基本訊息，右邊則會顯示即時的股價走勢圖、成交量與成交額等資訊。

個股資訊

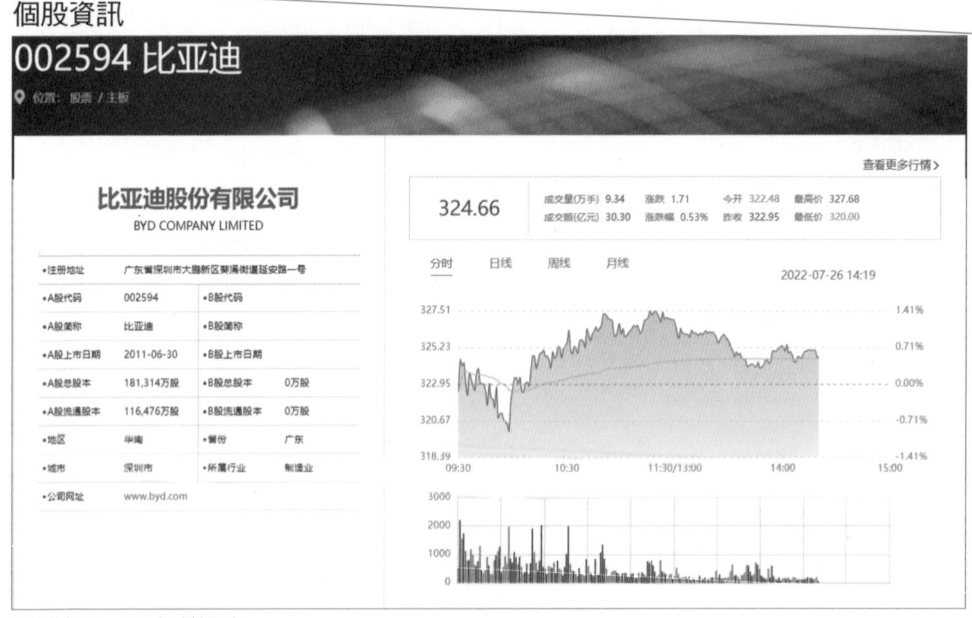

資料來源：深交所網站

往下會出現訊息披露公告和關鍵指標。如果要找尋公司年報或季報，可以從定期報告的欄位中進入。

個股資訊（續）

信息披露公告 更多›

最新公告 | 定期报告 → 可查詢到季年報等

比亚迪：关于持股5%以上股东参与转融通证券出借业务期限届满暨继续参… 2022-07-23

比亚迪：H股公告 2022-07-22

比亚迪：2021年度权益分派实施公告 2022-07-22

比亚迪：关于2022年员工持股计划完成非交易过户的公告 2022-07-15

比亚迪：2022年半年度业绩预告 2022-07-15

比亚迪：关于持股5%以上股东部分股份质押的公告 2022-07-14

比亚迪：关于“19亚迪03”票面利率调整及投资者回售实施办法的第三次… 2022-07-12

比亚迪：关于“19亚迪03”票面利率调整及投资者回售实施方法的第二次… 2022-07-11

关键指标 2022-07-25

指标名称	本日数值	上日数值	比上日增减
总成交金额（亿元）	37.05	46.87	-9.82
总成交量（亿）	0.12	0.14	-0.03
股票总股本（亿）	18.13	18.13	0
股票流通股本（亿）	11.65	11.65	0
股票总市值（亿元）	5,855.54	5,976.48	-120.94
股票流通市值（亿元）	3,761.61	3,839.30	-77.69
平均市盈率	308.75	315.12	-6.37
平均换手率	0.99	1.22	-0.23

資料來源：深交所網站

黨的建設

由於本書只專注於投資理財分享，對政治感興趣的讀者可以自行點進去了解。

發行上市

這個頁面主要是提供想上市企業查詢在深交所上市的相關規則和資訊。

訊息披露

在這裡能查到交易日曆、深交所公告，以及股票、基金、債券和權證等產品的公告資訊等。

訊息披露

資料來源：深交所網站

市場數據

這個區塊是本站的精華區，收錄了指數、股票、基金、債券等交易數據。

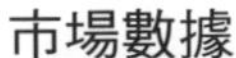

資料來源：深交所網站

法律規則

這個區塊包含交易所相關法規，這個部分在本書的第 2 章已和讀者分享幾個比較重要的規則。若對於完整交易規定感興趣，也能在這裡下載完整交易規則手冊。

法律規則

資料來源：深交所網站

市場服務

這個區塊會展示給一般投資人、企業和基金公司的服務，筆者較常使用「深港通」、「投資者教育」和「深證指數」的內容，接下來會針對這三部分介紹。

・深港通

深港通就是指深港兩市交易互聯互通機制，讓兩地的投資人互相買賣規定範圍內的對方交易所上市股票和股票 ETF。投資人可以在這裡查詢到深港通的相關規則和股票名單等資訊。

深港通

資料來源：深交所網站

・投資者教育

深交所的投教服務滿完整的，投資人可以在此找到免費教學影片甚至微電影，主題從投資基礎知識、產品介紹到財務分析等。除了影片，也有豐富的圖文內容供投資人閱讀。

・深證指數

在這裡可以查詢深證指數相關資訊，並連結到國證網站。最常見的深證指數主要在國證指數網站上都能查詢到，後面也會針對該網站進行介紹。

關於本所

在這個區塊可以找到深交所的介紹和研究報告，對於交易數據有需求的投資人，在這裡能獲得許多有用的資料。

研究報告

研究报告

位置：关于本所/研究动态/综合研究所/研究报告

关于本所
- 本所介绍
- 本所动态
- 本所会员
- 交易日历
- 社会责任
- 交流合作
- 研究动态
- 证券市场导报
- 综合研究所
- 研究所简介
- 研究报告

研究报告

输入关键字 发布日期 查询

ETF行业发展年度报告（2021）	2022-04-10
数字金融：理论、模式与监管	2021-06-08
深圳证券市场2020年度股票市场绩效报告	2021-05-21
全球ETF行业发展年度报告（2020）	2021-02-10
不同投票权股在A 股市场的可行性研究	2019-01-14
智能投顾的业务范围、法律属性和风险防范	2019-01-14
欧盟金融监管制度对我国交易一线监管的启示	2019-01-14

資料來源：深交所網站

港交所網站

港交所網站就是香港證券交易所官方網站，網址為 https://www.hkex.com.hk/。

進入港交所網站後會出現以下畫面，首先會出現網站首頁，並設有「產品」、「服務」、「市場」、「上市監管」、「新聞」、「互聯互通」和「市場數據」，共 7 大區塊，接下來針對與 A 股投資人相關的區塊介紹。

A+H 股查詢

A+H 股就是指在上交所或深交所上市，同時也在港交所上市的股票，雖然這些股票的資訊在上交所或深交所網站上也能夠查詢到，但是港交所提供正體字介面，且港版年報的精美程度通常更甚 A 股版本，所以筆者經常會來這裡查詢個股資料。

從首頁的紅色放大鏡圖標點進去後便會出現搜尋欄位，可以在這裡輸入欲查詢的公司名稱或股票代號，假設想搜尋中國移動這家公司，就輸入中國移動。

個股搜尋

HKEX 香港交易所 面向未來 的領先市場

產品 服務 市場 上市監管 新聞 互聯互通 市場數據

中國移動 > 搜尋

941	中國移動	股本證券
471	中播控股	股本證券

資料來源：港交所網站

進入個股畫面之後左側會出現當日即時股價與基本資料，右側則會出現股價走勢圖，可以根據需求篩選時間段。

個股資訊

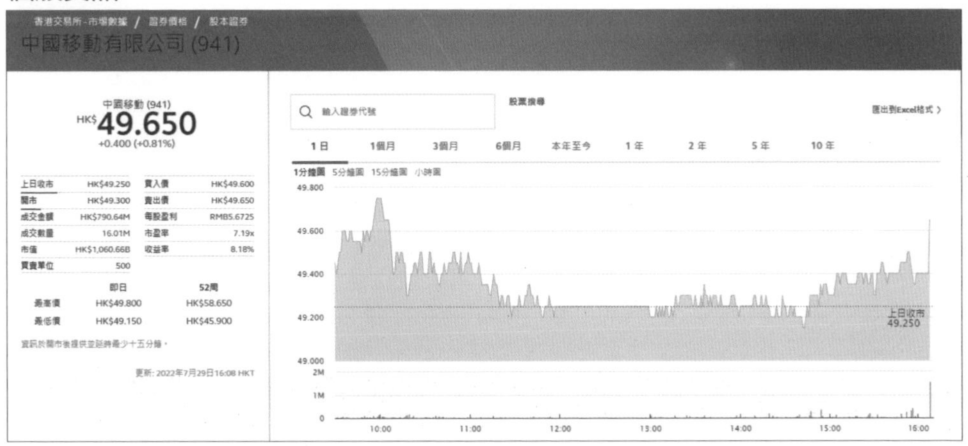

資料來源：港交所網站

往下會出現公司公告、公司簡介、相關產品和權益等資訊。

個股資訊（續）

公司公告 → 可查詢個股公告　　查看全部

公司簡介

中國移動有限公司是一家主要從事通信及資訊服務的中國公司。該公司的業務包括個人市場業務、家庭市場業務、政企市場業務和新興市場業務。個人市場業務主要提供移動通信服務與互聯網接入服務。家庭市場業務主要提供寬頻接入服務。政企市場業務提供基礎通信服務，信息化應用產品和數據、資訊、通信、科技（DICT）解決方案。新興市場業務包括國際業務、數位內容和移動支付等新興領域。*

已發行股份	21,362,826,764 (截至 2022年6月30日)
行業	電訊業 - 電訊 - 電訊服務 (恒生行業分類)
上市日期	1997年10月23日
財政年度結算日期	2021年12月31日
主席	楊杰
總辦事處	香港中環 皇后大道中99號 中環中心60樓
註冊地點	香港
上市類型	主要上市
過戶處	香港證券登記有限公司

更新: 2022年7月29日18:48 HKT
*公司簡介由路孚特提供。

相關產品　　查看全部 〉

衍生權證　牛熊證　界內證
股票期權　股票期貨

代號	認購 / 認沽	到期日	行使價	最後成交價
19621	認購	23年1月4日	51.000	0.177
16408	認購	22年12月30日	51.000	0.161
19048	認購	22年12月28日	51.880	0.135
27879	認沽	22年10月5日	45.880	0.124
12232	認沽	22年9月27日	45.830	0.157
13546	認沽	22年9月27日	45.830	0.105

更新: 2022年7月29日15:57 HKT

權益

宣佈日期	除淨日	詳細資料	財政年度結算日期	截止過戶日期	派息日期
2年3月23日	2022年5月25日	末期息HKD 2.43	2021年12月31日	2022年5月27日 - 2022年5月31日	2022年6月15日
1年8月12日	2021年8月25日	中期息HKD 1.63 (相當於約為RMB 1.356)	2021年12月31日	2021年8月27日 - 2021年8月31日	2021年9月15日
1年3月25日	2021年5月3日	末期息HKD 1.76 (相當於約為RMB 1.481)	2020年12月31日	2021年5月5日 - 2021年5月7日	2021年5月20日
0年8月13日	2020年8月27日	中期息HKD 1.53 (相當於約為RMB 1.398)	2020年12月31日	2020年8月31日 - 2020年9月2日	2020年9月29日

資料來源：港交所網站

若想進一步搜尋公司發布的公告，可以點選「公司公告」，會出現月報、季業績、年報、公司通告等資訊。

公司公告

發放時間	股份代號	股份簡稱	文件
20/07/2022 16:45	00941	中國移動	公告及通告 - [其他-營運業績最新情況] 2022 年6月客戶數據 (163KB) PDF
08/07/2022 16:48	00941	中國移動	月報表 截至二零二二年六月三十日止股份發行人的證券變動月報表 (108KB) PDF
06/07/2022 17:49	00941	中國移動	月報表 截至二零二二年六月三十日止股份發行人的證券變動月報表 (111KB) PDF
04/07/2022 19:45	00941	中國移動	公告及通告 - [海外監管公告-業務發展最新情況] 海外監管公告 舉行電信行業上市公司投資者交流活動 (473KB) PDF
29/06/2022 18:10	00941	中國移動	公告及通告 - [海外監管公告-證券發行及相關事宜] 海外監管公告 中國國際金融股份有限公司、 中信證券股份有限公司關於中國移動有限公司 首次公開發行人民幣股份網下配售限售股上市流通的核查意見 (400KB) PDF
29/06/2022 18:09	00941	中國移動	公告及通告 - [海外監管公告-證券發行及相關事宜] 海外監管公告 首次公開發行人民幣股份網下配售限售股上市流通 (649KB) PDF
22/06/2022 17:51	00941	中國移動	公告及通告 - [海外監管公告-證券發行及相關事宜] 海外監管公告 簽訂募集資金專戶存儲四方監管協議 (349KB) PDF

資料來源：港交所網站

互聯互通

滬港通和深港通是指上／深和港兩市交易互聯互通機制，讓兩地的投資人可以互相買賣規定範圍內的對方交易所上市股票和 ETF。投資人可以在這裡查詢到滬深港通的交易資訊和股票名單等。

互聯互通

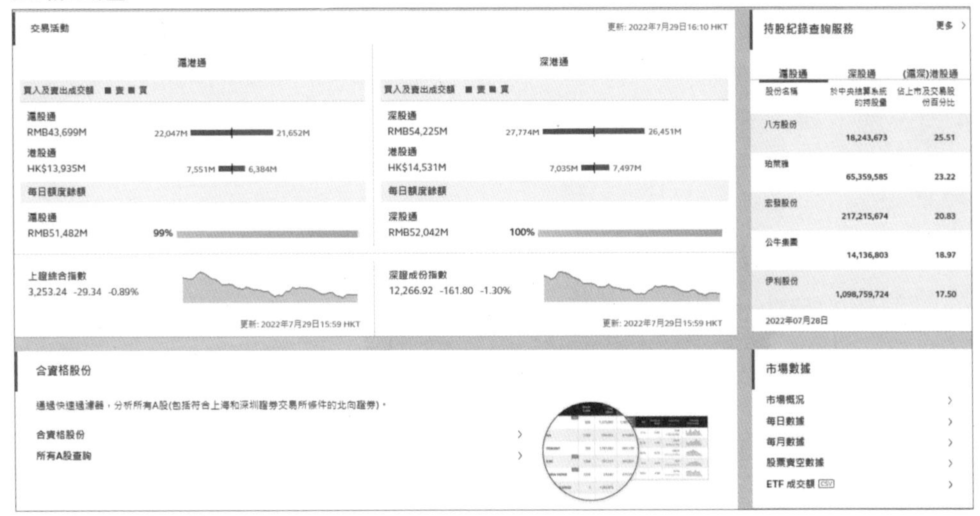

資料來源：港交所網站

中證指數官網

中證指數有限公司成立於 2005 年 8 月，由滬深證券交易所共同出資成立的指數提供商。目前管理約 5,000 多條指數，已成為具有全球影響力的指數供應商。本網站就是中證指數公司的官方網站，網址為 https://www.csindex.com.cn/。

進入中證指數網站後會出現以下畫面，首先會出現網站「首頁」，並設有「產品與服務」、「研究與洞見」和「關於我們」，共 4 大區塊，接下來將詳細介紹每個板塊中比較實用的功能。

首頁

首頁彙總了許多實用的資訊，筆者會看新聞與公告，通常指數成份股調整的公告也能在這裡即時找到。

產品與服務

這個區塊是整個網站的精華，接下來將分享 5 個筆者比較常用的功能。

・指數瀏覽器

這裡能找到所有中證、上證、深證等指數，投資人可以根據需求設定條件尋找符合的指數。

產品與服務

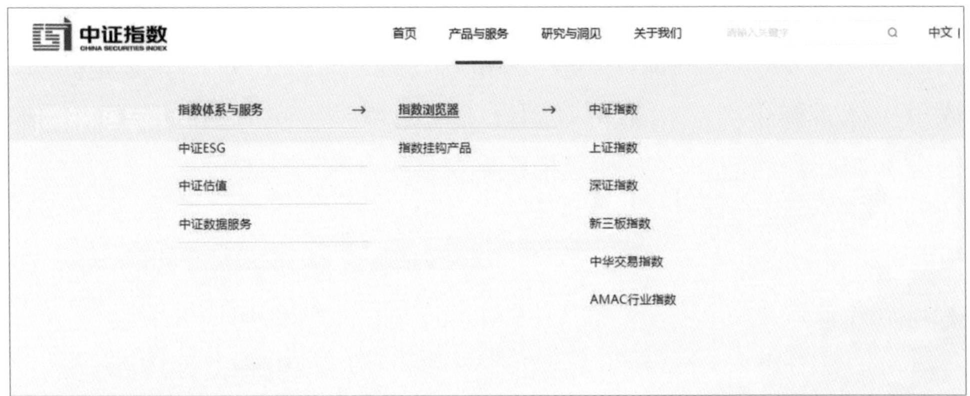

資料來源：中證指數網站

假設想查詢中證系列中，有哪些主打 ESG 題材且覆蓋中國市場的綜合指數，就可以輕鬆篩選出所有符合條件的指數。

指數瀏覽器

[illegible]	样本数量	最新收盘	近1个月收益率(%)	资产类别	指数热点	市场覆盖	指数币种	合作指数	指数类别	发
931463 300 ESG	235	1148.50	▼5.81	股票	ESG	境内	人民币	否	主题	202
931465 300 ESG领先	100	1088.72	▼6.29	股票	ESG	境内	人民币	否	主题	202
931476 ESG 120策略	120	1153.88	▼6.34	股票	ESG	境内	人民币	是	策略	202
931477 华夏银行ESG	126	1188.65	▼6.03	股票	ESG	境内	人民币	是	策略	202
931466 300 ESG价值	100	1108.34	▼6.04	股票	ESG	境内	人民币	否	策略	202

資料來源：中證指數網站

・瀏覽個別指數

如果想查詢個別指數的資訊，可以直接輸入指數名稱或代號搜尋，或是用上述的條件篩選，找到想查詢的指數後點擊進入頁面。接下來以「滬深 300」這檔指數舉例。

左上方會顯示指數名稱和代號，並簡單介紹指數的邏輯與特色，右上方則可以找到詳細的資料，例如編撰方法（編制方案）、成份股權重（樣本權重）、指數單頁簡介（指數單張）、成份股列表（樣本列表）和指數估值。下方則是指數走勢圖。

指數資訊

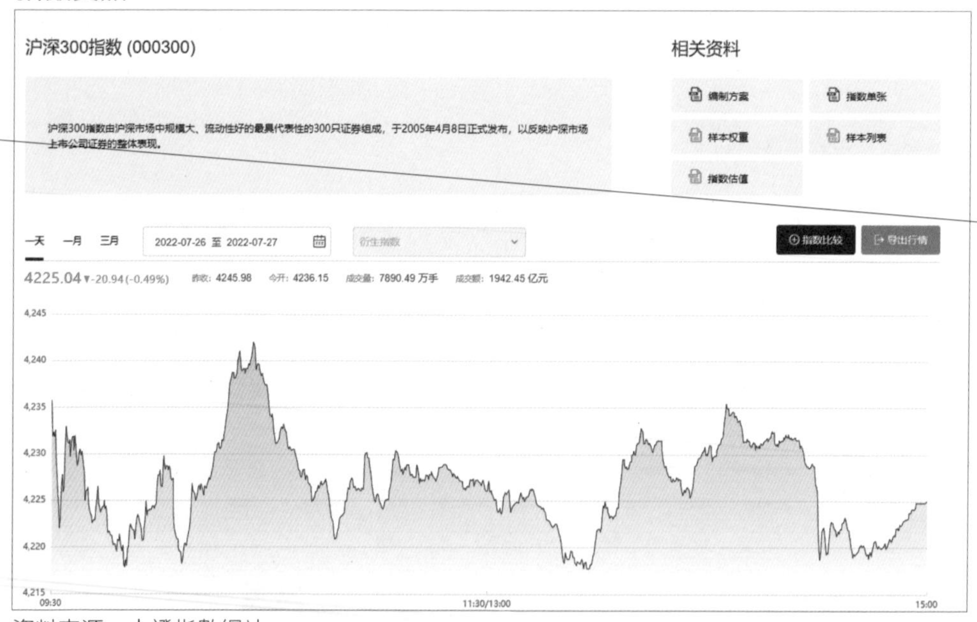

資料來源：中證指數網站

往下會出現近期不同階段報酬率和近 1 ～ 5 年的年化報酬率，另外還有指數基本資料與特徵數據。

指數資訊（續）

2022-07-29	阶段性收益			年化收益		
	近一月	近三月	年至今	近一年	近三年	近五年
● 沪深300	▼5.68	▲3.83	▼15.59	▼14.02	▲2.66	▲2.30

指数快照

指数代码	000300	指数币种	人民币
指数全称	沪深300指数	调样频率	每半年
指数简称	沪深300	发布日期	2005-04-08
基日	2004-12-31	指数合规	IOSCO
基点	1000		

指数特征

样本数量	300
指数计算用市值	195507.25 (亿元)
样本最大计算用市值	11924.08 (亿元)
样本最小计算用市值	31.81 (亿元)
样本平均计算用市值	651.69 (亿元)
样本计算用市值中位数	371.00 (亿元)

資料來源：中證指數網站

接下來會展示 10 大成份股權重和行業分布。

指數資訊（續）

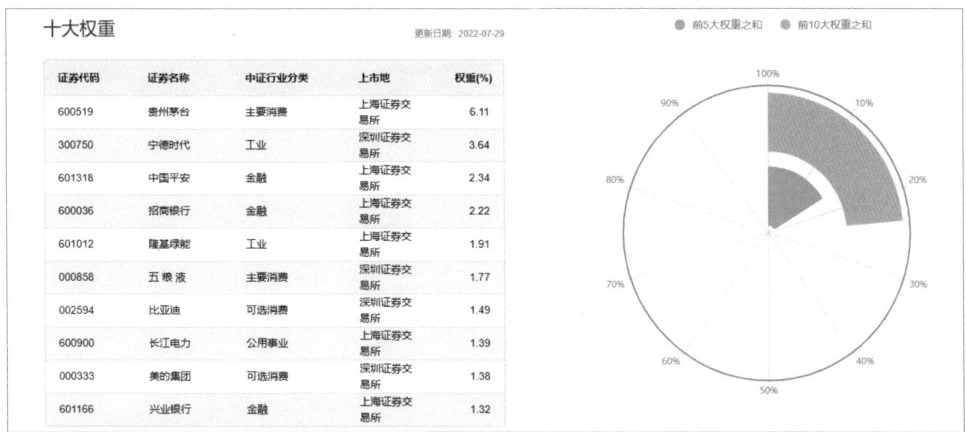

十大权重　　更新日期: 2022-07-29

证券代码	证券名称	中证行业分类	上市地	权重(%)
600519	贵州茅台	主要消费	上海证券交易所	6.11
300750	宁德时代	工业	深圳证券交易所	3.64
601318	中国平安	金融	上海证券交易所	2.34
600036	招商银行	金融	上海证券交易所	2.22
601012	隆基绿能	工业	上海证券交易所	1.91
000858	五 粮 液	主要消费	深圳证券交易所	1.77
002594	比亚迪	可选消费	深圳证券交易所	1.49
600900	长江电力	公用事业	上海证券交易所	1.39
000333	美的集团	可选消费	深圳证券交易所	1.38
601166	兴业银行	金融	上海证券交易所	1.32

資料來源：中證指數網站

指數資訊（續）

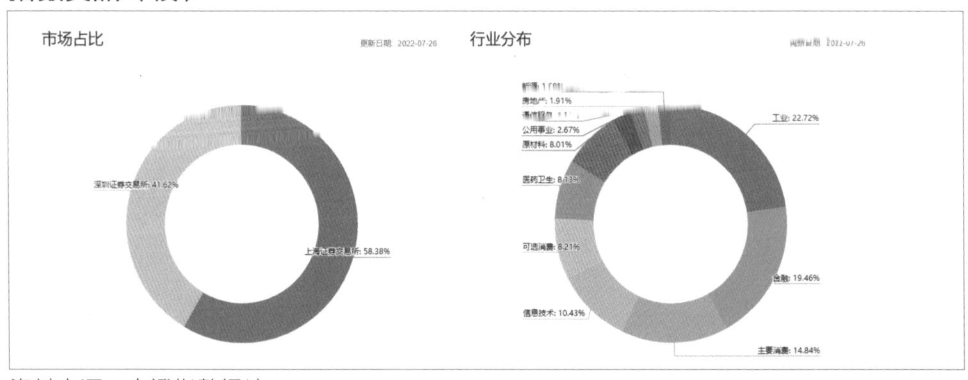

資料來源：中證指數網站

最底下會有這檔指數的相關產品，若認可這檔指數的邏輯和報酬之後，投資人可以進一步搜尋適合的投資標的。

指數資訊（續）

相关产品

查看其他指数相关产品 »

产品名称	标的指数	资产类别	产品类型	市场覆盖	上市地	资产净值(亿元)	成立日期	管理人
015387 中欧沪深300指数增强	沪深300	股票	指数增强	境内	-	4.58	2022-03-29	中欧基金
015278 西藏东财沪深300指数基金	沪深300	股票	指数基金	境内	-	0.24	2022-03-15	西藏东财基金
561990 招商沪深300增强策略ETF	沪深300	股票	ETF	境内	上海证券交易所	4.99	2021-12-02	招商基金
561300 国泰沪深300增强策略ETF	沪深300	股票	ETF	境内	上海证券交易所	15.78	2021-12-01	国泰基金
610032 KS Equity MERITZ CSI 300 ETN	沪深300	股票	ETN	境内	韩国交易所	0.50	2021-11-29	Meritz Securities Co Ltd
012911 同泰沪深300量化增强	沪深300	股票	指数增强	境内	-	0.88	2021-07-23	同泰基金
012206 中泰沪深300指数量化优选增强型	沪深300	股票	指数增强	境内	-	1.04	2021-07-05	中泰证券(上海)资管
011545 长江沪深300指数增强发起式	沪深300	股票	指数增强	境内	-	1.37	2021-06-02	长江证券(上海)资管
010908 大成沪深300增强发起式	沪深300	股票	指数增强	境内	-	2.21	2021-02-23	大成基金
KSMF200 IT Equity KSM ETF 4A CSI300 Currency H	沪深300	股票	ETF	境内	特拉维夫证券交易所	0.17	2021-02-02	KSM Mutual Funds

資料來源：中證指數網站

·指數掛鉤產品

投資人研究完一檔指數之後，若想進一步尋找市場上相關的投資標的時，就可以來這個區塊找尋合適的產品。舉例來說，假設想尋找在上交所上市且追蹤滬深 300 指數的 ETF，就能夠用條件來篩選出相關產品，然後在從名單中挑選感興趣的 ETF，進行更深入的研究。

指數掛鉤產品

资产类别：股票 ⊗　产品类型：ETF ⊗　市场覆盖：境内 ⊗　上市地：上海证券交易所 ⊗　重置

资产类别 股票 ❶　产品类型 ETF ❶　市场覆盖 境内 ❶　上市地 上海证券交易所 ❶　最新规模 不限　成立年限 不限

沪深300　搜索

为你找到相关记录 25 条，当前显示 1-10 条　导出列表

产品名称/代码	标的指数	资产类别	产品类型	市场覆盖	上市地	资产净值(亿元)	成立日期	管理人
561990 招商沪深300增强策略ETF	000300 沪深300	股票	ETF	境内	上海证券交易所	4.99	2021-12-02	招商基金
561300 国泰沪深300增强策略ETF	000300 沪深300	股票	ETF	境内	上海证券交易所	15.78	2021-12-01	国泰基金
561900 招商沪深300ESG基准ETF	931463 300 ESG	股票	ETF	境内	上海证券交易所	0.72	2021-07-06	招商基金
516830 富国沪深300ESG基准ETF	931463 300 ESG	股票	ETF	境内	上海证券交易所	2.86	2021-06-24	富国基金
510370 兴业沪深300ETF	000300 沪深300	股票	ETF	境内	上海证券交易所	0.11	2020-09-11	兴业基金
515930 永赢沪深300ETF	000300 沪深300	股票	ETF	境内	上海证券交易所	1.15	2020-04-13	永赢基金
515130 博时沪深300ETF	000300 沪深300	股票	ETF	境内	上海证券交易所	0.47	2020-04-03	博时基金
515380 泰康沪深300ETF	000300 沪深300	股票	ETF	境内	上海证券交易所	39.76	2019-12-27	泰康资管

資料來源：中證指數網站

‧中證 ESG

ESG 是近幾年全球最火熱的投資題材，所謂 ESG 就是從環境（Environment）、社會責任（Social）、公司治理（Governance）等維度對企業進行綜合評價。在「ESG 數據」這個區塊，可以查詢到滬深兩市個股的 ESG 相關評比分數，例如輸入「浦發銀行」就會出現這家公司的相關數據。

數據

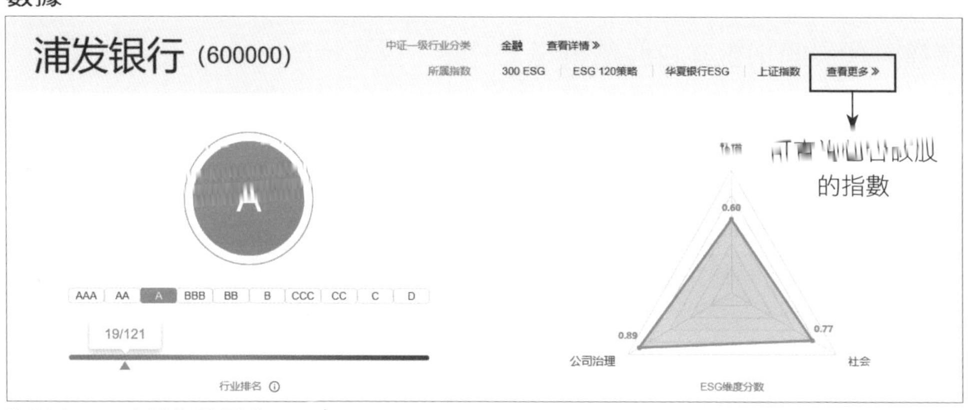

資料來源：中證指數網站

如果想了解有哪些指數包含這檔股票，可以點選「查看更多」，就會顯示詳細清單。

ESG 數據（續）

600000 搜索 导出数据

为你找到相关记录 163 条，当前显示 1-10 条　　更新日期：2022-07-26

样本代码/简称	所属指数代码/简称	所属指数样本数量	样本上市地	中证一级行业分类	所属指数权重(%)
600000 浦发银行	000001 上证指数	1916	上海证券交易所	金融	0.51%
600000 浦发银行	000002 A股指数	1873	上海证券交易所	金融	0.51%
600000 浦发银行	000008 综合指数	224	上海证券交易所	金融	2.05%
600000 浦发银行	000010 上证180	180	上海证券交易所	金融	0.76%
600000 浦发银行	000017 新综指	1874	上海证券交易所	金融	0.51%
600000 浦发银行	000018 180金融	41	上海证券交易所	金融	2.72%
600000 浦发银行	000019 治理指数	300	上海证券交易所	金融	1.18%
600000 浦发银行	000021 180治理	100	上海证券交易所	金融	1.40%
600000 浦发银行	000029 180价值	60	上海证券交易所	金融	1.87%
600000 浦发银行	000031 180R价值	128	上海证券交易所	金融	1.48%

資料來源：中證指數網站

・中證數據服務

關於數據的部分，筆者主要會關注「每日板塊訊息」和「行業市盈率」這兩塊。

每日板塊訊息

這個部分共有 4 個子項目，首先是「指數表現」，會展示 8 檔中證最具代表的指數當日股價表現。

指數表現

中证指数 CHINA SECURITIES INDEX　首页　产品与服务　研究与洞见　关于我们　中文 | EN

更新日期：2022-07-26

指数表现　指数估值　指数贡献　板块表现

指数代码/名称	最新收盘	日涨跌	今年以来涨跌	日成交额变化(亿元)
000001 上证指数	3277.44	▲27.05 (0.83%)	▼362.34 (9.96%)	▼138.60 (3.98%)
000010 上证180	8867.15	▲67.46 (0.77%)	▼1263.32 (12.47%)	▲42.02 (3.97%)
000016 上证50	2854.64	▲17.38 (0.61%)	▼419.68 (12.82%)	▲80.17 (17.14%)
000300 沪深300	4245.98	▲33.33 (0.79%)	▼694.40 (14.06%)	▲94.65 (5.03%)
000009 上证380	6045.99	▲65.49 (1.10%)	▼722.88 (10.68%)	▼80.81 (9.94%)
000015 红利指数	2743.24	▲39.04 (1.44%)	▼49.46 (1.77%)	▲16.65 (13.80%)
000922 中证红利	4938.79	▲68.94 (1.42%)	▼271.12 (5.20%)	▲28.35 (12.46%)
000905 中证500	6307.96	▲76.72 (1.23%)	▼1051.45 (14.29%)	▼105.48 (7.55%)

資料來源：中證指數網站

第二個部分是「指數估值」，同樣展示最具代表性的 8 檔指數當日估值。

指數估值

中证指数 CHINA SECURITIES INDEX　首页　产品与服务　研究与洞见　关于我们　中文 | EN

更新日期：2022-07-26

指数表现　指数估值　指数贡献　板块表现

指数简称	静态市盈率	滚动市盈率	市净率	股息率	去年底静态市盈率	去年底滚动市盈率	去年底市净率
上证指数	12.78	12.43	1.36	2.11	17.25	14.11	1.57
上证180	10.81	10.59	1.17	2.50	14.56	12.07	1.36
上证50	10.85	10.60	1.26	2.73	14.34	11.80	1.41
沪深300	13.15	12.75	1.47	2.17	17.66	14.82	1.75
上证380	14.06	13.53	1.62	2.21	21.24	17.13	1.99
红利指数	5.30	5.17	0.55	4.83	6.00	5.29	0.55
中证红利	5.94	5.83	0.62	4.84	6.81	6.07	0.67
中证500	16.85	16.57	1.68	1.92	19.30	18.44	1.82

資料來源：中證指數網站

第三部分是「指數貢獻」，提供投資人三大指數當日貢獻漲跌幅點數最大的 10 檔成份股清單。

指數貢獻

指数表现　指数估值　指数贡献　板块表现

沪深300指数前十大　中证500指数前十大　上证50指数前十大

指数简称	最新收盘	日涨跌幅(%)	贡献点数
恒瑞医药	36.17	▼6.00	▼2.20
保利发展	17.03	▲5.78	▲1.43
招商银行	36.33	▲1.34	▲1.27
五粮液	190.99	▲1.55	▲1.21
天合光能	76.36	▲6.81	▲1.13
隆基绿能	59.65	▲1.43	▲1.09
美的集团	57.40	▲1.68	▲0.99
兴业银行	17.90	▲1.70	▲0.93
天齐锂业	121.56	▲3.28	▲0.85

資料來源：中證指數網站

最後一塊是「板塊表現」，展示滬、深、港三市當日最強勢與最弱勢的板塊。

板塊表現介面

指数表现　指数估值　指数贡献　板块表现

沪市

最强表现 板块名称	日涨跌幅(%)	最弱表现 板块名称	日涨跌幅(%)
餐饮服务	▲7.41	药品制剂	▼3.09
油气流通及其他	▲7.14	血液制品	▼2.84
其他有色金属及合金	▲6.41	疫苗	▼1.75
电脑与外围设备	▲4.60	LED	▼1.56
其他稀有金属	▲4.51	船舶及其他航运设备	▼1.55

資料來源：中證指數網站

・行業市盈率

這個部分可以查詢到不同行業的市盈率數據，其中行業分類還可以分為證監會行業和中證行業分類，讓投資人迅速掌握不同產業的估值情況。

行業市盈率查詢介面

行业代码/名称	证券数量	亏损数量	静态市盈率				
			最新	1个月平均	3个月平均	6个月平均	1年平均
10 能源	76	10	10.34	10.56	10.77	16.13	18.01
15 原材料	643	45	15.47	15.52	15.06	20.55	25.23
20 工业	1417	193	23.95	23.79	22.22	25.23	28.67
25 可选消费	588	104	26.23	25.89	24.54	24.62	26.88
30 主要消费	253	47	39.42	41.08	39.27	36.66	36.88
35 医药卫生	426	53	27.41	29.01	27.97	31.23	35.79
40 金融	128	11	6.45	6.69	6.72	7.29	7.76
45 信息技术	626	93	30.84	30.57	29.71	36.47	44.44
50 通信服务	310	82	23.36	23.20	22.67	23.54	25.38
55 公用事业	134	31	21.47	21.74	21.13	20.55	20.36
60 房地产	124	31	10.44	10.52	10.59	9.01	8.02

資料來源：中證指數網站

研究與洞見

在這裡投資人除了能找到指數的日報，還能找尋到許多專業的投資研究報告。

研報檢索

首页 > 研究与洞见

研报检索

研究报告：指数专题研究 ⊗　重置

报告类别　指数专题研究 ❶　运行分析　发布频率　每日　发布时间　全部

为你找到相关记录 87 条，当前显示 1-10 条

上市公司分红表现持续改善，红利指数化投资空间广阔　2022-05-13

主动管理ETF发展年度报告（2021）　2022-02-15

Smart Beta ETF发展年度报告（2021）　2022-02-14

固定收益指数化投资发展年度报告（2021）　2022-02-10

全球中国股票运行概览（2021）　2022-02-08

全球ETP发展年度报告（2021）　2022-01-27

全球REITs发展现状与指数化投资展望　2021-11-16

2022年二季度宏观经济与债券市场分析报告

资料來源：中證指數網站

關於我們

這個區塊會有中證指數公司的簡介和所有新聞與公告，方便投資人掌握第一手資訊。

國證指數官網

深圳證券資訊有限公司由深圳證券交易所全資控股，是中國最早開展（自 2002 年）指數專業化營運的機構。截至 2022 年，公司旗下「深證指數」和「國證指數」發布數量超過 1,000 條，開發 ETF 等指數化產品超過 170 個，為投資者提供豐富的業績基準和投資標的。網址為 http://www.cnindex.com.cn/。

進入國證指數網站後會出現以下畫面，首先會出現網站「首頁」，並設有「指數系列」、「資訊中心」、「研究分析」、「產品服務」和「關於我們」，共 6 大區塊。接下來將詳細介紹每個板塊中比較實用的功能。

首頁

在首頁畫面會展示深市主要指數行情和各區塊精華摘要。

指數系列

可以依據不同指數的類型查找相關指數名單和資訊。

指數系列

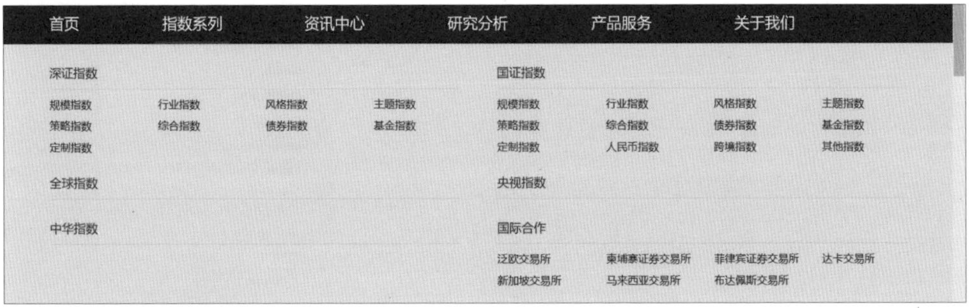

首页　指数系列　资讯中心　研究分析　产品服务　关于我们

深证指数
- 规模指数　行业指数　风格指数　主题指数
- 策略指数　综合指数　债券指数　基金指数
- 定制指数

全球指数

中华指数

国证指数
- 规模指数　行业指数　风格指数　主题指数
- 策略指数　综合指数　债券指数　基金指数
- 定制指数　人民币指数　跨境指数　其他指数

央视指数

国际合作
- 泛欧交易所　柬埔寨证券交易所　菲律宾证券交易所　达卡交易所
- 新加坡交易所　马来西亚交易所　布达佩斯交易所

資料來源：國證指數網站

假設想查詢深證指數中的規模指數，點擊進去後就會出現相關指數清單，若想進一步了解個別指數訊息，則可以再點進去。

規模指數

规模指数　2022-07-29

指数代码	指数简称	样本数	收盘点位	涨跌幅	PE(滚动)	成交量*	成交额*	总市值*	自由流通市值*
399001	深证成指	500	12266.92	-1.30%	22.77	14476.10	2646.15	231457.48	115632.20
[illegible]	[illegible]	500	15553.49	-1.30%	22.77	14476.10	2646.15	231457.48	[illegible]
[illegible]	[illegible]	[illegible]	[illegible]	[illegible]	[illegible]	[illegible]	[illegible]	396.33	315.21
399004	深证100R	100	7513.39	-1.54%	23.70	3469.31	1186.00	137917.71	68383.36
399005	中小100	100	8365.38	-1.34%	26.41	3221.90	822.80	71694.92	35784.98
399006	创业板指	100	2670.45	-1.31%	44.24	1483.77	611.25	64203.53	32216.32
399007	深证300	300	5250.74	-1.41%	22.89	9558.10	2075.19	198654.26	98684.26
399008	中小300	300	1596.53	-1.00%	24.83	7986.67	1398.55	102369.42	52031.27

資料來源：國證指數網站

例如想了解深證100指數詳細資訊，點擊進入後左上方會出現指數當日行情和走勢圖，另外還能查詢成份股和相關產品。右上方則是指數簡介和編制規則，另外提供編制方案下載。

指數資訊

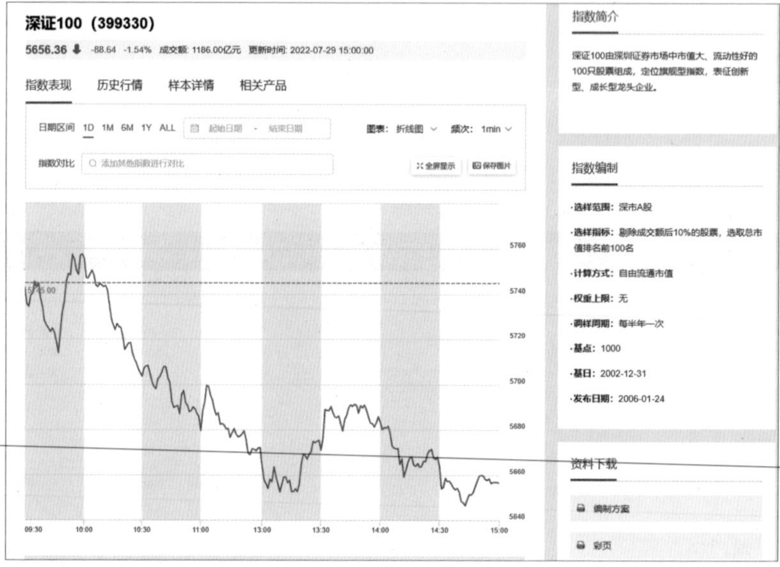

資料來源：國證指數網站

畫面往下則會展示階段性報酬、年化報酬率和波動率。最底下還有市場分布與行業分布，右下方則會有相關新聞。

指數資訊（續）

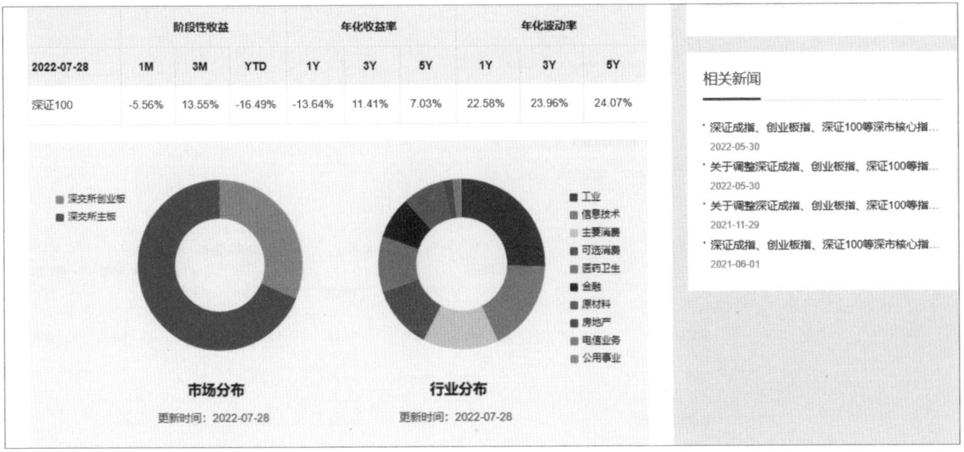

	阶段性收益			年化收益率			年化波动率		
2022-07-28	1M	3M	YTD	1Y	3Y	5Y	1Y	3Y	5Y
深证100	-5.56%	13.55%	-16.49%	-13.64%	11.41%	7.03%	22.58%	23.96%	24.07%

資料來源：國證指數網站

資訊中心

這個區塊細分為新聞公告、研究報告、市場資訊和數據資料，共 4 個部分，提供投資人查找所需要的資訊。

研究分析

筆者通常會查詢「行業市盈率」和「ESG 研究」兩部分，接下來將重點分享有什麼功能。

‧行業市盈率

這個部分可以查詢到不同行業的市盈率數據，其中行業分類還可以分為證監會行業和國證行業分類，讓投資人迅速掌握不同產業的估值情況。

行業市盈率

行业市盈率

证监会行业分类　国证行业分类

选择日期: 2022-07-29　查询　下载　统计发布说明　投资者答疑

市场分类: 深圳市场　深市主板　创业板　沪深两市　国证1000　国证2000

行业编码 一级	二级	三级	行业名称	公司数量	静态市盈率 加权平均	静态市盈率 中位数	滚动市盈率 加权平均	滚动市盈率 中位数	走势图	公司明细
C01			**能源**	**32**	**15.08**	**45.89**	**13.07**	**42.13**		**查看**
	C0101		能源	32	15.08	45.89	13.07	42.13		
		C010101	能源设备与服务	13	34.90	71.73	35.01	62.79		
		C010102	石油天然气	12	20.12	32.18	23.59	39.56		
		C010103	煤炭	6	11.30	11.53	9.17	8.40		
		C010104	可替代能源	1	NA	NA	NA	NA		
C02			**原材料**	**411**	**18.85**	**32.86**	**17.44**	**30.97**		**查看**
	C0201		基础化工	238	21.02	33.53	19.15	31.11		
		C020101	化学原料	67	17.76	29.56	16.62	29.46		
		C020102	化学制品	117	37.18	40.04	32.97	37.26		
		C020103	农用化工	34	24.27	20.64	19.07	19.31		

資料來源：國證指數網站

・ESG 研究

在「ESG 研究」這個區塊可以查詢深市個股的 ESG 相關評比分數，例如輸入「美的集團」就會出現這家公司的相關數據。投資人同時還可以和「中證 ESG」分數進行對比，例如下圖就是中證指數公司對「美的集團」的 ESG 評比。

個股 ESG 研究

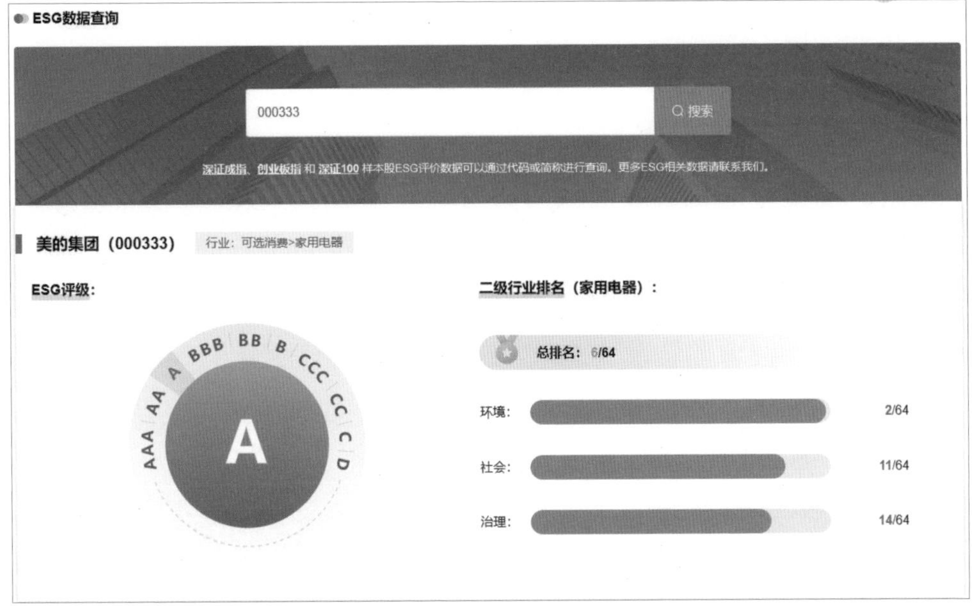

資料來源：國證指數網站

個股 ESG 研究（對比中證指數網）

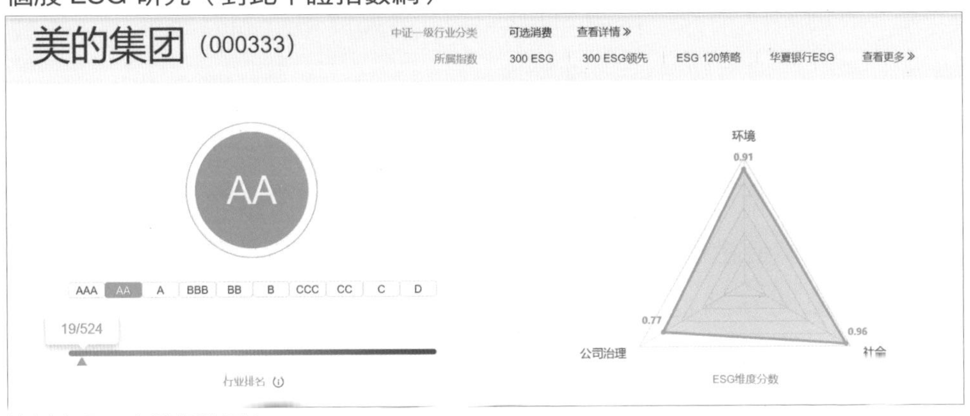

資料來源：中證指數網站

產品服務

這個區塊主要是給發行投資產品的投信公司[10]參考的資訊，像是指數授權、定制和代理等。

關於我們

這個區塊提供國證公司介紹、發展歷程和相關規章制度等。

統計局網站

統計局是中國官方最權威的數據統計機構，想掌握中國即時準確的經濟相關數據，來這個網站就沒錯，網址為 www.stats.gov.cn。筆者平常比較關注的指標像 GDP、消費者物價指數、生產價格指數[11]、能源生產情況、社會消費品零售總額、房地產開發投資、商品住宅銷售價格等，這些都是投資陸股不可不知的數據，建議投資人定期追蹤。

中國人民銀行公眾號

中國人民銀行就是中國的中央銀行，是國務院組成部門之一，總行位於北京，主要職責是擬訂金融業改革和發展戰略規劃、制定和執行貨幣政策、匯率政策，承擔最後貸款人的責任等。打開微信 APP，搜尋「中國人民銀行」後就可以關注中國人民銀行的公眾號，就不會錯過中國央行官方統計的金融數據。

筆者平常會特別留意的數據包含：每月社會融資規模增量、每月貸款市場報價利率（LPR）、每月金融市場（債、貨幣、股市等）營運情況、每季金融機構貸款投向統計、每季小額貸款公司統計數據、每季企業家問卷調查報告、每季銀行家問卷調查報告、每季城鎮儲戶問卷調查報告等。另外。此公眾號也會發布最新的經濟金融貨幣政策，要知道中國股市深受政策影響，所以投資人務必注意各種政策變化帶來的影響。

中國人民銀行微信公眾號

資料來源：微信公眾號

雪球網站／雪球 APP

雪球是一家成立於 2010 年 3 月的投資社交媒體平台。用戶可以在雪球平台上查詢到滬深、香港和美國等市場的股票與基金行情資訊，平台上也提供討論空間，以便投資人進行意見交流。網址為：https://xueqiu.com。筆者通常會在這個網站查詢個股的行情、財務數據和基本資料，另外也會搜尋其他投資人對這家公司的看法，經常能收獲意想不到的觀點。

AASTOCKS.com

又稱阿思達克財經網，成立於 2000 年，致力為投資人提供全面的金融市場資訊和分析工具。網站內容涵蓋中國、香港、美國、新加坡和日本等市場的股票、外匯、加密貨幣、基金、指數等投資產品。網址為：http://www.aastocks.com。這個網站也有豐富的教學資源，例如技術分析基本知識、經濟學知識和股票交易知識等。若是常使用技術分析的投資人，這個網站有提供個股的 K 線、柱狀圖和線形圖等。

1 四大行指四家規模最大的國有銀行，分別是工商銀行、農業銀行、建設銀行和中國銀行。

2 折價就是指經匯率換算後每一股 A 股股價低於 H 股股價，溢價則是每一股 A 股股價高於 H 股股價。

3 風格指各種不同條件篩選股票，例如低股價淨值比、虧損股、行業龍頭等。

4 地域指依照公司註冊地所在省市區分。

5 QFII（Qualified Foreign Institutional Investor）是指中國從 2002 年起推行的一項制度，讓中國境外的基金公司、保險公司和證券公司等可以在 A 股市場投資。

6 LOF（Listed Open-ended Funds）指上市開放式基金，是一種既可以在證券交易所交易，也可以向基金公司申購、贖回的證券投資基金。

7 ETF（Exchange-traded fund）為指數股票型基金，是在證券交易所交易，提供投資人參與指數表現的基金。

8 REITs（Real Estate Investment Trust, 不動產投資信託），是一種將不動產資產證券化，由基金持有人按出資比例分享收益，共同承擔風險的投資標的。

9 靜態市盈率使用最近一期年度報告財務數據計算，公司淨利潤為歸屬於母公司股東的淨利潤。年報數據更新時間點統一為每年 5 月 1 日，即在每年 5 月 1 日前採用第 N-2 年年度報告財務數據，5 月 1 日（含）之後一併更新為第 N-1 年年度報告財務數據。

10 投信全稱是投資信託公司，也就是俗稱的基金公司，負責推出基金或 ETF 等產品。

11 生產價格指數（Producer Price Index，PPI）是衡量企業產品出廠價格變動趨勢和變動程度的指數。

第 4 章 A 股有坡道可以滾雪球？

本章前半部將介紹投資與投機的區別，分享為什麼作者認為要把投資股票當成做一門生意看待。後半部則是介紹存股的思維，原來投資可以像把錢存在銀行一樣安心，只要創造時間複利，就能輕鬆達成財務目標。

投資 vs. 投機

投資的方法多到讓人眼花撩亂，對於剛入門的新手來說，最容易接觸到的 4 種常見主流投資策略包含：基本面[1]、技術面[2]、籌碼面[3]和消息面[4]。初學者可能光看到這 4 個專有名詞就已經感到頭暈目眩，若再加上股票衍生出來的投資商品，如期貨交易、選擇權交易和權證交易等，那可能就真的要暈過去了。其實不論用什麼方法投資，從本質上來看都可以被歸入投資或投機兩大門派。

只要弄清楚投資和投機之後，再從兩者中尋找自己擅長與合適的方法，就能夠提升在股市中賺錢的機率。還記得在筆者剛開始接觸投資理財時，就曾搞不清楚投資和投機的區別。感覺好像只要是賺了錢就是投資，賠了錢就是投機；長期持有股票就是投資，短期炒作股票就是投機。其實想要區分兩者並不困難，舉幾個生活都可能會遇到的真實案例，就能輕鬆搞懂。

案例一：假設某位朋友找你合夥開一家早午餐店，是屬於「投資」還是「投機」呢？

案例二：在外商公司上班的你，想爭取晉升或外派的機會，打算報名「英語口語提升班」，是屬於「投資」還是「投機」呢？

案例三：聽說某潮鞋品牌要和某大明星共同推出限量聯名款球鞋，你打算去搶幾雙，等價格漲了再拿去網路上賣掉，是屬於「投資」還是「投機」呢？

相信讀者應該都能判斷出答案，案例一和案例二屬於「投資」的範疇，案例三則屬於「投機」，接著就詳細介紹兩者的定義與特徵。

定義與特徵

投資（Invest）

筆者對投資下的定義是：透過投入資金後創造或提升價值，投資人在這種情況下賺取的利益，是資金投入一段時間後由價值增長所帶來的差額。從案例一中可以看到，在賺錢的情況下，身為早午餐店股東的你，每隔一段時間都能夠享有一部分店的獲利，開店這門生意所賺到的錢，就是這筆投資所帶來的價值。而案例二則是更加直觀，透過投入學費提升自己的職場價值（競爭力），最終爭取到晉升或外派的機會，伴隨晉升或外派所帶來的加薪或額外福利，就是這筆投資所創造的價值。

投機（Speculation）

如果搜尋一下投機的英文 speculate，會發現這個字還有「猜測」和「推斷」的意思，因此筆者對投機下的定義非常簡單：透過下注資金去猜測某件事情的變化趨勢，若結果符合預期，投機者可以賺取到報酬；如果結果不符合預期，則要承受損失。

從案例三的情況我們會看到，如果你認為聯名款球鞋的價格之後會上漲，那你便會提前搶購好幾雙鞋囤在手上。如果未來球鞋的價格真如願上漲了，便透過賣鞋賺取豐沛的價差報酬。但若不幸那位明星突然爆出重大醜聞，導致球鞋瞬間變得乏人問津，價格不升反降，此時很可能必須降價拋售，或者賣不出去導致血本無歸。

賭城的兩類人

位在美國內華達州的「沙漠賭城」拉斯維加斯，就是一座充滿投資者與投機者的城市，或許能從他們身上觀察出自己適合成為哪一類人。第一種人是那些出資建設飯店、大型秀場和賭場的人，他們屬於投資者。透過投入大量資金來建設拉斯維加斯，為這座沙漠城市創造了龐大的商業價值。第二種人則是那些在賭場角子老虎機或撲克牌桌上流連忘返的人，他們屬於投機者。透過下注來換取猜測正確的機會，一旦猜對了或許就能「一夜暴富」，如果猜錯了很有可能賠到欠一屁股債。

或許你會覺得賭博不是什麼好事，所以投機肯定不如投資，但筆者想要提醒各位讀者，其實投資和投機兩者並沒有優劣之分。就好比有人投資飯店和賭場，結果卻碰上突如其來的疫情，導致生意大受影響，最終賠錢收場。可是也有人能夠透過出神入化的牌技，在賭桌上大殺四方，賺取到高額的報酬。有一部電影叫《決勝 21 點》[5]，講述的就是一群智商超群的麻省理工學生，如何透過建構數學模型來提升牌桌上的勝率，靠打牌賺進大把鈔票。

葛拉罕的啟發

班傑明．葛拉罕（Ben Graham）是巴菲特（Warren Buffet）的投資啟蒙導師，在他的經典投資著作《智慧型股票投資人》（The Intelligent Investor）中就曾經分享過股票投資和股票投機的區別。葛拉罕認為股票投資必須以深入的分析和研究為基礎，在確保本金安全的情況下，獲取適當的回報，只要不能滿足這項要求的方式，就屬於股票投機。簡單來說，投資者看待股市的角度，是按照合理或便宜的價格買入並持有一家公司的股票，當價格偏貴時停止買入或賣出。而投機者則是預測市場的波動，無視股票本身的價值，單純從股價漲跌的角度操作。

本質上的區別

了解投資和投機的定義之後，接著就來探討兩者間有什麼本質上的區別。

面對波動的情緒

人性在股市中最常出現的兩種情緒就是貪婪和恐懼。當股票上漲的時候，大多數人往往無法克制內心的貪婪，希望股價能漲不停。當股票跌跌不休時，大多數人內心往往會感到無比恐懼，深怕帳面虧損不斷擴大，甚至擔心公司會倒閉、股票會變壁紙。此時投資人心理預期的收益就會變小，甚至能接受虧損。

因為想要在短期內透過低買高賣來賺取價差，投機者的情緒往往會被市場波動左右。而對於投資者來說，比起價格，他們更關心價值，因此不容易受到市場波動影響。甚至投資者還可以順勢而為，利用市場不理性的情緒，做出有利於自己的操作，正如同巴菲特所說的名言：「別人恐懼我貪婪，別人貪婪我恐懼。」

底層的邏輯

就像葛拉罕在其投資著作中所說的，投資者的底層邏輯是先深入分析一家公司，計算出其價值，等待股價被低估的時候買入，待股價高於價值時賣出。而投機者的邏輯是，不管公司本身是否有價值，只要市場的波動能夠為股價帶來漲跌，進而創造出價差就好。

關注點

投資顧名思義就是要關注「資」本身，也就是資產的內在價值。從長期來看，公司的價值會決定股票的價格，即使股價有時候會受到市場波動影響而偏離價值，但根據「遛狗理論」[6]，股價始終會回到價值身邊。只要公司能持續創造或提升價值，股價理論上就會跟著上漲，投資人的報酬也會跟著水漲船高。投機則把重點放在「機」本身，也就是市場波動創造的機會。短期來看，市場波動會帶來股票價格的變化，而投機者擅長預測這些股價波動變化。他們不關心公司的資產有多少內在價值，只要能準確預測波動會讓公司的股價漲還是跌，就能夠靠價差獲利。

時間周期

不論是開一家早餐店還是成立一家大型企業，想要透過創造價值賺錢，都是一個漫長的過程，短則數月長則數年。所以對於投資者來說，操作的周期通常比較漫長，甚至一旦看好某家公司的價值與商業競爭力之後，可能永遠不會賣出股票。隨著投資的時間不斷拉長，短期突發事件對公司的影響就變得微乎其微，因此時間就是投資人最好的朋友。對於投機者來說，市場波動帶來的投資機會，往往都是稍縱即逝的，所以他們操作的周期通常都很短暫，每當機會來臨時，他們就大膽地出手。

收益來源

想了解投資者和投機者分別賺的是什麼錢之前，要先弄明白「正和」與「零和」這兩種遊戲。一般來說投資屬於「正和遊戲」，就拿投資早午餐店的案例說明，當你和朋友合夥經營早午餐店之後，如果用心努力做出美味又健康的餐點，就容易受到客人青睞，最後的結果就是客人吃得開心、員工獎金拿得開心、老闆（股東）分紅領得開心。人人都是贏家，這就是「正和遊戲」。投資所賺取的收益來自創造的價值，當公司生意好，能夠為社會創造價值，讓客戶、員工和股東都滿意，絕大多數人都是贏家。

相反的，投機通常屬於「零和遊戲」，所有贏家所獲取的報酬總和，會等同於輸家失去的總和。簡單來說，你今天賺到的一塊錢，就是其他人在遊戲中賠掉的一塊錢，例如打麻將就是這樣的賽局，所有人輸的錢和贏的錢相加之後是零，故稱為零和遊戲。在股票世界中，投機者往往想要賺取漲跌帶來的價差，因此當某一人賺錢時，往往就表示有另一人賠錢了。要注意的是，股市大致符合「八二法則」[7]，長期來看大多數參與零和遊戲的玩家都是輸家，贏家是極少數能持續做出正確判斷的人。

投資就是當股東

從商業和法律的角度來看，買股票的本質就是成為一家企業的股東。在股份公司的制度[8]下，當你買進一家公司的股票，不論股數有多少，你就成為了這家公司的股東，擁有這家公司的一部分。或許有些人會覺得買股票好像合夥創業一樣，確實，投資一家公司跟合夥創業有許多相似之處，但筆者認為，透過買股票來達成財務目標的成功率，會比透過創業高出許多。

許多人在工作了一段時間之後，總會想著要出來自己創業當老闆，藉此擺脫朝九晚五的打工仔身分。創業夢固然美好，但現實往往是殘酷的。根據台灣經濟部中小企業處創業諮詢服務中心統計，創業第 1 年公司就倒閉的機率高達 90%，在 5 年內陣亡的比例更高達 99%，換言之，創業能超過 5 年的企業僅有 1%。

若攤開台灣經濟部中小企業處網站資料會發現，2021 年台灣中小企業家數約為 159 萬家，其中約有 11 萬家成立一年以內。根據知名人力銀行網站在 2021 年的調查，首次創業的平均年齡只有 28 歲。若按年紀來分，30 歲以下的青年創業比例占 68.3%，30 歲到 45 歲的壯年創業比例占 29.4%，45 歲以上中高齡創業僅占 2.3%。其中創業的項目以手搖飲料店、早餐、咖啡店、輕食、快餐車等小吃類占 23%，餐廳餐館占 17%，整個餐飲類合計共占 40%，位居創業類型之首。緊接在後的是服飾批發或零售（含網拍）占 12%。由此可見創業大多會選擇「食」與「衣」兩大日常消費行業。

或許是因為進入門檻較低且競爭激烈，調查報告也顯示小吃類創業平均只能維持約 3.3 年，餐廳餐館類則是 3.49 年，而服飾品的批發零售（含網拍）則是 3.66 年。反觀工程、工業以及科技類創業，普遍都能維持 5 年以上，顯示有高技術與高門檻的創業項目更容易成功。

雖然筆者沒有實體創業的經驗，但過去在中國從事創業顧問工作，接觸到許多懷抱創業夢的人，而筆者的任務就是給予他們創業上的建議與幫助。隨著接觸到的人越來越多，筆者慢慢明白創業為什麼是一件充滿挑戰與風險的事情，經營生意想要取得成功，往往比最初預想的更加困難。

首先確認創業項目之後就要準備充分的啟動資金，如果一個人的資金無法滿足項目所需的啟動資金，那就需要找合夥人共同出資入股，此時股權的設計又是一項大學問，沒弄好容易出現衝突。確定資金來源和股權分配後，就要開始正式啟動項目，這個階段需要做的事情有選址、店鋪簽約、設計裝潢，再到環境布置與物料準備等，每一項都充滿細節與知識，稍有不慎都會對未來的經營產生不利影響。例如選址不佳，很可能會造成店面長期經營不善。

當店鋪開始施工裝潢時，老闆通常需要同步啟動招聘和培訓，打造強而有力的員工團隊。而隨著店面即將完工，前期的市場宣傳活動也要開始準備，通常這個階段都忙得焦頭爛額。好不容易培訓好團隊、裝潢好店面和準備好物料之後，此時就要籌備開業活動。待開業活動結束後，不要以為可以喘一口氣了，這時才開始要忙著做生意。

當一切都上軌道之後，也不能保證日後都會一路風平浪靜，很可能會突然冒出競爭對手、遇到經濟不景氣、內部管理出現衝突，或出現不可預見的黑天鵝（如新冠疫情）等。這些狀況都會對生意帶來負面影響，但這些時刻才是真正考驗創業者與公司能否生存的關鍵。

看到這裡你是不是已經打消創業的念頭，心想還是乖乖去上班領薪水最輕鬆。其實想要自己當老闆，還有另外一種優雅的選擇，那就是投資股票。只要持續努力上班賺錢，等拿到薪水之後好好存錢，並用合適的價格買進好公司的股票，成為公司股東之後，就可以享受公司每年獲利所帶來的分紅與股價的成長。筆者不是說創業就一定不會成功，但一定要審慎評估自己是否真的合適創業。筆者認為與創業相比，投資股票至少具備以下 3 點優勢：

啟動資金較小

為什麼大多數創業者選擇餐飲或服飾行業？除了屬於民生日常消費，另一個主要原因就是這兩個行業通常對資金的要求較低。但在商業世界還有許多比餐飲和服飾更好的賽道，可是普通的創業者往往受限於資金，所以沒辦法啟動那些龐大的項目。例如需要添購大量機器設備、土地或廠房，或需要研發新技術或申請專利等。但只需要透過買股票就能當股東，這相當於用少少的金額，就買下了一部分的公司資產，特別是現在零股交易非常方便，很多大公司用銅板價就能買到一股。

風險較低

雖然投資上市公司不代表完全沒有風險，畢竟因為經營不善而倒閉下市的公司也大有人在。但是和創業比較起來，投資上市公司要面臨的倒閉風險相對來說會小很多，畢竟一家公司能做到上市，要通過層層嚴格的關卡與審查。另外，在買股票的過程中不需要放棄自己的本業，平日可以專心工作賺錢，透過累積主動收入來獲取更多資金，買進更多股票。而對於自行創業的人來說，大多時候都需要全力以赴，投入大量的時間與精力，但也不保證能夠成功。

交給專業的人

買入一家公司的股票成為股東之後，相當於整家公司的員工都在為你工作賺錢，即使公司遭遇到各種不同的困難，都會有優秀的經營管理團隊會妥善解決問題。身為股東不需要什麼事情都親力親為，只需要把艱鉅又複雜的工作交給專業人員就好。

所以與創業相比，投資股票的優勢還是挺明顯的，但為什麼還是有許多人會覺得股市的風險比創業來得高呢？通常會有這種想法的人，並沒有完全理解投資與投機的區別，以及找到適合自己的方式。

沒有最好，只有最適合

前中國領導人鄧小平曾講過一句話：「不論黑貓白貓，能抓到老鼠的就是好貓。」在投資的世界裡這句話同樣也說得通，不管是投機或投資，只要能夠合法幫投資人賺到錢的方法都是好方法。我們要做的就是不斷學習和嘗試，直到找尋到適合自己的投資之道。現在是資訊爆炸的時代，想要學習投資理財，網路上就能找到很多免費資源。在正式開始踏入股市之前，如果我們透過大量閱讀，學習前輩或達人的寶貴經驗，往往會少走一些彎路。

在眾多投資錯誤中，最可怕的不是用錯方法，而是不知道自己在用什麼方法。因為如果投資人知道自己用錯方法之後，只要找出問題並解決，即可避免錯誤再次發生；但如果是壓根不知道自己在用什麼方法投資，很容易不小心就粉身碎骨。舉例來說，這幾年許多人實際上抱持著「投機」的心態，天天關注股價想快速致富，卻自認為在「投資」。「投資」與「投機」這兩種方式所需要具備的能力和心理素質截然不同，一定不能搞混，避免出現認知和行為的矛盾。

或許是因為曾接觸過葛拉罕與巴菲特兩位「投資」大師的經典作品，從心理和思想層面來說，筆者比較認可「投資」的方法與理念，認為買賣股票要用經營企業的思維思考，而不是以「買彩券」的方式思考，全憑猜和賭，運氣好猜對了就中獎，運氣差猜錯了就輸錢。

加上自己的性格比較保守，不喜歡憑運氣這種充滿不確定性和高風險的投資方式。偶然接觸到「存股」的理念之後，便豁然開朗，從此便踏上「存股」的不歸路。接下來將詳細介紹什麼是「存股」，以及為什麼和台股或美股相比，陸股也同樣有「存股」的機會。

存股就像存錢

存錢是每個人是最早接觸到、也是最容易的理財方式。存錢也是在正式投資之前的起手式，畢竟投資股票和創業相似，都需要先有一筆資金。對於大多數的人來說，在正式踏入股市投資之前，通常都要經歷過一段工作賺錢和努力攢錢的過程，才能累積到第一桶投資本金。只要理解存錢的概念，那要理解並執行存股就不是一件困難的事。為什麼呢？因為存股基本上就是用存錢的心態來投資股票。

存錢與存股比較

類型	投資標的	賺取的收入
存錢	銀行活、定存	利息
存股	公司股票	股息

資料來源：作者整理

什麼是存股？

這幾年存股已經成為台灣股票投資界的「顯學」，網路上關於存股的資料多不勝數，相關話題的討論熱度也長期居高不下。正因為資訊爆炸和眾說紛紜，讓存股開始變得複雜化。不過存股的底層邏輯非常簡單易懂，就是像把錢存銀行買定存，把錢存股市買好公司的股票。如果讀者看過歐美關於投資股票的書籍或文章，應該會發現一件神奇的事，那就是在海外找不到存股這種投資概念，因此幾乎可以確定存股就是台灣股民發明的名詞。就連對岸的中國股民也沒有存股這種說法，比較相似概念是投資「收息股」[9] 並享受公司長期的分紅。總結來說，存股屬於「長期投資」，概念類似存錢，通常會具備以下 5 種特點：

長期投入

存股需要持續不斷買進股票，好比每隔一段時間就把薪水或閒錢存到銀行。

低頻交易

比起短線交易，存股族的交易頻率是比較低的。只有在特定時間點或當股價滿足特定條件時（例如夠便宜），投資人才會買入。

配息穩定

不論定存還是活存，銀行在固定的時間就會發放利息給存款人；而存股族則是每年收取公司的配股或配息。

只買不賣

在存錢的過程中除非急需用錢，不然存款人通常不會解除定存把錢領出來；同樣的，存股族也不會輕易把存的股票賣出，即使帳面出現獲利。

重視股數累積

存錢的人會通常會制訂金額目標，例如在一年內存到 100 萬，因此通常會注重存款金額的累積。而存股族則是會制訂張（股）數目標，例如在一年內存到 10 張股票，比起股價波動，他們會更關注股數累積。

對於存股族來說，首要目標就是找到長期靠譜又穩定的公司來存，不然如果選到一家經營每況愈下的公司，每年的配息不穩定，存股族就很難像定存一樣長期安穩地把錢放著。關於要如何從陸股中挑選出安心存股的好公司，請見本書第 5 章「3 邏輯挑好生意」與「6 指標篩好股票」。

誰適合存股？

存股更符合「投資」的定義，有些人適合投資，有些人則適合投機，所以存股未必適合所有人。但以下 3 種人非常適合存股，讀者不妨自我審視，看看自己是不是符合這些條件：

有穩定收入的人

存股需要持續投入資金，股數才會不斷累積，股息也才能夠越領越多。因此對於有穩定收入的上班族來說，存股是很好的投資策略。如果你沒有穩定收入的話，請你先把本業工作顧好，再來考慮投資。

有閒錢的人

投資股票一定要用閒錢，閒錢就是除了生活日常開銷、保險和緊急備用金之外的錢。因為存股需要長期把資金投入股市，如果這筆錢是短期內要用到的錢，就不適合用來存股。如果沒有閒錢可以投資的話，請先做好兩件事：開源和節流。

剛出社會的新鮮人

時間是存股非常關鍵的因素，時間越長效果越好，因此存股越早開始越好。如果你是已經工作一段時間的人也不要氣餒，因為晚開始總比沒開始好。

若你屬於以上 3 種人的其中一種，那存股就是為你量身訂做的投資方式。如果不是也不要著急，可以看看自己是否具備以下 3 大性格特質，如果是的話，那你也非常適合存股。如果不是的話，就不要盲目跟風。

耐心

存股和存錢相似，需要一段時間累積，才會看出效果。所以存股的過程是漫長且枯燥的，需要保持耐心，操之過急都會造成反效果。

自律

股市充滿各種誘惑，當誘惑出現時你必須保持投資紀律。不要因為看到別人在短時間內獲取了高額報酬就心動，仿效他人的短線投機操作。

抗壓力

存股是長期的投資，所以很難不經歷牛市和熊市。當股票處於牛市的時候，存股族每天都能笑嘻嘻，每天起床張開眼，身價就又上漲了。但是當熊市降臨時，才是真正的考驗，這時候需要展現強大的抗壓力，心情不能受到帳面虧損影響，才不會做出錯誤的判斷。

存股的優缺點

投資方式沒有最好，只有最合適，任何投資方法都有優點和缺點，存股也不例外。以下是筆者總結存股的優缺點，讀者可以藉此來和其他投資方式對比，判斷存股是否真正適合自己。

存股的優點

- **省時省力：**投資人不需要花大量的時間研究股價漲跌，平日也不需要一直盯盤，只需要在特定時間持續買進股票即可。
- **低資金門檻：**通常只要有閒錢就能存股，特別是台股還有零股交易，高價股也能輕鬆買。陸股雖然不能買零股，但是最低交易單位是 100 股，大部分股票每股價格都在人民幣 100 元以下，換言之通常只要花不到人民幣 10,000 元（約新台幣 45,000 元）就能買到一手股票。關於陸股交易的規則和制度，請見本書第 3 章。

- **心理壓力小：**因為存股的本質類似存錢，存股族通常會看淡股價的漲跌，面對股市波動時能更泰然自若。甚至許多存股族平時都沒有打開券商 APP 看盤的習慣，畢竟應該沒有人會天天打開銀行 APP，查看戶頭裡的活存或定存有多少吧。

存股的缺點

- **效果慢：**存股在前期通常都比較難見效，投資人不容易獲得成就感，這也是為什麼許多人在開始存股的前幾個月就會放棄。例如筆者的一位朋友曾在 2021 年信誓旦旦說要存股，還很認真地挑了幾檔當時非常熱門的官股金融股來存。後來看著身邊買航運股的人都在短時間內大賺一筆，他忍不住把金融股全賣掉改買航運股，但沒過多久後就被套牢，最後承受不了帳面損失帶來的壓力，只好選擇砍在「阿呆谷」。

  解決方法：想加快速度看見存股的成效，讓自己有成就感的話，最好的方法就是增加投資的本金。如果投入的資金量夠大，能買到的股數和領取的股息自然就會很可觀，投資人也會更有感。

- **選股很關鍵：**雖然說存股就像存錢一樣，但存股標的好壞會影響存股的績效，如果投資人選到不好的公司，有可能越存資產越少。

  解決方法：分散投資標的，不要單押一個產業或一家公司。其實還有一招一勞永逸解決選股的難題，那就是採用指數化投資。關於指數化投資請見第 5 章。

- **資金不靈活：**若突然出現資金需求時，投資人必須挪用存股的資金，那很可能會功虧一簣。

  解決方法：提前準備好緊急備用金和做好保險規劃，這樣的話即使遇到突發狀況，都不需要挪用投資的部位資金。投資一定要用閒錢，才不會在急需資金時，忍痛把存股部位砍在低點。

如果投資人善用存股的優勢，便能事半功倍。因為心態穩定，所以存股族每天都能夠好好上班，心情不易受股價波動影響。如此便可以專注在本業上，提升自己在職場的競爭力，以便獲取更高的收入。因為存股的資金門檻不高，只要收入增加，就可以用來存更多的股。

中國股市適合存股嗎？

這幾年只要打開台灣的電視節目，不難發現幾乎所有的財經節目都會出現「談中國而色變」的現象。就算不看電視而是看網路自媒體，還是會發現大部分媒體對中國的態度並不是太友善，只要中國出現一點負面消息，就會被說成好像中國的經濟快要完蛋一樣。

讓筆者印象最深刻的案例發生在 2020 年，那年 1 月筆者回台灣過春節，中國正好爆發新冠病毒疫情，當時只要打開台灣的電視新聞，基本上都大肆報導疫情在中國多麼嚴重。但筆者 3 月返回上海工作後，發現情況根本不是新聞媒體描述的那樣，中國疫情早就逐漸獲得控制。當 2020 年下半年疫情開始在歐美肆虐的時候，中國的生活幾乎已經回到正常。台股超過 7 成的上市櫃公司都有在中國做生意，也有大量的台灣人在中國工作或生活，只要稍微用點心，投資人想查證這類負面消息的真實性，其實是輕而易舉的。

投資要保持客觀中立，不要帶入「意識形態」和「主觀偏見」，但不少台灣人對中國股市還是抱有偏見，認為陸股就是一座大型的「賭場」。中國確實沒有人在討論存股或長期投資，甚至連奉行價值投資的人在中國股市都屬於少數群體，大部分的股民整天追漲殺跌，爭先恐後想搭上飆股的順風車，然後一夜暴富。主要原因是為滬深兩市成立至今也不過三十餘年，因此成熟度遠不如歷史悠久且制度較為完善的歐美股市。

中國的股民有多愛投機炒短線呢？陸股的換手率比台股和美股都

高出許多。換手率指某一段時期內的股票成交量除以發行總股數，再乘上 100%。換手率越高通常代表以下情況：

· 股票交易越活躍

· 股票流通性好

· 股票投機性較強

· 股價起伏較大

一般來說，新興市場的換手率會高於成熟市場，主要原因在於新興市場的規模成長比快，經常會有新股票上市，加上投資者的投資理念不成熟，大多偏好短線交易。另外，投資人結構對換手率也會有影響，若以個人投資者為主體的證券市場，例如陸股的散戶約占 5 成，股票的換手率會比較高；而以大型投資機構為主的證券市場，例如美股散戶僅約占 1 成不到，股票的換手率就會比較低。

除了害怕股市像賭場一樣刺激，台灣投資人還擔心陸股有資訊不透明的問題。筆者之前就遇過不少台灣投資人對陸股的會計審查制和財報抱持懷疑態度，加上本身對中國市場環境和企業不夠熟悉，導致信任度過低。上述原因讓許多投資人認定陸股就只適合「投機」，只能炒短線，但絕對不能長期存股。

但事實真的是這樣？就筆者在中國多年的觀察，或許炒短是市場的主流，但不代表中國沒有獲利穩定且配息大方的好公司，更不代表沒有嚴格的會計審計制度和透明的財務資訊。其實許多中國知名企業除了在滬深兩市上市，還會選在香港發行 H 股，不少大型公司也會在美國發行 ADR。這些選擇在成熟金融市場上市的企業，他們的財務和資訊透明度並不會輸給其他世界一流企業，甚至比某些台股上市櫃公司更為透明。

台股這幾年存股風氣盛行，不少投資人整天都期盼可以用「甜甜價」買到好股票，所以每當股市出現下修或利空衝擊時，好公司股價都會獲得存股族買盤的支撐，跌幅通常都會很有限。相較之下，陸股高波動的特性，會更容易讓好公司的股價在股災時被嚴重低估。如果你還是懷疑陸股是否能投資，只要想想看連股神巴菲特和他的合夥人蒙格（Charles Munger）都投資過中國的優秀企業，如中國石油、阿里巴巴和比亞迪等。這說明了只要慎選投資的標的，陸股也有很棒的坡道可以滾雪球。

做時間的朋友

存股過程中有 3 個很關鍵的因素，分別是資金、時間與報酬率，其中資金越大越好，時間越長越好，而報酬率當然是越高越好。對於尚未達成財務目標的投資人來說，時間與資金往往是同時缺少且矛盾的，想要賺錢就要花時間上班，若想要享受時光就會賺不到錢。所以如何最大化利用這兩種寶貴的資源，是每個投資人都需要學習的課題，第一步就是要培養正確的時間觀與金錢觀。

錢與時間孰輕孰重？

到底是時間大於金錢，還是金錢大於時間呢？這是兩種截然不同的價值觀。認為時間大於金錢的人，願意用金錢去購買更多時間，而相信金錢大於時間的人，則願意出售自己的時間換取金錢。對大多數上班族來說，工作的本質就是用自己的時間（勞力）來換取金錢（收入）；而對於企業的老闆來說，則是用金錢（薪水）換取員工的時間與勞動力。不論是老闆還是員工，時間無疑是最寶貴且稀缺的資源，因為和金錢相比之下，時間有以下 3 個特點：

有限性

即使再怎麼愛惜身體注意健康，依照現在的條件來看，人類能活到 120 歲左右大概就是極限了，不會因為你多努力養生就會變成 200 歲。而財富則是可以不斷創造，對一個人來說，錢是永遠賺不完的。

不可控

不管你有沒有意識在過生活，時間（生命）就是不斷地流逝。你可以不花錢，省吃儉用把錢存下，時間卻沒有辦法被攢下來。

不可逆

時間一旦過去了，就再也找不回來了；但金錢就算被揮霍掉，只要重新再賺就好。

雖然筆者相信時間比金錢來得珍貴，但一個人如果光只有時間而沒有金錢，那這樣的人生仍是沒有品質的。人的一生由無數的選擇所組成，而金錢能讓我們的人生擁有更多選擇，擁有越多的選擇，才更容易過上自己嚮往的生活，也會更容易感到幸福和快樂。但是如果一生都汲汲營營追求名利與物質，那就容易失去對生活的掌控，沒有時間享受人生。

有人說：「時間是世界上最公平的東西」，因為不論一個人富貴或是貧賤，他的一天都是 24 小時，所以我們只要追求金錢就好。但實際上卻不盡然，有些人是「時間貧窮」（Time Poor），有些人則是「時間富裕」（Time Rich），區別在於一個人是否能完全依照自己的意識支配時間。對於大多數人來說，一天 24 小時裡，有很大一部分不是我們能自由選擇如何度過的，這種現象稱為「時間貧窮」。相反的，「時間富裕」則是能根據自己喜好或是其他更深層次的動機，決定如何花時間的一種自由狀態。

對於普通人來說，「財務自由」是通往時間與金錢兩種富裕的唯一道路。什麼叫財務自由？是買什麼東西都不需要看價格？還是銀行裡擁有一億或一百億？答案兩者皆非。財務自由的定義是：不需要為了錢，而花費時間去做那些對自己沒有意義的事。在達到財務自由之前，我們一邊努力上班、一邊學習投資理財，一邊還要想方設法成為斜槓。在這個過程中，金錢是我們選擇如何花費時間的第一考量，例如在周末為了要花時間去研究投資理財，犧牲陪伴家人朋友的時光；又或是為了省錢，而選擇住在房租便宜的郊區，每天花一兩個小時搭公車或捷運去市區上班。

只有達成財務自由之後，被動收入能夠完全負擔日常支出，才得以從「金錢優先」的思維中被釋放出來，依照自己的想法來度過人生。此時可以把精力和時間投入自己真正在乎和關注的人事物上， 例如為全球暖化、環境保護或是文化推廣傳承盡一分心力，從事那些能帶給自己生活意義， 而不是帶來金錢的工作。

相信絕大多數人都嚮往財務自由的人生，甚至不少人希望透過「一夜暴富」的方式提早退休，從此打破上班的束縛。但對於普通人來說，這種想法往往只停留在思考層面，沒有具體的行動。於是大多數的人依舊過著上班混日子的生活，熬至退休那一天到來。每當這些人看到身邊真的有人實現提早退休和財務自由的目標時，他們會感到難以置信和忌妒。

這種矛盾且搖擺不定的信念，無法達成人生的財務目標。並不是說每個人一定要把提早退休當作人生的目標，因為是否要提早退休，都是個人價值觀決定的。不少人非常熱愛和享受自己的工作，明明到了可以退休的年紀，卻依舊選擇留在崗位上繼續工作。關於「財務自由」這個議題，我們必須仔細思考哪一種價值觀和生活型態，才是真正值得自己努力去實踐與追求的，而不是人云亦云。

打造時間與金錢的循環

有一部好萊塢電影叫做《時間規劃局》[10]（台灣譯作《鐘點

戰》），內容描述一個時間就是金錢的世界。在電影裡人們日常的消費都要用時間支付，例如買一個麵包要花半小時，買一輛車需要花 3 年。當一個人的時間歸零的話，生命便會走到盡頭。對於那些生活困苦的人來說，每天需要努力工作賺取時間才能消費，只要停止工作的話就代表生命結束。而對些富人來說，他們手上有千年甚至萬年的時間，所以每天的生活都是紙醉金迷，與每天辛勤工作換取時間的窮人形成了鮮明對比。

電影裡所描繪的普通人生活和現實中許多未達成「財務自由」的人相似。不知道你是否曾經有過這種感覺，明明每天都很努力上班賺錢，周末還去兼差賺外快，但到了每個月月底，打開銀行帳戶一看，發現戶頭的餘額依舊所剩無幾。天天忙碌上班還是沒有足夠的資金投資，也沒有時間和精力來研究投資。人生要成功與幸福，時間和金錢這兩種資源一定要管理好，才能打開通往財務自由的大門。

想打破這種財富與時間貧窮所造成的枷鎖，最簡單的方式就是透過投資理財，建立時間與金錢的循環，讓所有的資源能夠最大化為自己創造價值。俗話說「時間就是金錢」，兩者存在可以交換的關係。

時間換金錢

為什麼人要工作？因為要換取金錢，以養活自己和家人。而這種模式魚與熊掌不可兼得，若是想獲得更多金錢，那你就要失去陪伴家人的機會；而選擇後者的話，物質生活又不能得到滿足。於是你總是在這利弊權衡之間猶豫，生活就產生了焦慮感。對生活感到焦慮與不安久了之後，你開始尋找解決方法，於是接觸投資。開始投資理財之前要先存到「第一桶金」，對於絕大多數的人來說，這桶金基本上都是透過工作賺來的。不論是朝九晚五的正職工作或是副業兼職，對於上班族和小資族來說，獲取金錢的手段主要靠出賣自身的勞動力，需要投入大量的時間和精力。所以這個階段就是用時間來換取金錢。

金錢換金錢

當累積足夠的「第一桶金」之後，就可以開始投資，也就是俗稱的「錢滾錢」。但對大多數人來說，在學習投資股票的方法之前，投資就是把錢存銀行或買保險，但通常這些方式不但賺不了錢，在通貨膨脹的影響下，說不定還會變成「錢吃錢」。其實嚴格來說「錢滾錢」指的是投資第三類資產[11]為主，第一[12]和第二類[13]資產為輔（為了降低風險而做配置）。所以我們一定要學習如何投資股票，但前提是要走在正確的道路上。順利的話便能從「時間換金錢」的階段過渡到「金錢換金錢」。

金錢換時間

當能夠靠投資獲取穩定的報酬時，你就具備除了工作以外的第二份穩定收入。隨著投資漸入佳境，被動收入會不斷成長，此時你靠出賣勞動力（時間）賺取金錢的依賴便會逐漸減少，原先被工作所束縛的時間，就被慢慢釋放了出來。當你達到這個境界，就會產生一定程度的自由感，此時你可以從事一些過去想做但沒時間做的事，生活的焦慮感也就得到了釋放。此時即進入用「金錢換時間」的階段。

時間換時間

投資的終點不是為了賺大錢，而是為了賺取對時間（生活）的掌控權。這個世界金錢是無限的，而人的生命卻是有限的，所以真正值得珍惜的永遠是時間。如果不學會投資，我們的人生永遠只能走「時間換金錢」這條路，而這是一條有去無回的路。一旦我們開始投資，用錢滾錢之後，這條路會延伸成「時間換金錢」、「金錢再換更多的金錢」、「金錢最終換得了時間」，最終形成一個自成體系的循環：時間 - 金錢 - 金錢 - 時間 - 時間 - 金錢……。當這個循環開始啟動之後，我們就能在獲得更多可支配時間的同時，獲得更多的金錢。

最後要提醒讀者，想讓循環開始動起來並不是一件容易的事，特別是要走出「時間換金錢」的階段，這個過程需要「犧牲」時間和金錢學習如何投資，但只要成功突破並步上正軌後，這些「犧牲」其實也是投資的一部分。

巴菲特的啟發

股神巴菲特曾說過：「投資就像滾雪球，重點是找到夠濕的雪和夠長的坡道。」這段看似簡單的話，卻給筆者帶來了深刻的啟發。我們先來看看雪球、夠濕的雪和夠長的坡道，分別代表了什麼。

雪球

雪球就是投資人的啟動資金，如果一開始的雪球越大，最終滾出來的雪球也越大，同時在地心引力的加持下，雪球越大，滾往下滾的速度也會越快。這一點是許剛開始接觸投資的人最容易忽略的，總是把時間和精力投入研究股票，老想著要挑出下一檔飆股，取得驚人的報酬率。在累積到第一桶金之前，投資人唯一要專注的就是，努力提升本業收入和存錢，用最快的速度達成目標。

至於第一桶金該設定多少錢呢？過去提到第一桶金時往往指的是新台幣 100 萬元，但筆者認為第一桶金至少要設定 240 萬元。因為假設 240 萬元全部投入一檔 5% 殖利率的股票，不考慮其他成本的情況下，一年能領到 12 萬元，相當於每月加薪 1 萬元，這對投資人來說會很有「感覺」。

但如果你的第一桶金只有 24 萬元，即使能找到一檔報酬率 10% 的股票，不考慮其他成本的情況下，一年只能賺到 2.4 萬元，感受和影響力就很有限。然而對剛出社會的新鮮人來說，很難在短期內就累積到一大筆資金，所以很多人會採取有多少錢投資多少的策略。筆者認為這種方式也沒有問題，畢竟越早開始投資，即可越早享受時間複利；但前提是不要為了投入而投入，過度沉迷研究投資，犧牲提升本業賺錢能力或開拓副業的機會。

夠濕的雪

要找一條雪夠濕的坡道，才能讓雪球在滾動過程中沾黏更多的雪。夠濕的雪指報酬率夠高的股票，如果股票報酬率太低，在滾過程中很難產生足夠大的收益。假如投資人把價值新台幣 100 萬元的雪球，放到利率只有 1%的定存來滾，那一年後也只能滾出 1 萬元；但如果放到殖利率有 5%的「收息股」，一年後便能夠滾出 5 萬元。若把時間放長，差距會越拉越大。巴菲特曾說過，投資股票只有兩條原則：一、不要賠錢；二、永遠不要忘記第一條原則。在挑選高濕度坡道的時候，投資人要盡可能避免選到一條乾巴巴的坡道，因為雪球在上面滾起來不但不會變大，還有可能會越滾越小。

夠長的坡道

夠長的坡指足夠長的時間。如果投資人挑了一條緩且短的坡道，那雪球很可能滾不大了。相反的，若挑選一條又長又斜的坡道，便可以期待雪球越滾越大顆。切記不要找那些又陡又急的短坡，稍有不慎會把雪球摔落一地。在有限的生命裡，一個人能投資的時間大約是 60 年（假設 20 歲開始，一直到 80 歲），想要讓坡道變長，只有兩種方式，早點開始投資而且保持身心健康，讓自己活得久。

總結來說，找個坡道滾雪球對於「存股」的啟發就是：長期存入報酬率佳的公司股票。本金需要透過本業與副業來賺取，然後盡早開始投資，也要保持身體健康。至於報酬率好的股票怎麼挑？下一章將獨家分享挑選 A 股存股標的「黃金三角」和「6 大指標」。

1 基本面是從公司基本運營情況、競爭優劣勢、商業分析和財務分析的角度，挑選體質優良、財務健全、具競爭力的公司投資。

2 技術面是透過觀察與分析各種技術指標，像是移動平均線 MA、K 線、MACD、KD 指標、RSI、布林通道，篩選投資股票和進出場時機。

3 籌碼面是透過關注大戶或主力（擁有大量籌碼的投資人，通常是大型投資機構和大股東）的買賣動態，進行順勢交易操作。

4 消息面是透過分析各種媒體和市場發布的報導和資訊，判斷選股和交易的策略。

5 《決勝 21 點》（21）是一部 2008 年上映的美國賭博電影。故事講述在 1990 年間，麻省理工學院的「21 點社團」（MIT Blackjack Team）如何透過數學模型提升在賭場的勝率。

6 遛狗理論是由德國股票教父科斯托蘭尼（André Kostolany）提出，他把主人比喻成總體經濟或企業的基本面，小狗則代表股市或股價。當主人在遛狗時，小狗會走在主人前面或後面，這就好比股市短期會大漲或大跌，但長期來看，最終還是要回歸基本面，也就是回到主人的身邊。

7 八二法則由經濟學家帕雷托（Vilfredo Pareto）提出，又稱 80/20 法則、關鍵少數法則或二八法則。是一種說明普遍現象的法則，例如 20%的人掌握 80%的財富，一家公司 80%的業績來自 20%的客戶。

8 股份公司制度（Joint-stock company）： 在股份公司的形式下，股份是企業的所有權憑證，股份公司透過公開或非公開的方式發行股票，透過經營、投資或融資等方式幫股東創造利潤。而股東則可以出售手中股票，把對公司的所有權利益轉讓給其他人。

9 收息股指能提供投資人穩定股息報酬，而且股價波動不大的股票。這些公司通常收入穩定、業務成熟，但成長有限。

10 《時間規劃局》是一部 20 世紀福克斯電影公司拍攝、於 2011 年 10 月 28 日上映的科幻電影，由安德魯．尼可（Andrew Niccol）編導，大賈斯汀（Justin Timberlake）領銜主演。

11 第三類資產指生產性資產，例如企業、房地產或土地，能夠持續創造價值的資產。

12 第一類資產指貨幣性資產，例如存款、債券、外匯等，流動性佳但不抗通膨。

13 第二類資產指非生產性資產，例如黃金、貴金屬等，不易貶值但也不能創造價值的資產。

第 5 章　財報不可信？如何挑選好股票？

本章首先介紹筆者獨家的陸股選股心法：「黃金三角」和「6 大指標」，分享如何從滬深兩市近 5,000 檔股票中挑出讓人安心的存股標的。接著針對主動選股可能會踩到雷的問題，提出一種有效且簡單的解決方法。

3 邏輯挑好生意

還記得剛來上海工作的前幾年，經常會聽到一些資深的台商苦口婆心奉勸剛來中國工作的人，千萬不要把辛苦賺到的錢拿去買中國股票。後來漸漸發現，大家總是談陸股色變，認為陸股「套路多」而且「水很深」，很容易連錢怎麼賠光的都不知道。確實，根據筆者的觀察，不管是在中國發展或是在台灣生活的人，普遍都認為安置中國資產風險最低的方式，就是把錢存到中國的銀行或是台灣的外幣帳戶。原因很簡單，不論是定存或活存，只要把錢放銀行，至少屬於「保本」理財，不至於像股票或做生意，容易莫名其妙就虧錢。

不過筆者想打破這項迷思，投資人如果只看名目利率[1]而忽略了通貨膨脹風險，在低利時代下把錢存在銀行，長期來說有很大的機率是跑不贏通貨膨脹的。換句話說，把錢放在銀行乍看之下是一種確定性高又穩當的方法；但即使有利息可以領，用存款利率來錢生錢的速度，卻永遠趕不上物價騰貴的速度。長期下來那筆放在銀行存款的購買力，在被通膨侵蝕之後，實際上是越來越低的。

相反的，如果把這筆錢拿來投資中國好公司的股票，投資人所須承受的風險不見得會把錢比存銀行來得高，但大前提是慎選好公司。

「股市有風險，投資須謹慎。」這句話會出現在大部分中國投資理財產品的風險提示裡，目的是提醒投資人在追求高報酬之餘，也要多多留意伴隨的風險。如果想要從陸股中挑選出讓人安心的標的，需要保有嚴謹的投資心態和選股策略。

為了能挑選出安心的「定存股」，筆者特別設計了一套針對陸股存股的「黃金三角」選股邏輯。中國商業環境受到其特殊的市場政策影響，適用於台股或美股的選股邏輯未必管用。這套黃金三角選股邏輯成功幫助筆者從陸股近 5,000 家上市公司裡，挑選出適合長期投資的好股票。

靈感源自存錢

無論對理財再怎麼懶惰的人也會選擇把錢存在銀行，因為這種理財方式具有以下幾種特性：「別無選擇」、「不會倒閉」和「簡單易懂」。當我們有一筆錢想要攢下來，或是還沒找到合適的投資標的時，通常沒有比把錢暫時放到銀行更好的選擇。把錢存銀行還有一個好處就是，不需要天天擔心存款的安全，我們相信銀行不會輕易破產倒閉，就算銀行真的出了什麼大事，至少還有「存款保險」[2] 為存款人撐腰。此外，存款這項業務本身非常容易理解，沒有複雜的計算或公式，只要有小學畢業的數學能力就能夠明白。就算不懂投資理財也沒關係，只要傻傻地把錢放進去然後領利息，基本上都不太可能會出現「賠錢」的結果。

為了從陌生的中國股市中找到像存錢一樣讓人感安心的存股標的，筆者參考了這 3 項存錢的底層邏輯：「別無選擇」、「不會倒閉」和「簡單易懂」，並建構出一套黃金三角體系。正三角形是最穩固的形狀，只要妥善使用這 3 種邏輯，就可以找到那些讓人安心又值得長期投資的陸股好生意。為了更清楚說明這 3 種邏輯在選股的過程中該如何實際應用，筆者挑選了 A 股的股王貴州茅台（600519），做為 3 項邏輯介紹時的案例。

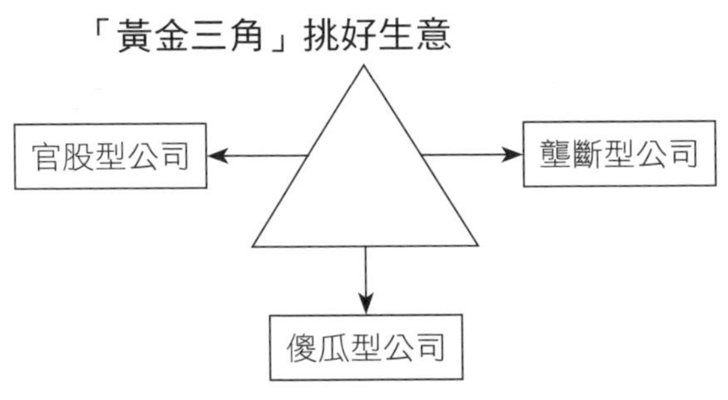

資料來源：作者整理

壟斷是最高級的競爭力

對想存款的人來說，應該沒有比把錢放在銀行更好的選擇了吧？這便是存錢具有的「別無選擇」特性。試想如果不存銀行，而是把錢放在家裡或是藏在其他地方，都會有遺失或損壞的風險。還記得很久以前看過一則新聞報導：某退休老人把辛苦存了一輩子的「私房錢」藏在家中的天花板和地板下，多年後這些鈔票意外被晚輩發現，這些錢都已經被老鼠咬得破損不堪。把錢存放在銀行之外的地方除了要面對不易保存的風險，還有一項重大的缺點，那就是沒有利息可領。

對於想存款的人來說，除了把錢放銀行基本上別無選擇，這反映了銀行存款的業務壟斷。而銀行這個行業也不是誰想開就能開，政府對金融業的進入門檻要求非常高，沒有通過監管單位的嚴格審查，不能隨意承做存錢的業務，這無疑是一種壟斷的行業。同樣的邏輯套用在從陸股挑選存股標的時，就可以用來觀察一家公司的業務和所在行業特性，以便判斷這家公司的生意是否具備壟斷性質。

小時候筆者很喜歡與家人一起玩「大富翁」遊戲，「大富翁」這個遊戲的英文叫「Monopoly」[3]，中文就是壟斷或獨占的意思。因為在「大富翁」的遊戲中，玩到最後只有一位壟斷所有資產的玩家，能夠取得勝利，而輸家的下場就是陷入破產的窘境。在比遊戲更殘酷現實的世界中，筆者特別喜歡那些擁有壟斷性質競爭優勢的企業，因為壟斷往往能夠為企業帶來穩定的獲利，所以壟斷可以說是企業最高級的商業競爭力。一家公司壟斷的形式可以有很多種，以下是最常見的 6 種壟斷類型：

常見壟斷類型

類型	說明	案例
行政壟斷	指國家特許的行業，受到政策保護所以沒有競爭對手。常見的特許行業包含電信、鐵路、免稅店、菸草等	例如擁有上海機場免稅店和海南免稅店經營權的中國中免（601888）
專利壟斷	專利可以是藥品、疫苗或食品的獨家配方	例如片仔癀（600436），其藥物的成份是「國家絕密級配方」
品牌壟斷	指透過企業本身競爭力建立的壟斷現象，通常各行業的龍頭多少都有這項優勢	例如肉品市場龍頭的雙匯發展（000895）
資源壟斷	掌握稀缺性資源（如石油、煤礦、稀土）的企業	例如掌握稀土資源生產的北方稀土（600111）
技術壟斷	通常指掌握獨家尖端技術的高科技公司，但科技日新月異，技術壟斷往往不能長久	例如全球新能源電池老大哥寧德時代（300750）
文化壟斷	通常是老字號公司，經過長時間的沉澱和累積，品牌地位已經深植人心，無法輕易被取代	例如老字號白酒貴州茅台（600519）

資料來源：作者整理

有些公司的生意同時具備多種壟斷特性，例如貴州茅台就是經典案例，至少具備 3 種壟斷特徵。首先茅台酒廠坐擁貴州茅台鎮特有的氣候、土壤、微生物等得天獨厚的天然資源，才得以釀造出如此美味的茅台酒，這屬於「資源壟斷」。

其次據全球領先的品牌價值評估機構 Brand Finance 發布的《2022 年全球品牌價值 500 強報告》，貴州茅台以 429 億美元的品牌價值排名全球第 32 位，是食品餐飲品牌第二，更是酒類品牌第一名。在中國眾多的白酒品牌中，茅台長年穩居市占率第一，民間甚至存在這種說法：「中國有兩種白酒，一種叫貴州茅台，一種叫其他白酒」。而茅台也多次被做為國禮贈送給外國元首和嘉賓，這屬於「品牌壟斷」。最後，據《史記》[4]所載，公元前 135 年到雲貴川的商人就曾經提到茅台鎮的醬酒；宋伯仁的《酒小史》[5]則把茅台醬酒視為酒的始祖。茅台酒擁有中國千百年歷史文化的傳承，是白酒傳統釀造工藝的活化石，這屬於「文化壟斷」。

並不是每一家企業都像貴州茅台有如此鮮明的壟斷優勢，對投資人來說，要如何判斷一家企業屬於「真壟斷」並不是容易的事，需要具備一定程度的商業知識和投資經驗。有時候當我們主觀以為某家公司屬於壟斷型企業時，實際上只是被表面現象給誤導。為了避免誤判，筆者特別整理了投資人經常會犯的三大迷思，提供讀者參考。

三種常見的「偽壟斷」

迷思	說明	案例
受歡迎即是壟斷？	那些暴紅的熱門商品雖然在短時間內有著超高的人氣，但這種流行往往來得快，去得也快。投資人千萬不要因為某家公司的商品突然大受歡迎，就覺得這家公司具有壟斷的優勢	回顧過去曾經風靡台灣的「雷神巧克力」和「義美奶茶」就能發現，這些流行商品背後的公司不一定具有食品壟斷地位。即使是商品長期受歡迎的公司，例如「鼎泰豐」雖然很知名，但也不能算是壟斷餐飲行業
高市占率即是壟斷？	許多公司都會在年報公布產品的市占率，有時候投資人會被誤導認為只要市占率夠高或是最高，公司在行業內就一定具有壟斷地位。甚至有投資人會因為自己常常接觸某件商品，就陷入迷思認為公司市占率很高	過去「諾基亞」（Nokia）全球手機市占率曾高達 40%，依舊稱不上壟斷手機行業，甚至後來還被淘汰。另外像是台灣投資人比較熟悉的筆電代工一哥「廣達」，其業務在全球市占率約 20%，依舊算不上壟斷筆電代工業
歷久不衰即是壟斷？	市面上有很多老字號的公司，但投資人不要覺得只要品牌活得久或是商品從小買到大，公司就一定能成為壟斷市場的王者	過去「大同電鍋」家喻戶曉且人人必備，但並不代表「大同」這家公司就壟斷了家電行業。另外從 1969 年就開始販售的知名零食「乖乖」，雖然是零食界的長青樹，卻不能說公司壟斷零食行業

資料來源：作者整理

介紹完「偽壟斷」之後，接下來具體分享筆者如何判斷一家企業是否具備壟斷的優勢。因為每個人的投資「能力圈」[6]都不一樣，很難建立一套萬用公式判斷哪家公司屬於什麼類型的壟斷。舉例來說，讀者覺得可口可樂是否具備壟斷優勢呢？ 雖然可口可樂的飲料配方屬於不公開的秘方，但不代表市場上沒有其他種類的汽水競爭者。要判斷可口可樂是否真的壟斷汽水或飲料行業，甚至整個食品行業，投資人需要具備一定程度的商業知識。

對於圈外人來說，要判斷可口可樂是否具備壟斷優勢，很可能就是一件超出能力圈的事情。外行的投資人更多時候是靠人云亦云，例如聽說巴菲特也有投資可口可樂，又或是靠直覺和經驗，例如自己很喜歡喝可口可樂，此時做出的判斷往往是主觀且非理性的。

對於普通投資人來說，6 種壟斷最容易判斷的類型就屬於行政壟斷，因為這類公司通常都經營公共事業或特許行業，只要根據企業所屬的行業類型，就能夠輕易判斷。中國有世界獨一無二的市場規則和制度，這種特殊的商業環境造就了一批「行政壟斷型」企業，因此要說陸股是喜愛壟斷型股票投資者的天堂也不為過。

但要注意的是，通常這種企業的優勢來自國家政策的保護，但缺點往往也來自國家政策的限制。只要政府賦予你壟斷的權力，通常就表示公司會同時被剝奪自主訂價權，其商品或服務的價格受制於政府，甚至在某些特殊情況下，還必須配合政策讓利於民。不過筆者並不擔心這項缺點，因為在中國這些行政壟斷企業的背後幾乎都是由「國企」[7]或「央企」[8]持有，政府不太可能自斷財路。

中國常見特許行業與公司

行業	公司舉例
石油	中國石油（601857）、中國石化（600028）
電信	中國電信（601728）、中國移動（600941）
高速公路	山東高速（600350）、寧滬高速（600377）
港口	唐山港（601000）、上港集團（600018）
鐵路	京滬高鐵（601816）、大秦鐵路（601006）
銀行	工商銀行（601398）、農業銀行（601228）
電力	長江電力（600900）、粵電力 A（000539）
機場	上海機場（600009）、深圳機場（000089）
免稅店	中國中免（601888）
煤礦	中國神華（601088）、陝西煤業（601225）

資料來源：中信證券 APP

跟著國家隊做生意

我們之所以願意把錢存到銀行並且不擔心銀行會突然倒閉，主因就是如果銀行真的出事了，還有保險和國家會出面。只要國家不垮，銀行很大機率就「不會倒閉」。把這種邏輯套用在存股的話，就是挑選那些股東包含政府機構的股票，只要國家不垮，公司就不會倒閉。其實這種選股邏輯在台灣也非常普遍，許多存股族都偏愛存金融股，特別是有官股加持的金融股，像是兆豐金、第一金或合庫金，長期都是熱門存股標的。所謂的「官股」就是官方持股的簡稱，而官方一般來說指的就是國營事業、中央投資機構或政府機構。在中國，官股通常就是指國企和央企，背後的控制人一般來說是國務院國有資產監督管理委員會（簡稱國資委）或財政部。

在中國，通常有政府撐腰的上市公司，主要都是經營公共事業或特許行業，但不代表有官股持股的公司，就一定是經營公用事業或特許行業。公用事業是指民生必需的行業，例如自來水、煤氣、通訊和公共交通運輸等。在歐美等西方各國，公共事業公司還可以分為公營或民營兩大類，和中國相比之下，公共事業的市場更加自由化，企業之間競爭也會更激烈。但是在中國，公共事業通常會被政府把持在手上，官股會持有絕大多數的股份，並掌握企業最終的控制權。另外，這些公共事業的進入門檻非常高，對於一般民營企業來說，幾乎不可能有機會分一杯羹，更別提與官股公司競爭。

公用事業股通常具備以下 4 種特性：

公用事業股特性

特性	說明
不易受景氣影響	這類行業通常不太受到經濟周期影響，畢竟不管經濟如何蕭條，民眾對於生活必需品還是省不掉。所以這類公司的獲利和股價通常比較穩定，不易受到經濟變化和市場波動影響
無自主訂價權	這些公司的商品或服務與民生息息相關，通常政策的監管會很嚴格，比較難透過漲價增加收入。所以這類公司的收入和股價不會有太多成長空間，除非透過擴張業務
高槓桿經營	公用事業通常需要昂貴的基礎設施建設和維護，例如修鐵路、築公路或蓋港口等，因此公司往往需要透過舉債籌募資金
配息穩定	這些公用事業的業績長年穩定，長期來看配息也比較穩定，不容易大起大落

資料來源：作者整理

想了解一家陸股上市公司是否屬於官股背景，可以根據公司上市的市場，分別到上海證券交易所或深圳證券交易所官方網站，搜尋公司名稱或股票代號，然後在公司發布的公告中找到最新年度年報，其中一項披露資訊就是公司的前 10 大股東名單。

就拿 A 股股王貴州茅台來說，根據 2021 年度的年報可以發現，在前 10 大股東中，其股東性質屬於「國有法人」的一共有 4 位，分別是中國貴州茅台酒廠（集團）有限責任公司、貴州省國有資本運營有限責任公司、貴州茅台酒廠（集團）技術開發有限公司和中央匯金資產管理有限責任公司，這 4 家國有法人合計持股比例達 61.58%。另外，根據年報中披露的資訊，還可以得知貴州茅台的最大股東是中國貴州茅台酒廠集團，其最終控制人為貴州省國有資產監督管理委員會，屬於地方國企。由以上兩點可知，貴州茅台是官股背景加持的公司。一家公司要稱得上是「官股加持」，必須要至少符合以下兩項條件的其中一項：「國有法人」是第一大股東（實際控制人）或是官股總持股比例合計大於 50%。

貴州茅台前 10 大股東持股

(二) 截至报告期末前十名股东、前十名流通股东（或无限售条件股东）持股情况表

单位:股

前十名股东持股情况							
股东名称（全称）	报告期内增减	期末持股数量	比例(%)	持有有限售条件股份数量	质押、标记或冻结情况		股东性质
					股份状态	数量	
中国贵州茅台酒厂（集团）有限责任公司		678,291,955	54.00		无		国有法人
香港中央结算有限公司	-14,672,136	89,681,844	7.14		未知		未知
贵州省国有资本运营有限责任公司	-1,827,151	56,996,777	4.54		未知		国有法人
贵州茅台酒厂（集团）技术开发有限公司（原名为贵州茅台酒厂集团技术开发公司）		27,812,088	2.21		无		国有法人
中央汇金资产管理有限责任公司	-390,196	10,397,104	0.83		未知		国有法人
中国证券金融股份有限公司	-91	8,039,447	0.64		未知		未知
深圳市金汇荣盛财富管理有限公司—金汇荣盛三号私募证券投资基金	908,400	5,929,350	0.47		未知		未知
中国银行股份有限公司—招商中证白酒指数分级证券投资基金	2,683,033	5,838,354	0.46		未知		未知
珠海市瑞丰汇邦资产管理有限公司—瑞丰汇邦三号私募证券投资基金	1,205,785	5,366,717	0.43		未知		未知
中国工商银[illegible]型开放式指数证券投资基金	1,596,504	5,335,765	0.42		未知		未知

資料來源：貴州茅台 2021 年度公司年報

貴州茅台實際控制人情況

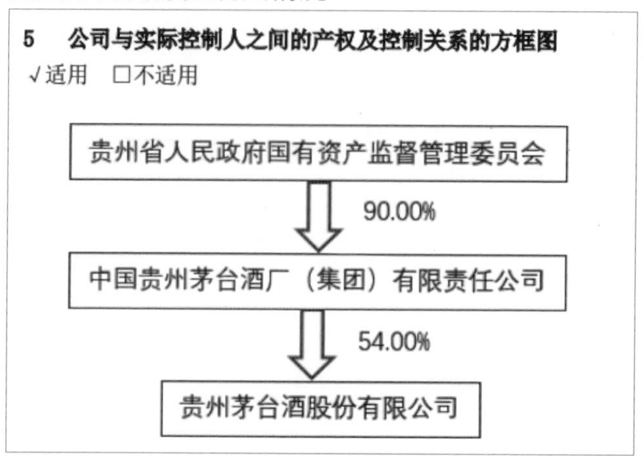

資料來源：貴州茅台 2021 年度公司年報

筆者統計整理了截至 2022 年 4 月底，滬深兩市中市值排名前 30 大的央企控股上市公司：

市值前 30 大官股背景上市公司

公司	股票代號	實控人	控股股東	行業
農業銀行	601288	財務部	中央匯金投資	銀行
中國石油	601857	國資委	中國石油天然氣集團	石化
中國銀行	601988	財務部	中央匯金投資	銀行
中國人壽	601628	國資委	中國人壽保險集團	保險
長江電力	600900	國資委	中國長江三峽集團	電力
中國神華	601088	國資委	國家能源投資集團	煤炭
中國石化	600028	國資委	中國石油化工集團	石化
郵儲銀行	601658	國資委	中國郵政集團	銀行
海康威視	002415	國資委	中電海康集團	訊息技術
中國中免	601888	國資委	中國旅遊集團	免稅零售
中國電信	601728	國資委	中國電信集團	電信
中國建築	601668	國資委	中國建築集團	建設
中信證券	600030	財務部	中國中信	證券
京滬高鐵	601816	非部委控制	中國鐵路投資	交通運輸
保利發展	600048	國資委	保利南方集團	房地產
交通銀行	601328	財務部	財務部	銀行
中遠海控	601919	國資委	中國遠洋運輸	航運
中信銀行	601998	財務部	中國中信	銀行
三峽能源	600905	國資委	中國長江三峽集團	電力
寶鋼股份	600019	國資委	中國寶武鋼鐵集團	鋼鐵
國電南瑞	600406	國資委	南瑞集團	電力
中國人保	601319	財務部	財務部	保險
中國核電	601985	國資委	中國核工業集團	電力
中國中鐵	601390	國資委	中國鐵路工程集團	建設
光大銀行	601818	財務部	中國光大集團	銀行
招商蛇口	001979	國資委	招商局集團	房地產
中國中車	601766	國資委	中國中車集團	[illegible]
龍源電力	[illegible]	國資委	國家能源投資集團	電力
中國電建	601669	國資委	中國電力建設集團	建設
中金公司	601995	國資委	中央匯金投資	證券

資料來源：作者整理

選擇投資官股加持的股票，除了不需要擔心公司會輕易倒閉，還有另一項優勢，那就是不容易受到政策變化帶來的影響。中國官方經常會根據情勢所需，頒發針對特定行業管理政策，有些傾向於支持，有些傾向於限制。台灣投資人一定要留意這些政策帶來的風險，因為一旦政策頒布，對於該行業內所有公司帶來的影響是很大的。

若行業受到政策的支持，行業內的公司也會受到利多刺激，股價通常更容易上漲。如果行業遭受政策的監管或限制，那行業內公司也會受到利空衝擊，股價往往會暴跌。例如這幾年的教育培訓行業、房地產行業和互聯網大型平台等，都曾受到政策監管帶來的衝擊。反觀新能源行業和芯片等高科技行業，則是受到政策的支持，這些公司在未來發展過程中，將更有機會獲得官方的扶植。

政策就像是一把雙面刃，對於普通的投資人來說，很難預測官方對某個行業的態度，或未來該行業是否受到政策影響。因此最理想的選擇，就是跟著國家隊一起做生意，投資那些官股加持的公司，會為投資人帶來更多確定性。畢竟在比賽中如果可以當裁判又兼參賽者，想不贏都很難。

傻瓜都能經營的商業模式

許多家長都會幫小孩開銀行帳戶，然後把每年的壓歲錢或剩餘零用錢存起來，從小培養孩子理財儲蓄的觀念。為什麼不選擇其他理財方式或投資商品呢？因為銀行的存款業務非常「簡單易懂」，不需要太多專業知識，筆者還親眼見過一位 10 歲左右的小孩在家長的陪同下，練習把錢拿到銀行辦理存款業務。投資人在挑選存股的股票時也應該是如此，一家公司的業務越單純，對投資人來說則越有利，才不會犯了超出能力圈的投資錯誤。

過去筆者曾經在台灣某大型航運公司服務過，學習到許多關於外貿、供應鏈和物流的商業知識，後來在中國幫助客戶創業時，筆者也建立了一套經營管理企業的專業 know-how。即使有過豐富的商業歷練，自己在複雜的投資世界裡依舊非常無知，因此投資時喜歡找那些業務簡單的傻瓜公司來存。

什麼叫傻瓜公司呢？要解釋這個概念前，不得不先提與之相反的概念，也就是聰明公司，顧名思義就是有一群非常聰明的管理層和員工，才能把生意做大、做好的公司。就拿台灣股民熟悉的台積電（2330）舉例，台積電需要有厲害的執行長和一群技藝高超的工程師，公司才能不斷保持其晶圓技術和市場領先地位。如果把這家公司交給傻瓜來經營，相信很快就會兵敗如山倒。晶圓行業充滿大量的專業技術和知識，沒有相關專業背景的人，根本無法理解公司的業務。

傻瓜公司簡單來說就是：即使把公司交給猴子經營，都不影響公司在行業的競爭力和獲利能力，因為公司的生意模式非常單純。傳奇股票操盤手彼得・林區（Peter Lynch）說過：「任何傻瓜都能經營這項業務，是理想公司的一個特點。」如果要在一家處在競爭激烈的行業中、但管理非常優秀的公司，以及一家處在沒有競爭的行業中、可是管理情況普通的公司，彼得・林區會傾向於選擇後者。

此時你可能會感到懷疑，心想世界上竟然還有傻瓜都能做的生意！？答案是真的有，而且在中國股市中這樣的公司還不算少數。舉例來說，這家公司是中國最大上市電力公司，也是世界最大的水電上市公司。其原料來自長江，而長江的水是天上下的雨，所以和與其他發電公司相比，幾乎沒有成本。只要幾千年的長江不乾枯，這家公司就可以一直靠水發電賺錢。而且電本身是超級民生必需品，不管經濟好壞，都需要開燈和吹冷／暖氣，所以電力公司也不需要花大錢搞行銷或宣傳。這家傻瓜公司叫做長江電力（600900）。

要如何判斷一家公司是否屬於傻瓜公司呢？彼得・林區給了我們

很好的建議。他認為傻瓜公司有兩種，第一種是那些產品業務單純且運營簡單的公司。這種公司每天要做的事，就是不斷把產品和服務賣出去，不需要行銷宣傳，或研發產品。第二種傻瓜公司則是那些擁有強大競爭優勢的公司，其競爭優勢能為經營失誤提供安全的保護網。而競爭優勢可以從一家公司是否有足夠的「護城河」來判斷。

護城河這個投資概念最早由巴菲特提出，他把企業比喻成一座碉堡，一家優秀企業就好比一座堅固的碉堡，擁有抵禦外敵的護城河，讓公司免於競爭對手的攻擊，並保護企業的利潤。如果一家公司的護城河太窄又太淺，很容易遭受競爭者攻擊而被超越，導致公司獲利減少或出現虧損。晨星公司證券研究部主任多爾西（Pat Dorsey）曾在其著作《The Little Book That Builds Wealth》中指出，一家公司的護城河主要分為以下 5 種：

5 大類護城河

種類	說明
無形資產	品牌效益、專利、特許經營
轉換成本高	客戶黏性高，轉換成競爭對手產品的成本過高
網路效應	產品價值會因為用戶人數越多而提升
成本優勢	優異的生產程序、規模、獨特資源或地點帶來較低的成本
利基市場	成為市場中少數、甚至唯一提供商品或服務的公司

資料來源：《The Little Book That Builds Wealth》

普通投資人未必具備判斷企業護城河的能力，因此只要能找到彼得．林區說的第一種傻瓜公司即可，也就是產品和業務模式簡單的企業。筆者設計了一份「傻瓜公司檢核卡」，只要這家公司符合每一項判斷標準，就是一家傻瓜公司。

傻瓜公司檢核卡

編號	判斷標準	是／否
1	公司產品或服務簡單易懂	
2	公司不需要花大錢打廣告宣傳	
3	公司不需要持續研發新產品或新服務	
4	公司沒有複雜的轉投資業務	
5	公司不需要明星 CEO	

資料來源：作者整理

筆者列舉兩家台灣投資人比較熟悉的中國公司進行檢核和對比，分別是在台灣設有專賣店的智能家電與手機製造品牌小米和 A 股股王貴州茅台。因為每個人能力圈不同，所以對 A 投資人來說，某公司的業務簡單易懂，對於 B 投資人來說卻未必如此，只要根據自身能力判斷一家公司即可，千萬不要不懂還裝懂。根據筆者評斷後，很明顯貴州茅台對筆者來說屬於傻瓜公司，而小米則屬於聰明公司。

小米（HK：1810）vs. 貴州茅台（600519）

判斷標準	小米	貴州茅台
公司產品或服務簡單易懂	否，產品包含智慧型手機、智慧家電、互聯網服務等，多元複雜	是，公司只賣白酒
公司不需要花大錢打廣告宣傳	否，雖然品牌有極高知名度，但新產品推出後需要大量宣傳曝光	是，品牌已家喻戶曉
公司不需要持續研發新產品或新服務	否，除了持續投入研發原產品，2021 年還宣布造跨入造車的行列	是，茅台酒遵循古法釀製
公司沒有複雜的轉投資業務	否，截至 2021 年 12 月，小米共投資超過 390 家公司，其轉投資業務龐大且複雜	是，長期投資主要是對子公司的投資
公司不需要明星 CEO	否，創辦人雷軍是中國科技業的明星 CEO	是，管理層是誰基本上沒人認識

資料來源：作者整理

選擇傻瓜公司股投資之後，不需要天天擔心市場競爭激烈、管理層或員工不夠優秀或產品過氣等。中國因為其獨特的市場環境和商業規則，造就了許多天賦異稟的傻瓜公司。身為這類公司的股東，只要每年跟公司一起數鈔票領分紅就好。

市值前 20 大判斷結果

本節用來舉例的貴州茅台符合「黃金三角」每一項邏輯，屬於最完美的正三角類型。使用黃金三角來評估一家公司時，如果發現這家公司的業務同時符合 3 種條件，是最穩固妥當的。不過評估公司的時候，不需要太追求完美，就算沒辦法撐起一個三角形，只要滿足兩項邏輯長出兩條腿，這樣就能站得很穩了。至於那些只有一條腿，或甚至連一條腿都沒有的公司，筆者會盡可能避而遠之。筆者從滬深兩市中挑選市值最大的 20 家公司（截至 2022 年 8 月），使用黃金三角進行評估，並將結果整理成以下表格。

市值前 20 大公司判斷結果

公司名稱	股票代號	壟斷地位	官股背景	生意單純
貴州茅台	600519	O	O	O
工商銀行	601398	O	O	O
中國移動	600941	O	O	O
建設銀行	601939	O	O	O
寧德時代	300750	O	X	X
中國石油	601857	O	O	O
農業銀行	601288	O	O	O
比亞迪	002594	X	X	X
中國銀行	601988	O	O	O
招商銀行	600036	O	O	O
中國人壽	601628	X	O	O
中國海油	600938	O	O	O
中國平安	601318	X	X	O
五糧液	000858	X	O	O
中國神華	601088	O	O	O
長江電力	600900	O	O	O
中國石化	600028	O	O	O
郵儲銀行	601658	O	O	O
隆基綠能	601012	X	X	X
中國中免	601888	O	O	O

資料來源：作者整理

6 指標篩好股票

使用「黃金三角」判斷公司是否像存錢一樣能讓人安心投資後，還要進一步檢視這家公司的業務，是否能穩定地為股東創造價值和報酬。因為就算找到了安穩又簡單的好生意，也不代表每一家公司都真的很會賺錢或對股東夠大方。為了從滬深兩市近 5,000 家上市公司中選出讓人安心的「定存股」，筆者獨創針對陸股選股的「6 大指標」，透過一層又一層的嚴格篩選，找到值得長期持有的好股票。以下繼續使用符合黃金三角的貴州茅台（600519）做為範例，以便更清楚說明 6 大指標具體操作方式。

選股 6 大指標

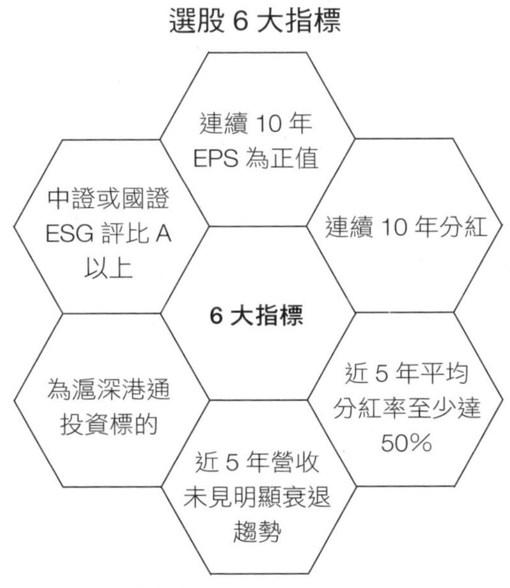

資料來源：作者整理

穩定獲利的能力

第一項指標就是要確定這家公司能長期賺錢，筆者會檢視公司最近 10 年的 EPS 是否都是正值，EPS 是 Earnings Per Share 的縮寫，中文為「每股盈餘」（中國說法為每股收益）。計算方式為淨利／股本，淨利指公司一年賺了多少錢，股本則說明公司的所有權被劃分成多少份（股），EPS 就是算出一家公司每 1 股能賺到多少錢。

每一家公司的股本都不一樣，如果拿 EPS 進行橫向比較（公司與公司間），會有失公平。EPS 適合拿來做縱向比較，評估一家公司從過去一段時間到現在的獲利能力。至於「過去一段時間」該有多長呢？筆者認為至少 10 年，因為 10 年會至少經歷過一次景氣循環，可以藉此撿視一家公司在景氣好與壞時的表現。過去績效不能代表未來，但如果一家公司曾在不景氣的環境裡，還保有獲利的紀錄，未來如果再次出現經濟危機，有更高的機率可以安然度過。下圖是貴州茅台從 2012 年至 2021 年的 EPS 資料，可以看到 EPS 呈現成長趨勢。

貴州茅台從 2012 至 2021 年的 EPS（人民幣：元）

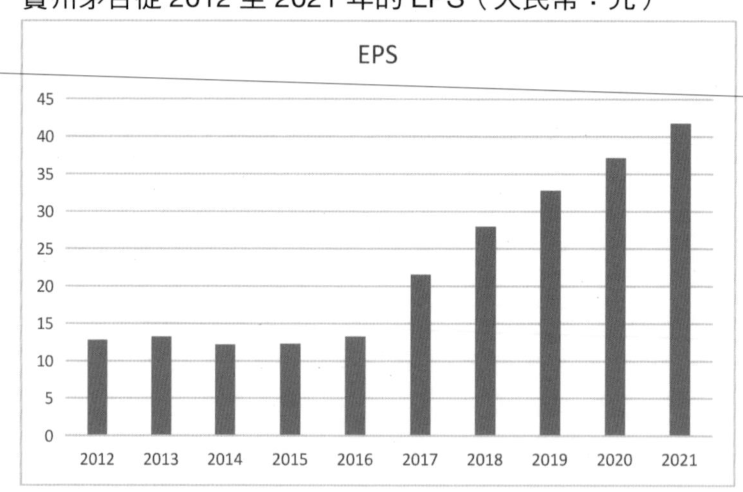

資料來源：雪球網站

除了檢視公司至少過去 10 年的 EPS 是否為正值，還可以觀察過去 EPS 的變化軌跡，基本上可以分為以下 4 類：

EPS 變化趨勢的 4 種類型

類型	說明
成長型	EPS 呈現逐年增長的趨勢，這類股票又稱為「成長股」
穩定型	EPS 呈現緩漲或平穩趨勢，表示公司已經發展到成熟階段
起伏型	EPS 表現時好時壞，可能是經營能力普通或景氣循環型公司
衰退型	EPS 呈現下降趨勢，顯示公司開始逐年衰退

資料來源：作者整理

一檔安心定存股的 EPS 軌跡應該要呈現穩定趨勢，如果出現衰退，那不就表示越存股利領越少，又或是起起伏伏的話，投資人想長抱也不會安心。EPS 雖然是判斷一家公司賺錢能力的指標，對於投資人來說，只看 EPS 的高低買股票，沒有太大的意義，因為買股還需要考慮付出的成本。

此時可以將 EPS 與股價進行比較，用來評估股價高低，這正是本益比（中國叫市盈率）的概念。本益比（P ／ E）分子 P 指的是 Price（股價），分母的 E 指的是 EPS（每股盈餘），用股價除以 EPS 就能算出，用某個價格買入股票後幾年能回本。如何使用本益比判斷交易，讀者可以在第 7 章找到詳細的說明。

長期分紅的能力

如果一家公司長期很會賺錢當然是好事，但老闆不願意把利潤分享給股東的話，那這檔股票就失去類似定存的特質。所以第二項指標為評估公司是否具備長期分紅的能力，至少要在最近連續 10 年都有分紅紀錄，表示公司不論景氣好壞，都願意把利潤回饋給股東。

如果一家公司賺錢但不分紅，也不一定就不好，因為一家公司可以透過分紅以外的方式幫股東創造價值，例如把獲利用來投資擴張業務，以便幫公司賺更多的錢。但對存股族來說，追求的就是像定存一樣能穩定配息的股票，畢竟現金流可以帶給我們安全感。對於那些退休的存股族來說，配息是很重要的收入來源。所以在選擇長期飯票的時候，筆者一定會關注公司是否能長期穩定配息。願意持續分紅表示公司的現金流穩健，如果一家公司只是單純業績虛胖，但現金都收不進口袋，自然沒有多餘的錢可以分享給股東。下圖是貴州茅台從 2012 至 2021 年的分紅紀錄，顯示公司的分紅隨著 EPS 逐年增加。

貴州茅台從 2012 至 2021 年的每股分紅紀錄
（不含送股）（人民幣：元）

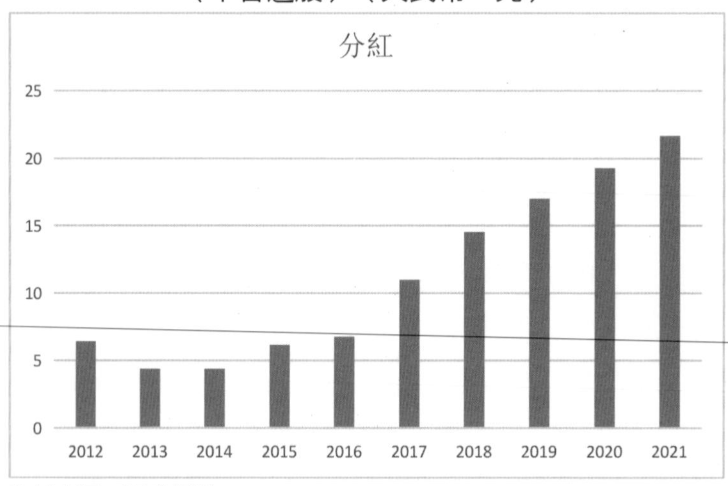

資料來源：雪球網站

大方的分紅政策

公司能長期賺錢和分紅，充其量只能說是一位成績剛好及格的學生，想當優秀的長期飯票，還必須對股東大方才行。想知道一家公司是不是小氣鬼，只要看分紅率這項指標就好。分紅率的計算方式為每股分紅／每股收益，分紅率最好高於 50%，這表示老闆願意把賺到一半的錢都拿來分給股東。筆者建議至少回測過去 5 年的歷史數據，並取年年都能高於 50% 的公司。如果不能年年達標，至少平均數要達標，但不要挑選波動太大的公司，例如去年分紅率高達 80%，但今年只剩下 20%。

對陸股的上市公司來說，不同行業的分紅率會略有不同，例如保險和銀行等金融業分紅率通常不會太高。如果發現這公司所處的行業平均分紅率未能達到 50%，那也可以改為橫向比較的方式，從行業中挑選出分紅率較高的好學生。下表是貴州茅台近 5 年的分紅率數據，可以看到分紅率保持在 51%上下。

貴州茅台近 5 年平均分紅率

	2021	2020	2019	2018	2017
EPS	41.76	37.17	32.80	28.02	21.56
每股分紅	21.675	19.293	17.025	14.539	10.999
分紅率（%）	51.9	51.9	51.9	51.8	51.0

資料來源：雪球網站

穩增長的營收趨勢

雖然透過前 3 項指標，可以了解公司的 EPS 和分紅情況，不過既然存股是長期的投資，也要留意過去 5 年內，外部大環境或公司內在競爭力是否出現變化，導致營收出現衰退的趨勢。如果公司在某年因為單一事件產生營收衰退，那問題不算太大，持續觀察即可。如果公司營收已連續兩年都呈現衰退趨勢，那就值得好好評估，好學生是否已經變成壞學生了。

另外要注意的是，這項指標對「景氣循環股」來說並不適合用。景氣循環股又稱為周期性股票，意思是公司業績容易受到景氣循環的影響股票。這類公司除了業績，股價也容易隨著經濟周期變化而出現劇烈波動。當經濟快速成長時，這些股票往往也會大漲，當經濟衰退時，這些股票容易跟著大跌。常見的景氣循環股包含煤炭、石油、天然氣、鋼鐵、水泥、塑化、航運、營建和汽車等。

存景氣循環股的難度較高，需要投資人對經濟周期變化具備一定的敏銳度。不過和其他股市不同的是，中國的景氣循環股通常有官股撐腰，即使景氣低迷，也不太需要擔心出現破產或被整併的情況，依舊具備安心投資的特徵。下圖是貴州茅台近 5 年的營收走勢圖，可以看到公司的營收保持逐年緩成長的節奏。

貴州茅台近 5 年營收走勢（人民幣：億元）

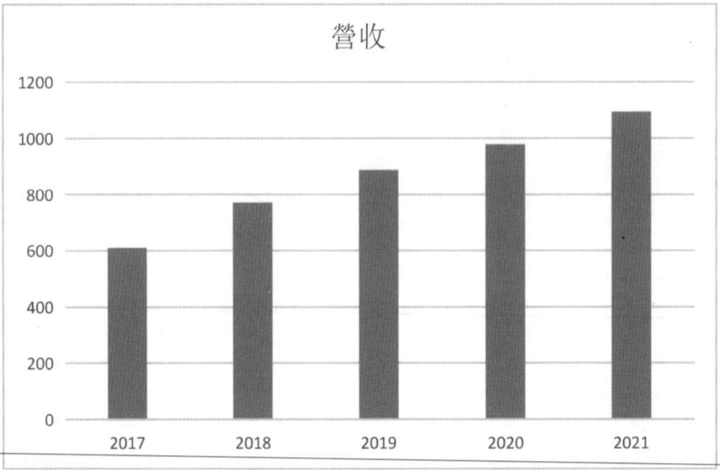

資料來源：雪球網站

滬深港通的資格

滬港通和深港通是由香港交易所、上海證券交易所和深圳證券交易所共同建立的交易和結算互聯互通機制，目的是讓香港和中國的投資者直接投資彼此股票市場的標的。對納入互聯互通制度的滬深兩市股票來說，在本機制下可讓香港和海外投資人（俗稱外資）透過北向交易[9]進行買賣。不過不是每一檔 A 股都有被納入互聯互通的資格，須滿足以下條件。

滬深港通資格條件

市場	條件
上交所股票	· 上證 180 指數的成份股[10] · 上證 380 指數的成份股[11] · 不在上述指數成份股內，但有 H 股同時在香港交易所上市及買賣的上交所上市 A 股
深交所股票	· 深證成份指數成份股[12] · 深證中小創新指數成份股[13]，且市值不低於人民幣 60 億元； · 不在上述指數成份股內，但有 H 股同時在香港交易所上市及買賣的深交所上市 A 股

資料來源：上交所與深交所網站

根據滬深港通的資格條件，約能從滬深兩市中篩選出上交所股票 560 檔和深交所股票 1,000 檔。從這近 1,560 檔股票中挑選存股標的，理論上會減少踩到地雷股的機會，畢竟這些股票要吸引外資投資，在經營與財務方面都必須更貼近國際標準。想知道最新合格的滬股通／深股通股票名單，可以上香港交易所網站 www.hkex.com.hk 查詢。

除了滬深港通資格，還可以檢查一家公司是否為 A+H 股，如果公司在兩地上市，經營和財報方面會更貼近國際資本市場的規範。若投資人想更謹慎一些，建議可以增加公司必須是滬深 300 指數成份股這項條件，如此一來，公司還會是滬深兩市中精挑細選出 300 檔規模和流動性最大的藍籌股票。貴州茅台是滬深 300 指數成份股，雖沒有在香港上市，但也是滬股通投資標的。

港交所網站查詢「貴州茅台」的結果

資料來源：港交所網站

良好的 ESG 評級

ESG 是 Environmental（環境）、Social（社會）和 Governance（公司治理）的首字母縮寫，代表永續經營和投資的概念。環境指標包含企業使用的能源、排放的廢棄物和產生的碳足跡等，指的是公司對環境的影響。社會指標包括勞工關係、資訊安全、產品安全、客戶隱私等，指的是公司對社會的影響。公司治理指標則包含風險控制、商業道德、經營誠信、供應鏈管理等，反映公司管理的表現。

近年來此概念越來越受到全球投資人重視，許多台灣投信紛紛推出和 ESG 評比相關的指數型基金，都大受投資人的青睞。ESG 評比分數通常會被投資人用來衡量一家公司的社會責任表現，並希望透過這項指標，評估公司未來經營的能力與風險。選擇陸股存股標的時，如果能納入 ESG 評比，可以抱得更安心，不需要擔心公司經營的風險，以及對社會或環境產生太多負面影響。中國主要進行 EGS 評鑑的機構分別為中證指數公司和國證指數公司，投資人可以上這兩個指數公司的官網查詢個股 EGS 分數。建議挑選中證 ESG 評比或國證 ESG 評比中，獲得 AAA ／ AA ／ A 級別的股票，表示公司在陸股 ESG 評比中排名前三分之一。

中證 ESG 評價體系包括環境（E）、社會（S）和公司治理（G）3 個維度，由 13 個主題、22 個單元和近 200 個指標構成。環境指標考核企業生產經營過程中對環境的影響，並檢視企業面臨的環境風險和機遇；社會指標考核企業對利益相關方的管理能力，以及社會責任方面的管理績效，並檢視企業可能面臨的社會風險和機遇；公司治理指標考核企業是否具有良好公司治理能力，或存在潛在治理風險。中證 ESG 評價結果由高到低分為：AAA、AA、A、BBB、BB、B、CCC、CC、C 和 D 共 10 種，反映受評對象相對所在行業內其他企業的 ESG 表現。中證指數網提供滬深 300 成份股的 ESG 評比查詢。下圖是貴州茅台在中證 ESG 評級中獲得的分數。

貴州茅台中證 ESG 分數查詢結果

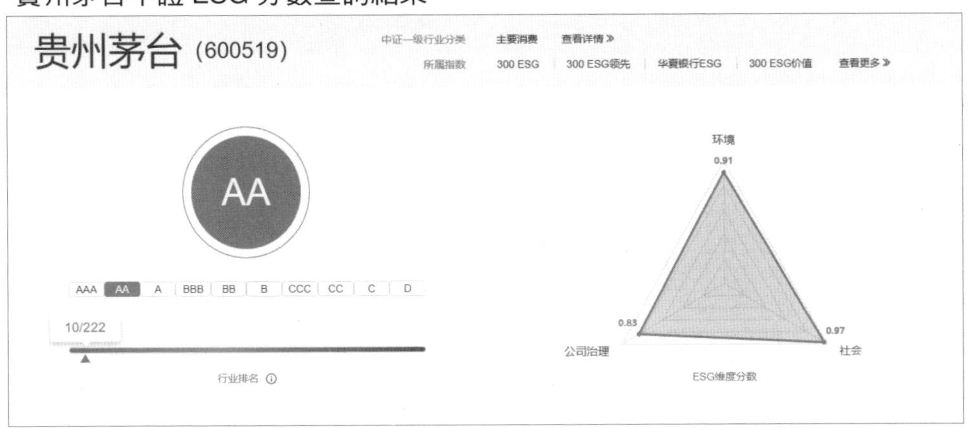

資料來源：中證指數網

國證 ESG 評價體系在環境（E）、社會責任（S）、公司治理（G）3 個維度下，設 15 個主題、32 個領域、200 多個指標。環境指標聚焦在企業的資源利用、廢汙管理和生態保護等；社會指標關注企業和員工、供應商與客戶等關係等；公司治理指標則檢視董監治理、風險管理和資訊揭露等。國證 ESG 評價共設置 10 個級別，從高到低依次為：AAA ／ AA ／ A ／ BBB ／ BB ／ B ／ CCC ／ CC ／ C ／ D，反映公司 ESG 表現在市場中的相對水準。國證指數網提供深證成指、創業板指和深證 100 指數的成份股 ESG 評級查詢。

市值前 20 大檢核結果

筆者從滬深兩市中挑選市值最大的前 20 家公司（截至 2022 年 8 月），根據 6 大指標進行評估，並將結果整理成下表。以下數據資料期間為 2012 至 2021 年。

市值前 20 大公司檢核結果

公司名稱	股票代號	10 年連續 EPS>0	10 年連續分紅	5 年分紅率 >50%	5 年營收穩增長	滬深港通資格	ESG 評級 >A
貴州茅台	600519	O	O	O	O	O	O
工商銀行	601398	O	O	X	O	O	O
中國移動[14]	600941	O	O	O	O	O	（無資料）
建設銀行	601939	O	O	X	O	O	O
寧德時代	300750	（上市未滿 10 年）	（上市未滿 10 年）	X	O	O	O
中國石油	601857	O	O	O	O	O	O
農業銀行	601288	O	O	X	O	O	O
比亞迪	002594	O	X	X	O	O	O
中國銀行	601988	O	O	X	O	O	O
招商銀行	600036	O	O	X	O	O	O
中國人壽	601628	O	O	X	O	O	X
中國海油[15]	600938	O	O	X	O	X	（無資料）
中國平安	601318	O	O	X	O	O	X
五糧液	000858	O	O	O	O	O	O
中國神華	601088	O	O	O	O	O	O
長江電力	600900	O	O	O	O	O	O
中國石化	600028	O	O	O	O	O	O
郵儲銀行[16]	601658	（上市未滿 10 年）	（上市未滿 10 年）	X	O	O	O
隆基綠能	601012	X	X	X	O	O	O
中國中免	601888	O	O	X	O	O	X

資料來源：作者整理

本章用來舉例的 A 股股王貴州茅台，除了符合黃金三角的生意邏輯，同時通過 6 大指標的考核，確實是不可多得的好股票。不過市場上大多數投資人都能看出茅台的好，否則近年公司股價不會在人民幣 1,000 元以上，本益比更超過 30 倍。而市值前 20 大的公司，除了茅台，也就只剩下 5 家公司能通過 6 大指標的考核。選股的時候雖然不用太嚴苛，必須通過每一道門檻，但一家公司至少要符合 4 項，也就是三分之二的指標，才值得被當作「定存股」。

筆者從滬深兩市中市值前 20 大的股票裡精挑出 13 檔股票，條件是至少符合黃金三角中的 2 項，且至少通過 6 大指標中的 4 項。中國移動雖然符合條件，但公司 2022 年才於上海證券交易所上市，故暫不列入統計。第一項試算是假設從 2012 年的第一個交易日分別買進 1 股後，一直持有至 2021 年最後一個交易日，計算出這 10 年的含息總報酬率和年化報酬率。

10 年報酬率試算（人民幣：元）

公司名稱	2012 年 1 月 4 日股價	2021 年 12 月 31 日股價	累積每股分紅	累績報酬率（%）	年化報酬率（%）
貴州茅台	185.27	2050	93.98	1057.21	27.74
工商銀行	4.22	4.63	2.45	67.69	5.31
建設銀行	4.50	5.86	2.90	94.67	6.89
中國石油	9.75	4.91	1.93	-29.79	-3.47
農業銀行	2.60	2.94	1.7	78.57	5.97
中國銀行	2.91	3.05	1.81	66.90	5.26
招商銀行	11.67	48.71	8.00	385.97	17.13
中國人壽	17.46	30.09	3.66	93.29	6.81
五糧液	31.36	222.66	12.08	648.53	22.30
中國神華	24.60	22.52	11.66	38.47	3.31
長江電力	6.29	22.70	5.11	342.14	16.03
中國石化	7.36	4.23	2.929	-2.73	-0.28
中國中免	25.59	219.41	5.6	779.28	24.28

資料來源：雪球網站

從試算結果來看，除了中國石油和中國石化為負報酬，其餘 11 家公司長期持有都能取得正報酬。若再加上表現較差的中國神華，會發現這 3 家公司都屬於景氣循環的煤炭股和石油股。景氣循環股容易受國際原物料價格波動而影響業績，買進的時間點對最終報酬率的影響非常大，操作這種股票的難度較高，如果沒有把握，不要輕易嘗試。

年殖利率試算（單位：人民幣元）

公司名稱	2022年每股分紅	2022年股價	2022年殖利率（%）	2021年每股分紅	2021年股價	2021年殖利率（%）	2020年每股分紅	2020年股價	2020年殖利率（%）
貴州茅台	21.66	2030	1.07	19.29	2068.05	0.93	17.025	1474.50	1.15
工商銀行	0.29	4.79	6.12	0.27	5.20	5.12	0.2628	5.25	5.01
建設銀行	0.36	6.09	5.98	0.33	6.30	5.17	0.32	7.17	4.46
中國石油	0.23	5.39	5.56	0.22	5.35	4.07	0.15	4.24	3.61
農業銀行	0.21	2.95	7.01	0.19	3.27	5.66	0.18	3.64	5.00
中國銀行	0.22	3.23	6.84	0.20	3.35	5.88	0.19	3.67	5.20
招商銀行	1.52	36.48	4.17	1.25	50.40	2.49	1.20	39.91	3.01
中國人壽	0.65	29.42	2.21	0.64	31.20	2.05	0.73	29.57	2.47
五糧液	3.02	199.65	1.51	2.58	269.84	0.96	2.20	165.57	1.33
中國神華	2.54	33.45	7.59	1.81	19.98	9.06	1.26	16.28	7.74
長江電力	0.82	24.94	3.27	0.70	20.28	3.45	0.68	19.13	3.55
中國石化	0.47	4.52	10.40	0.29	4.70	6.17	0.26	4.29	6.06
中國中免	1.50	209.50	0.72	1.00	281.98	0.35	0.72	190.53	0.38

公司名稱	2019年每股分紅	2019年股價	2019年殖利率（%）	2018年每股分紅	2018年股價	2018年殖利率（%）	5年殖利率平均（%）
貴州茅台	14.54	996.35	1.46	11.00	786.13	1.40	1.20
工商銀行	0.25	5.93	4.23	0.24	5.66	4.25	4.94
建設銀行	0.31	7.40	4.14	0.29	6.80	4.28	4.81
中國石油	0.17	6.99	2.39	0.15	7.42	2.01	3.53
農業銀行	0.17	3.82	4.55	0.18	3.79	4.70	5.38
中國銀行	0.18	3.88	4.74	0.18	3.79	4.64	5.46
招商銀行	0.94	35.90	2.62	0.84	26.60	3.16	3.09
中國人壽	0.16	26.38	0.61	0.40	24.45	1.64	1.79
五糧液	1.70	99.05	1.72	1.30	70.82	1.84	1.47
中國神華	0.88	20.61	4.27	0.91	19.30	4.72	6.68
長江電力	0.68	18.09	3.76	0.68	17.65	3.85	3.58
中國石化	0.38	5.54	6.86	0.56	7.05	7.94	7.49
中國中免	0.55	85.04	0.65	0.52	67.73	0.77	0.57

資料來源：雪球網站

第二項試算是假設從2017至2021年，依照除息日前一天（股權登記日）的收盤價買進公司的股票，並計算該年度的殖利率以及這5年的平均殖利率。由於中國石油和中國石化一年配息兩次，假設選在第一次配息的股權登記日買進，便可以領到兩次股息。

從試算結果來看，共有4家5年平均殖利率高於5%的公司，分別是農業銀行、中國銀行、中國神華與中國石化。乍看之下，這些公司殖利率和台股常見的存股標的相比都不高，但在實務上未必會剛好買在股權登記日當天，如果在買股票時將股價高低納入考量，那麼將會有很大的機會買到更高的殖利率。

總結來說，對剛接觸陸股的台灣投資人來說，可以先從滬深兩市裡市值排名靠前的股票下手，優先挑選流動性較佳的大型權值股[17]進行研究，善用「黃金三角」和「6大指標」建立一份屬於自己的陸股存股觀察名單。接下來還要每年定期檢查這些好公司的體質，並且持續追蹤股價，以便判斷合適的交易時機。

陸股財報可信嗎？

自從筆者經營臉書粉絲專頁後，常收到網友對中國股市的各種提問，其中一項常見的疑慮就是：「看新聞報導中國的公司常有負面消息，財報可以相信嗎？」其實財報作假這件事情，不管是在陸股還是台股，甚至是已經非常成熟的資本市場，如港股和美股都曾經發生過。例如美股史上就曾發生過當時驚動投資和會計界的安降（Enron）醜聞案[18]；港股則有「造假三劍客」之稱的洪良國際、中金再生和金盾控股；而中國的企業近年最知名的造假，就屬於在美國上市的瑞幸咖啡事件[19]。

不論是買台股、美股還是陸股，除非你是大股東或經營層，否則只要是主動選股，都有可能會踩到財報作假的雷，畢竟小股東根本不可能提早知道公司的財務內幕。即使定期查看公司發布的財報，那也是過去的數據，歷史並不能預測未來，公司依舊存在造假的可能，而一般投資人通常也不具備審查財報真偽的能力。那是不是只能聽天由命了呢？投資就是要盡可能降低風險和犯錯的可能，以便提升獲勝的機率。筆者總結了 5 種策略，降低踩到雷的機會。

留意財報信號

雖說財報對於一般投資人來說具有一定的難度，不代表就沒有責任或能力去理解其中的訊號。以下 15 種警訊是常見的造假信號，但要注意的是，有這些情況未必表示公司的財報一定造假，只是此時投資人應該提高警覺，多多留意。

財報沒有被審計出具「標準無保留意見」

無保留意見的審計報告通常表示會計師透過實施審計工作，認為上市公司財報的編制合法與公允，合理保證財報不存在重大錯誤。如果會計師不願意出具「標準無保留意見」，表示財報存在疑慮。

資訊披露被證監會譴責

證監會的作用就像老師，監管著上市公司這些學生。如果一位學生常被老師點名批評，便能合理懷疑這位學生行為出現偏差。

企業接受政府監管部門調查

如果只是偶爾被點名批評也就算了，但被列入調查對象的話，通常表示事情已經很大條了。

大股東或高層大量減少持股

如果連最清楚公司運營情況的大股東或高層都在拋售持股，是否表示連他們都不看好公司的未來呢？

高層頻繁更換，特別是財務部門人員

如果公司的管理層不穩定，表示內部存在管理問題，特別是當財務部門有這種跡象時，往往是財務方面有問題。

高比例股權質押

股權質押指上市公司的大股東將股票進行質押，在約定時間內以約定的利率向質押方借入資金，同時到期償還資金本息；若到期無法償還本息，質押方可變現抵押股票獲得部分補償。如果公司的股權質押比例高，要懷疑大股東是否想透過炒高股價來借更多錢。

突然更換會計師事務所

上市公司的會計事務所不會隨意更換，如果突然更換的話，也會被懷疑是否出現審計問題。

過於複雜的業外投資

一家公司的業務如果越複雜、涉及的市場和企業越多，就越難看清楚真實的經營情況，投資風險自然比較高。

財報突然延期發布

如果公司無法依照證監會的要求如期揭露財報的話，投資人會擔心公司財務是否出現狀況。

存貨突然大幅增加

如果存貨暴增，公司也無法給出合理的解釋，那可合理懷疑這些存貨只是虛胖。

應收帳款突然大幅增加

如果應收帳款暴增，表示公司營收無法轉換成現金流，營收很可能只是虛胖。

突然大量買入無形資產

無形資產包含專利、商標、版權、特許經營權、電腦軟體和商譽，投資人難以評估其真實價值，容易出現虛胖的情況。

銷售和管理費用大幅波動

如果公司業務沒有明顯成長，各種成本卻不斷上升，此時便要留意錢都花到哪裡去了？

營業現金流不佳

營業現金流是指公司透過本業營運獲得的現金收入，通常用來評估公司業務產生的現金量是否正常。如果一家公司有營收和利潤，但營業現金流卻長期無法匹配，就需要留意錢是否收得進來？

利潤長期無法變成分紅

想確認公司是否真的有把錢賺到口袋，最簡單的方式就是看公司是否具有分紅能力。分紅是把真金白銀發給股東，通常來說假不了。這就是為什麼筆者的選股 6 大指標中，會有兩項與分紅相關的指標，只有公司能發錢給股東才是王道。

跟著大咖做生意

買股票就是買生意，公司的其他股東可以理解為合夥人，若跟著有實力的大咖一起做生意，相信這份生意會更穩當。誰是大咖合夥人呢？像是具有官股背景的央企和國企、社保基金和大型保險公司，以及外資企業等。因為這些投資機構在挑選標的時，通常非常警慎，能夠被他們看上的公司，基本上都不太可能出現財務造假的問題。

另外也可以關注一家公司的機構持倉數量，如果有大量的基金持有這檔股票，通常也表示公司比較安全。畢竟基金經理人都是專業的投資人，解讀財報的能力會比普通投資人更專業。以下整理截至 2022 年 8 月底，外資持股市值前 30 大的公司。

外資持股市值前 30 大公司

公司名稱	股票代號	外資持股市值（人民幣：億元）	外資持股比例（%）
貴州茅台	600519	1,683	16.59
寧德時代	300750	766	14.55
美的集團	000333	675	26.99
隆基綠能	601012	575	18.13
招商銀行	600036	511	13.00
長江電力	600900	440	19.61
伊利股份	600887	381	19.77
中國中免	601888	368	22.10
邁瑞醫療	300760	341	27.09
匯川技術	300124	330	31.40
國電南瑞	400406	308	41.21
五糧液	000858	295	10.51
中國平安	601318	269	6.23
東方財富	300059	260	11.64
恩捷股份	002812	244	26.75
萬華化學	600309	238	16.37
海天味業	603288	225	24.87
陽光電源	300274	211	17.98
比亞迪	002594	202	9.03
格力電器	000651	199	14.04
立訊精密	002475	188	11.79
平安銀行	000001	182	16.93
先導智能	300450	178	35.32
通威股份	600438	176	12.25
藥明康德	603259	166	10.75
海爾智家	600690	165	16.68
恒瑞醫藥	600276	161	12.25
三花智控	002050	142	28.21
陝西煤業	601225	135	16.06
興業銀行	601166	131	5.03
順豐控股	002352	131	11.75
中國神華	601088	128	14.57

資料來源：中信證券

兩地上市雙重保障

兩地上市指公司股票除了在上交所或深交所上市，還在其他市場上市（通常是香港交易所）。每一間證券交易所都有對上市公司的審查和規範，如果同時被兩個以上的交易所和市場投資人監督，公司的財報和資訊的透明度會較高。目前滬深兩市在香港上市的 A+H 股約有 140 檔，對台灣投資人來說，投資 A+H 股還有一項好處，就是財報和相關公告都是繁體字，閱讀起來會更加容易。另外除了到香港上市，有些 A 股也會在美國股市上市，像中國石化、中國石油、中國人壽和東方航空等大型央企，這些公司的財報除了符合陸股的規範，也需要符合美股的規範，以及專業投資機構檢視，若有問題會更容易被發現。

注意證交所警示

陸股交易所對上市股票會有風險提示，具體規範如下：公司股票被實施下市風險警示的話，會在股票代號前加上“*ST”；公司股票被實施其他風險警示的話，會在股票代號前加上“ST”；公司股票同時被實施下市風險警示和其他風險警示，則在公司股票代號前加上“*ST”。筆者建議避開這些 ST 股。另外還可以關注證交所網站公布的「監管措施」和「監管問詢」，這裡會公布證監會對於上市公司的相關監管措施和訊息。常見的信函類型如下：

常見監管信函類型

類型	說明
監管函	一般指上市公司違反相關法律法規（包括《證券法》、《公司法》、《股票上市規則》、《上市公司資訊披露管理辦法》等），情節通常比較為嚴重
問詢函	通常是請上市公司補充相關資訊，核實相關問題，並履行資訊披露義務
關注函	屬於問詢函件的範疇，表示關注相關問題，希望上市公司針對問題答覆

資料來源：作者整理

上交所監管訊息公開

披露 > 监管信息公开 > 公司监管 >

监管措施

请输入关键字

监管信息公开

展开导航菜单

证券代码或简称

涉及对象

板块

全部板块

监管类型

全部

日期范围

开始时间 至 结束时间

上交所发布　上交所移动App

证券代码	证券简称	监管类型	处理事由	涉及对象	处理日期
688555	泽达易盛	监管警示	关于对泽达易盛（天津）科技股份有限公司持续督导保荐代表人予以监管警示的决定	保荐代表人	2022-08-23
600077	宋都股份	监管工作函	就公司收到合作方解约通知函相关事项明确监管要求。	上市公司,董事,监事,高级管理人员,一般股东,控股股东及实际控制人,其他	2022-08-23
600965	福成股份	监管工作函	关于河北福成五丰食品股份有限公司控股股东股份质押事项的监管工作函	上市公司,控股股东及实际控制人	2022-08-22
601901	方正证券	监管警示	关于对北京政泉控股有限公司予以监管警示的决定	一般股东	2022-08-22
600165	新日恒力	监管警示	关于对宁夏新日恒力钢丝绳股份有限公司控股股东上海中能企业发展（集团）有限公司、实际控制人虞建明及有关责任人予以监管警示的决定	控股股东,实际控制人,董监高-董事长,独立董事	2022-08-22
600165	新日恒力	通报批评	关于对宁夏新日恒力钢丝绳股份有限公司及有关责任人予以通报批评的决定	上市公司,董监高-总经理,财务总监,董秘	2022-08-22
600338	西藏珠峰	监管工作函	就公司重大合同进展事项明确监管要求	上市公司,董事,监事,高级管理人员	2022-08-19
600136	ST明诚	监管工作函	就公司涉及违规担保事项向公司及有关各方提出工作要求。	上市公司,董事,监事,高级管理人员,一般股东,控股股东及实际控制人	2022-08-18
600865	百大集团	监管警示	关于对百大集团股份有限公司及有关责任人予以监管警示的决定	上市公司,董监高-董事长,董监高-总经理,董秘,财务总监	2022-08-18
688569	铁科轨道	监管工作函	关于北京铁科首钢轨道技术股份有限公司实际控制人、控股股东及公司变更承诺事项的监管工作函	上市公司,控股股东及实际控制人,中介机构及其相关人员	2022-08-18

資料來源：上交所網站

避免單壓或過度集中

有一句投資金律叫：「雞蛋不要放在一個籃子裡。」對主動挑選個股的投資人來說，這句話的意思是不論多有信心，都不要把資金全部壓注在單一公司，或過度集中在兩三檔性質極為相似的股票。投資人的投資組合應該包含 5 至 8 檔不同股票，並且分散到不同行業。

雖說投資個股要分散，但也不要太過分散，否則風險反而會變大。因為我們的能力和精力都是有限的，同時關注數十檔股票的話，一般情況下不太可能每一檔都研究透徹。把火力集中在少數幾家公司，便能深入研究和追蹤，從中挑選最優質的股票投資。如果投資人擔心主動挑股會踩到雷的話，比起同時分散好幾檔股票，其實還有一種更簡單的方法，就是直接買下整個市場，下一節將詳細介紹什麼是「被動投資」。

小孩才做選擇，大人全都要

如果說股神巴菲特是當代主動投資第一人，應該沒有人會反對吧？畢竟波克夏（Berkshire Hathaway）多年來打敗大盤的優異績效擺在眼前，就是股神投資能力最好的證明。但許多人可能不知道，股神也不是百發百中，偶爾也會有看走眼的時候，例如早期曾買入走下坡的紡織廠 Berkshire Hathaway、2014 年認賠出清的石油股 Conoco Philips 和零售股 Tesco。畢竟股神也是人，只要是人都會犯錯。因此投資人要完全避免選股的錯誤，幾乎是不可能的事，能做的就是盡可能降低犯錯機會，即使犯錯，也要讓風險落在可承受範圍之中。

與熟悉的美國企業和品牌相比，中國的企業和品牌對大部分台灣投資人來說都充滿陌生和神秘感。舉例來說，絕大多數的台灣人都玩過臉書、用過 Uber 叫車、喝過星巴克咖啡；但對於沒有長期在中國生活的台灣人來說，可能連微博帳號都沒有，也不曾用過滴滴來打車，或喝過瑞幸咖啡。加上台灣財經媒體傾向於做美股相關的報導，陸股的報導相對稀少，讓台灣投資人在挑選陸股投資標的時不放心。

除了資訊不足這項客觀因素，許多台灣投資人對中國股市懷著主觀的偏見，認為中國企業的透明度和誠信度遠遠不如台股或美股，甚至連財報都不能相信。既然擔心主動選股會踩到雷，有沒有一種辦法可以降低風險？答案是真的有，而且這種方法既簡單又容易操作，那就是「被動投資」。

什麼是被動投資？

被動投資是相對主動投資的概念，指投資人不主動研究個股或預測股價變化，而是透過買進市場上（幾乎）所有股票，以便取得貼近整體市場報酬。被動投資適合股市新手和大多數普通的投資人，因為從能力、資源、時間和精力等方面來看，很難與專業的操盤手相比。

即使投入大量時間和精力去研究股票，也不保證能取得打敗大盤的報酬率，甚至可能會因為過度自信，而產生嚴重虧損。

主動投資 vs. 被動投資

項目	主動投資	被動投資
交易頻率	高，需要擇時買賣	低，通常是定期買入
常見標的	各種投資標的	指數型基金和 ETF
所需時間與精力	多，需要經常看盤和研究個股	少，幾乎不用看盤
投資風險	較高，通常持股集中	較低，持有一籃子股票
投資目標	取得打敗市場的績效	取得與市場相近的績效
投資難度	高，需要具備專業選股能力和交易技巧	低，只需要保持紀律操作

資料來源：作者整理

其實就連擅長主動投資的股神巴菲特，都建議投資人不要想靠主動投資打敗大盤，好好地買指數型基金或指數型 ETF，就能取得優於大多數投資人的績效。在 2008 年波克夏股東大會上，有一位叫提姆（Tim Ferriss）的作家提出了這個問題：

「如果你只有 30 來歲，除了工作沒有其他收入來源，而且沒有時間和精力投資。假設你已有足夠生活備用金，此時你會如何投資？麻煩告訴我們具體投資的資產種類和配置比例。」

巴菲特回答：「我會將所有錢投資到一個追蹤標準普爾 500 指數、且成本極低的指數型基金，然後繼續努力工作。」

為了證明被動投資確實能創造不凡的績效，巴菲特曾經與避險基金做了一項長達 10 年的賭局，結果證明被動投資確實是有效的。在賭局中，巴菲特投入了 100 萬美元到先鋒標準普爾 500 指數型基金，而接受挑戰的對沖基金經理人塞德斯（Ted Seides），則挑選了 5 檔基金組合成投資組合。

這場打賭從 2008 年初一直到 2017 年末，在這 10 年，巴菲特選擇投資的先鋒標準普爾 500 指數型基金，創造了 125.8%的累積報酬率，換算成年化報酬率為 8.5%。而塞德斯選擇的基金投資組合，則創造了 36.3%累積報酬率，換算成年化報酬率為 3.2%。很明顯的，這場賭注是巴菲特和指數型基金獲得了壓倒性的勝利。這場賭局的結果，告訴我們一項非常重要的結論，那就是市場上大多數的基金經理人都無法擊敗大盤，而且這些基金還向投資人收取不少的費用。

對不熟悉中國股票市場的台灣投資人，選擇被動投資的方式投資陸股還有以下幾種優勢：

省心省力

投資人可以把研究陌生中國股票和分析市場趨勢的時間和精力，用來投入本業，持續提升自己在職場上的價值，賺取更高的收入，就有更多閒錢可以投入股市累積資產。另外，因為不需要天天看盤，投資人的心情也會比較穩定，不會因股市大起大落而影響心情。陸股的漲跌比台股來得更加劇烈，如果投資人的心臟不夠強，晚上會睡不安穩，嚴重的話還會影響食欲和工作。

節省成本

被動投資的交易成本通常比主動投資低，首先是投資人的交易頻率低很多，手續費也會跟著減少。二來是指數型 ETF 的管理費用通常比主動型基金低，長期投資人將會省下一筆可觀的成本。

自動汰弱留強

一檔指數通常會根據其編製邏輯和規則，定期更新其成份股。當一家公司經營出現狀況時，指數會自動將其淘汰，改由更有競爭力的股票補上。如果採用主動選股來買股票，很可能會買到經營不善而倒閉的公司；如果買與指數連接的基金或 ETF，即使指數中某些公司快倒閉了，也不用擔心指數會消失，因為會有新的好公司補進來。

獲取市場合理報酬

雖然投資指數型基金或 ETF 無法獲得驚人的收益，也不會讓我們遭受重大的損失。只要投資的時間夠長，通常與大盤連動性高的指數都會上漲，畢竟一個國家的股市反映整體的經濟發展，除非整個國家是往下坡走，否則經濟和股市不會越來越差。

避免人為錯誤

當選擇被動投資之後，就能夠避免犯下決策的錯誤，不用擔心選錯股或情緒受到市場波動影響而犯錯。只要持續投入，在牛市時，指數型基金和 ETF 會跟著受益；遇到熊市時，也無須害怕或擔心，此時反而是降低成本累積股數的好時機。從過去的經驗來看，中國股市符合「牛短熊長」的特徵，因此陸股非常適合進行被動投資。

如何挑選 A 股指數？

想在陸股中實現被動投資的策略，可以透過購買指數型基金或指數型 ETF 這兩種追蹤特定指數的產品。這裡簡單複習一下陸股指數，主要分為寬基指數、窄基指數、概念（主題）指數、風格指數和策略指數。因為被動投資主要目的是取得貼近整體市場的報酬率，所以最適合拿來做被動投資的是寬基指數。陸股常見的寬基指數像是滬深 300、上證 50、中證 500、中證 100 和深證 100 等，算一算有 10 餘檔指數可以選擇。要怎麼選擇適合長期被動投資的指數呢？可以從以下 4 個面相思考：

選股邏輯

每一檔指數的編制邏輯都不同，但邏輯會決定一檔指數成份股和未來績效表現。指數的編制方案包含成份股的選取樣本、邏輯以及權重比例設置等規定。首先要符合橫跨滬深兩市，且以大型股為主的指數為優，其權重夠大，更能代表整體陸股市場表現。以下是陸股常見指數的選股邏輯。

選股邏輯

指數名稱	市場範圍	選股邏輯	意涵
滬深 300	滬深兩市	前 300 大公司	兩市大型股
上證 50	滬市	前 50 大公司	滬市大型股
深證 100	深市	前 100 大公司	深市大型股
中證 100	滬深兩市	前 100 大公司	兩市大型股集中版
中證 500	滬深兩市	前 301 ～ 800 大公司	兩市中型股
中證 1000	滬深兩市	前 801 ～ 1800 大公司	兩市小型股

資料來源：作者整理

持股分散

投資指數的本質就是買一籃子股票，要做到一定的分散性，不然如果一檔指數的某幾大成份股就占很高比例，就沒有做到分散，反而容易受到那些高占比的股票影響。另外，如果一檔指數過度集中特定行業，那也會很容易受到該行業的發展趨勢影響。既然是投資整體市場，指數的行業分布要更均勻，前 10 大成份股和第一大行業的占比不要超過 30%為佳。以下是陸股常見指數截至 2022 年 8 月底，前 10 大成份股占比、最大行業以及其所占的比例。

前 10 大成分股與最大行業占比

指數名稱	前 10 大成份股占比	第一大行業	所占比例
滬深 300	23.29%	工業	22.9%
上證 50	53.22%	金融	28.6%
深證 100	37.45%	工業	26.8%
中證 100	38.56%	工業	25.6%
中證 500	6.75%	工業	24.3%
中證 1000	4.65%	工業	29.5%

資料來源：中證指數網、國證指數網

波動性

雖說投資指數不需要經常看盤，但也不希望波動過於激烈，如果一檔指數整天大起大落，就算只有偶爾關注，還是容易影響持股信心。以下是筆者以 2022 年 8 月底為基準，整理陸股常見指數過去 1 年、3 年和 5 年的標準差[20]。由數據可知追蹤大型股的指數波動，會比追蹤中小型股的指數低。

波動性比較

指數名稱	過去 1 年	過去 3 年	過去 5 年
滬深 300	18.43%	19.66%	19.8%
上證 50	18.71%	19.5%	19.77%
深證 100	22.28%	23.98%	24.12%
中證 100	19.07%	19.78%	20.01%
中證 500	20.52%	20.82%	21.73%
中證 1000	24.17%	23.39%	23.63%

資料來源：中證指數網、國證指數網

過去績效

雖說過去績效不代表未來績效，仍具有一定的參考價值。以下是筆者以 2022 年 8 月底為基準，整理陸股常見指數過去 1 年、3 年和 5 年的年化報酬率。從過去的績效中會發現，追蹤中小型股的指數整體表現會優於追蹤大型股的指數表現。

年化報酬率比較

指數名稱	過去 1 年	過去 3 年	過去 5 年
滬深 300	-13.32%	2.83%	2.21%
上證 50	-10.87%	-1.4%	1.14%
深證 100	-15.35%	11.39%	6.68%
中證 100	-11.13%	-0.22%	2.11%
中證 500	-6.99%	8.68%	-0.01%
中證 1000	-2%	11.03%	-0.90%

資料來源：中證指數網、國證指數網

總結來說，筆者比較傾向選擇滬深 300 指數，首先它橫跨了滬深兩市，並包含了前 300 檔大型股，類似美股的 S&P500 指數。成份股和行業的集中程度不會過高，也不至於太分散。從回測過去 5 年的績效來看，滬深 300 的表現雖然不是最佳，但從波動來看，它不像追蹤中小型股的指數那樣過於激烈，投資人容易抱得安心和長久。

滬深 300 指數 ETF 買誰好？

根據中證指數網截至 2022 年 8 月的資料，追蹤滬深 300 指數且在滬深兩市上市的 ETF 就多達 19 檔，對於想投資滬深 300 指數的人來說，必須從中挑出一檔理想的 ETF。挑選指數型基金 ETF 的標準有以下 5 點：

基金公司知名度高

基金公司要管理和操作這檔 ETF，當然希望挑選一家有誠信的基金公司，才能買得安心抱得長久。可以從一家基金公司的成立時間和管理資產規模評估其可靠程度，如果成立時間越長，管理的資金量越大，表示市場上的投資人對這家基金公司越信任。台灣投資人對中國基金公司都比較陌生，為此筆者整理了截至 2022 年 8 月，依照基金公司管理資產規模排名前 10 大的公司名單，提供讀者參考。

中國基金公司排名

排名	公司名稱	成立時間（年）	管理規模（人民幣：億元）
1	易方達基金	2001	16,182
2	廣發基金	2003	12,998
3	天弘基金	2004	11,958
4	華夏基金	1998	11,117
5	博時基金	1998	10,497
6	南方基金	1998	10,460
7	鵬華基金	1998	9,286
8	富國基金	1999	9,257
9	匯添富基金	2005	8,792
10	工銀瑞信基金	2005	8,136

資料來源：作者整理

規模大

挑選一檔規模足夠大的 ETF 至少有以下好處，首先規模大表示該 ETF 已經獲得市場認可，確定性會更強。第二是流動性會更好，畢竟 ETF 的性質類似股票，如果規模太小，表示交易不熱絡，容易出現流動性問題，而流通性不佳的 ETF，容易產生折溢價的問題。為了方便讀者參考，筆者整理了截至 2022 年 6 月底，陸股市場中追蹤滬深 300 指數規模前 5 大的 ETF。

滬深 300ETF 規模前 5 大

排名	ETF 名稱	股票代號	規模（人民幣：億元）
1	華泰滬深 300	510300	487
2	華夏滬深 300	510330	231
3	嘉實滬深 300	159919	190
4	易方達滬深 300	510310	116
5	天弘滬深 300	515330	69

資料來源：中信證券 APP

總費用率低

一檔 ETF 的費用通常包含管理費、託管費和指數授權費用等，對於投資人來說，這些費用當然是越低越好。想查詢一檔 ETF 的相關費用，投資人可以上雪球網站、券商的 APP，下載 ETF 發行公司的基金招募說明書，並找到「基金的費用與稅收」這個項目，裡面會有詳細費用說明。如果想更快速查詢到相關資料的話，可以上新浪財經網站（http://stock.finance.sina.com.cn），輸入 ETF 名稱或股票代號，可查詢相關費用資訊。以下使用華夏滬深 300ETF（510330）做為範例。

新浪財經網站 ETF 費用率查詢

华夏沪深300ETF (510330) 开放式-指数型　基金经理：张弘弢 赵宗庭

单位净值: 4.1733　净值增长率: -0.16%　净值增长率: -0.16%　累计净值: 1.9740　截止日期: 2022/8/26
最新估值: - (-)　涨跌幅: -　涨跌额: -
最新规模: 213.76亿元　风险等级: 高风险　申购状态: 可申购　赎回状态: 可赎回

公司微博　+ 加入自选

基金概况　基金公司　费率结构　历史净值　申购赎回　分红信息

最近访问　自选基金
名称　最新净值　增长率
以下是热门基金

华夏沪深300ETF(510330)费率结构

基金运作费			最小购买金额（元）			
基金管理费	基金托管费	销售服务费	直销申购	直销增购	代销申购	代销增购
0.50%	0.10%	--	--	--	--	--

資料來源：新浪財經網站

追蹤誤差小

投資 ETF 時一定要留意追蹤誤差，因為買 ETF 就是希望複製指數的報酬率，如果一檔 ETF 和指數的誤差較大，那就失去投資的意義。為什麼會有追蹤誤差呢？ 因為指數的報酬率是計算出來的，只能說是一個理想值，而 ETF 的報酬率則需要透過交易產生，在一買一賣的過程中，就會有許多成本產生。另外，ETF 還要扣掉各種費用，這也是為什麼費用越低越有利。總結來說，一檔 ETF 不太可能完全貼合指數報酬率，所以要留意這項數據，盡可能尋找誤差值最低的 ETF。

投資人可以用以下兩種方式判斷 ETF 和指數的追蹤誤差，第一種計算方式：把一段時間內 ETF 的淨值成長率和追蹤指數報酬率間的差值算出來，數值越大則誤差越大。第二種方式：把一段時間內 ETF 淨值成長率標準差和追蹤指數報酬率標準差間的差值計算出來，數值越大則誤差越大。若某一檔 ETF 的追蹤誤差明顯比其他追蹤相同指數的 ETF 大時，而且還有越來越大的趨勢，那應該避免投資這檔 ETF。

想查詢 ETF 的追蹤誤差數據，可以上雪球網站或券商 APP，輸入 ETF 名稱或股票代號，在基金公告中找到年度或季度報告。在「主要財務指標和基金淨值表現」欄位就會公布 ETF 和比較基準（通常就是追蹤的指數）報酬率的差值。以下使用華夏滬深 300ETF（510330）為範例，數據來源為 2022 年第 2 季度報告。

華夏滬深 300ETF 基金淨值表現

3.2 基金净值表现

3.2.1 本报告期基金份额净值增长率及其与同期业绩比较基准收益率的比较

阶段	净值增长率①	净值增长率标准差②	业绩比较基准收益率③	业绩比较基准收益率标准差④	①-③	②-④
过去三个月	7.11%	1.43%	6.21%	1.43%	0.90%	0.00%
过去六个月	-8.55%	1.45%	-9.22%	1.45%	0.67%	0.00%
过去一年	-12.79%	1.25%	-14.15%	1.25%	1.36%	0.00%
过去三年	23.04%	1.27%	17.24%	1.27%	5.80%	0.00%
过去五年	32.57%	1.27%	22.31%	1.27%	10.26%	0.00%
自基金合同生效起至今	121.34%	1.44%	88.35%	1.44%	32.99%	0.00%

3.2.2自基金合同生效以来基金累计净值增长率变动及其与同期业绩比较基准收益率变动的比较

資料來源：華夏滬深 300ETF 基金 2022 年第 2 季報告

使用這兩種方法計算追蹤誤差固然符合邏輯，但在實務上並不實用。因為即使獲得差額的數值，也很難判斷誤差到底是大還是小。為此筆者特別設計了一個更實用的方式，就是按年度來比較 ETF 淨值報酬率和指數的年化報酬率，取兩者之間的差值，數值越小說明誤差越小。這種方法或許不科學，但大方向沒有問題。一般來說，券商 APP 都會提供 ETF 近 1 年、近 3 年和近 5 年的報酬率數據，只要將 3 項數據和中證指數網上查詢到滬深 300 指數的年化報酬率對比即可

折溢價小

ETF 就是一籃子的股票，把這些股票的價值加總起來，就會得到 ETF 淨值，若某天 ETF 宣布下市，發行商也會根據 ETF 的淨值把錢退還給投資人。因為 ETF 像股票一樣在市場中開放交易，所以可能出

現市價和淨值不同的情況，如果市價低於淨值，稱為折價，反之則為溢價。一般來說，ETF 的淨值跟市價通常會非常接近，一旦出現折溢價，就會有套利的空間。通常當折價出現，表示適合買入，不適合賣出；溢價出現時，則正好相反。只要上雪球網站就能查詢 ETF 當天的折溢價情況，建議下單交易前先確認折溢價是否過高，筆者的習慣是當溢價高於 1%時會特別小心，避免在這種情況下買入。以下是雪球網站上查詢華夏滬深 300ETF 在 2022 年 8 月 26 日的溢價率。

華夏滬深 300ETF 溢價率查詢

300ETF基金(SH:510330) 可融资 可卖空 ··· ＋自选

¥4.177 -0.004 -0.10%

2.43 万球友关注
休市 08-26 15:00:00 北京时间

最高：4.203	今开：4.192	涨停：4.599	成交量：64.45万手
最低：4.169	昨收：4.181	跌停：3.763	成交额：2.70亿
换手：--	市价：4.177	单位净值：4.180	基金份额：49.30亿
振幅：0.81%	溢价率：0.10%	累计净值：1.977	资产净值：205.94亿
成立日：2012-12-25	净值日期：2022-08-25	到期日：--	货币单位：CNY

資料來源：雪球網站

如何挑選一檔最好的滬深 300ETF 呢？要從知名的基金公司中挑選出一檔規模夠大、費用率夠低，且追蹤誤差較小的 ETF，並在交易時留意其折溢價。為了方便讀者判斷，筆者特別針對陸股中規模最大的 5 檔滬深 300ETF 進行比較，績效截至 2022 年 8 月 26 日。

規模前 5 大滬深 300ETF 比較

ETF 名稱	股票代號	基金公司	總費用率	過去一年追蹤誤差
華泰滬深 300	510300	華泰基金	0.6	+1.34%
華夏滬深 300	510330	華夏基金	0.6	+1.40%
嘉實滬深 300	159919	嘉實基金	0.6	+1.46%
易方達滬深 300	510310	易方達基金	0.2	+2.02%
天弘滬深 300	515330	天弘基金	0.6	+1.56%

資料來源：作者整理

台股中的陸股 ETF

對於暫時無法到中國開設證券戶的台灣投資人來說，現在台股也有不少追蹤陸股指數的 ETF。筆者整理了 6 檔追蹤主流陸股指數的台股 ETF。最後提醒，元大滬深 300 正 2（00637L）是追蹤富時中國 A50 指數期貨為主的單日正向 2 倍 ETF，並不是追蹤滬深 300 指數。

台股中的陸股 ETF

ETF 名稱	股票代號	追蹤指數
FH 滬深	006207	滬深 300 指數
元大寶滬深	0061	滬深 300 指數
元大上證 50	006206	上證 50 指數
國泰中國 A50	00636	富時中國 A50 指數
富邦中證 500	00783	中証小盤 500 指數
富邦深 100	00639	深証 100 指數

資料來源：作者整理

---

1 名目利率指表面上看得到的利率，像是銀行的定存利率、債券票面利率，生活中接觸到的利率幾乎都屬於名目利率。而實質利率就是名目利率減去通貨膨脹率，反映出貨幣的真實購買力。

2 存款保險指各地政府為了穩定金融體系、保障存款人權益，所成立的一種保險制度。當銀行發生擠兌或破產等金融財務危機時，對於存款人發揮一定保障作用。

3 Monopoly 中文叫做大富翁，是全球最受歡迎桌遊之一，最早在 1935 年於美國問世。大富翁是一個金錢投資遊戲，玩家透過投擲骰子、買地建屋，憑投資策略成為唯一終極大富翁。

4 司馬遷在《史記》中記載：建元六年（西元前 135 年），漢武帝派唐蒙出使南越，唐蒙喝到南越國（今天茅台鎮所在的仁懷縣一帶）所產的酒後，將此酒帶回長安獻給漢武帝。漢武帝喝了之後評論[illegible]酒非常美味，從此之後茅台鎮酒便一直做為朝廷貢品。

5 元代宋伯仁寫了一本《酒小史》，記載了從春秋戰國時期到元代的中國名酒。

6 能力圈的概念由巴菲特於 1996 年的股東信中所提出。指的是當我們在選擇投資標的時，首先要確認自己是否有能力理解某個行業或公司。投資人不需了解所有行業和公司，但一定要清楚知道自己了解什麼、不了解什麼。

7 國企泛指所有國有資本控股、參股或獨資的企業，其投資行為由政府的意志和利益決定。

8 央企就是中央的企業，是國企中級別最高、由中央政府（通常是國務院、財政部或國務院國有資產監督管理委員會）直接投資和管理的企業。

9 北向（上）交易指那些透過滬深港通交易 A 股的外資，由於深圳和上海的地理位置相對香港在北方，故從香港透過滬深港通流向滬深兩市的交易，就稱作北向交易，反之則稱為南向交易。

10 上證 180 指數選股邏輯：以滬市證券為樣本空間，選擇經營狀況良好、無違法違規事件、財務報告無重大問題、股票價格無異常波動或市場操縱的公司，並按照中證一級行業的自由流通市值比例分配樣本指數，在行業內選取綜合排名前 180 檔股票做為成份股。

11 上證 380 指數選股邏輯：從上證 180 指數選股的樣空間中剔除（1）上證 180 指數樣本；（2）最新一期財務報告中未分配利潤為負的公司；（3）成立 5 年以上且最近 5 年未派發現金紅利或送股的公司。再從剩下的樣本中根據公司的營業收入成長率、淨資產收益率、成交金額和總市值的綜合排名，並按照二級行業的自由流通市值比例分配樣本指數，在二級行業內選取綜合排名前 380 股票做為成份股。

12 深證成指選股邏輯：從深圳證券市場中市值大、流動性好的 500 檔股票做為成份股。

13 深證中小創新指數選股邏輯：從深證 1000 指數樣本股剔除深證成指樣本股之後的 500 檔股票做為成份股。

14 中國移動 2022 年才正式在上交所上市，故過往數據參考公司 H 股（1997 年上市）資料。

15 中國海油 2022 年才正式在上交所上市，故過往數據參考公司 H 股（2001 年上市）資料。

16 郵儲銀行 2019 年才正式在上交所上市，故過往數據參考公司 H 股（2016 年上市）資料。

17 權值股指影響整體市場股價指數較大的公司股票，由於整體市場的指數是由加權平均法計算而成，因此產生了「權值股」這個名稱。

18 安隆醜聞案：安隆財報作假曝光於 2001 年 10 月，最終公司宣布破產，並連鎖導致當時全球 5 大審計會計事務所之一的安達信會計師事務所解體。

19 瑞幸咖啡造假事件：2020 年初知名做空機構渾水（Muddy Waters Research）發布了一份對瑞幸咖啡的做空報告，報告中針對瑞幸咖啡的門市進行大量的調研和實地考察，總結出瑞幸財報存在灌水的情況。

20 標準差一般用來衡量股票和基金的波動風險，標準差越大表示淨值波動越劇烈，投資人需要承擔較高的風險。

第 6 章 存股名單大公開

本章將介紹核心與衛星持股的概念，並完整公開筆者的陸股存股名單，並分享筆者在選股的過程中，如何實際應用「黃金三角」與「6大指標」。

打造核心與衛星

核心衛星投資策略是投資股票的一種配置策略，核心持股是投資人主要的持股部位，通常會占到總持股的 50%以上，而衛星持股則是比例較小的投資部位。其概念源自於行星（例如地球）和圍繞在周邊的衛星（例如月球）。

圖解核心與衛星持股

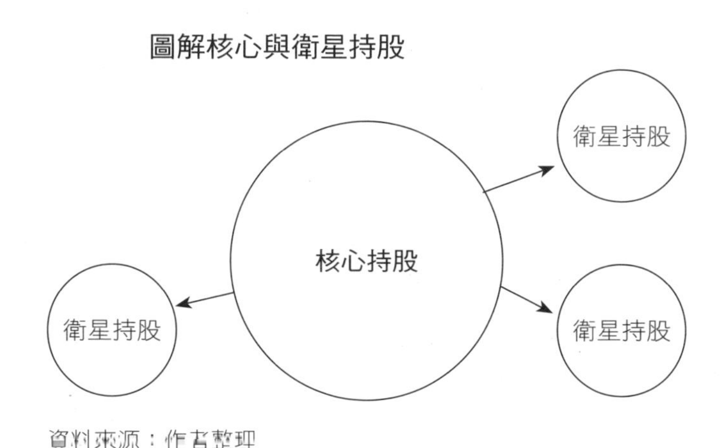

資料來源：作者整理

最常見的核心與衛星持股搭配方式是以指數型 ETF 為核心，並搭配投資人主動選股做為衛星。使用這種被動為主、主動為輔的持股策略，讓投資人有機會取得超過市場的報酬；缺點是如果不慎選錯股，績效就會落後市場報酬。另一種常見的搭配組合則是以波動小、風險低，且長期保持穩定的股票做為核心持股，例如高殖利率的定存股，搭配波動較大、風險較高但具備成長空間的成長股做為衛星持股。這種搭配的好處在於投資人除了可以穩定收息，還兼有賺價差的機會，缺點是長期績效恐怕會落後市場

使用核心與衛星持股配置的策略，可以豐富投資組合的多樣性，藉此降低整體組合的波動和分散風險。那麼問題來了，面對 A 股上千檔不同類型的股票和 ETF，筆者究竟是如何打造投資組合的呢？

4 步驟建立配置

在做核心與衛星持股配置時，是主動好還是被動好？成長型好或是高配息好？筆者的答案一律都是：「因人而異。」投資人該選擇什麼樣的配置沒有標準答案，應該根據實際情況和需求規劃。讀者可以透過以下 4 個簡單的步驟規劃：

步驟 1》劃定投資能力圈

如何評估自己的投資能力圈有多大？如果沒有頭緒的話，可以先回答以下幾個問題：

- 在投資陸股之前，是否曾主動投資過台股？
- 在投資陸股之前，是否曾主動投資過台股以外的海外股市？
- 如果曾有主動投資的經驗（不論市場），績效是否贏過大盤？
- 是否有系統地學習過投資股票的課程？
- 是否有系統地學習過財務分析？
- 平時是否會接觸到大量的中國股市資訊？
- 對於研究股票是否感興趣？
- 每天是否能花至少 1 小時研究投資？
- 是否能承受一檔股票虧損超過 50%？

・是否有足夠的耐心長期持有一檔股票？

回答完這些問題後，便能確認清楚自己的投資能力圈到底有多大，以及自己適合主動還是被動投資。如果投資人回答這 10 道題目，能給出超過 8 個「是」，或許可以嘗試主動投資陸股。另外還可以根據「是」和「否」的比例，分配主動投資和被動投資的比例，例如 10 道題目中有 7 個「是」和 3 個「否」，則可以配置 70%的主動選股做為核心，30%的被動投資做為衛星。

考慮完該主動還是被動投資之後，接著還需要考慮投資的策略，到底要挑選偏成長型的股票或 ETF，還是高股息的股票或 ETF 呢？台灣投資人對於高股息股情有獨鍾，只要與高股息題材掛鉤的 ETF，基本上都會受到市場的追捧。但其實市場上還有另外一種聲音，認為投資這類高股息股票或 ETF，乍看之下每年的殖利率還不錯，但長期年化報酬率卻遠落後於貼近大盤的 ETF 或成長股。的確，高股息股票或 ETF 的長期表現，不如貼近大盤的指數型 ETF 和成長股，但投資人還是要依照實際情況挑選合適的標的，可接著根據步驟 2 進行分析：

步驟 2》計算資金使用的期限

如果這筆資金短期內可能會有其他用途，例如投資 3 年後打算換一台新車，那麼必須在投資的中途賣出部分或所有股份。這種情況下，如果選擇成長型股票或貼近市場的指數型 ETF，報酬率就未必能贏過投資高殖利率的股票或 ETF。因為我們無法確定 3 年內成長型公司的獲利是否能如預期成長，又或是即使賺錢了，公司是否會分紅給股東。一般來說成長型公司需要持續擴張和投入，比起把錢分給股東，公司更傾向保留利潤來發展。相反的，高股息股類型的公司，在這 3 年會穩定給投資者分紅，股價雖然不太可能高速成長，但更容易保持穩定。如果投資人確定資金未來很長一段時間不會有其他規劃，那麼用來投資成長型股票或貼近市場的指數型 ETF，可以期望長期總報酬率會更優。

步驟 3》確認投資的需求

對於還在工作有主動收入的投資人來說，日常生活開銷能靠薪資支付，對於股票分紅帶來的現金流就沒有那麼高的需求，可以透過投資成長型股票或貼近市場的指數型 ETF，累積資產總價值。但對於那些已經退休的投資人來說，在沒有主動收入的情況下，可能要靠股票的分紅來支付生活開銷，這時候一家公司能否穩定配息就很關鍵了。這類型的投資人重視的是每年、甚至是每季的投資結果，而不是幾十年後的總資產增加多少。

或許有人會覺得退休的投資人可以賣股換現金，但不要忘了成長型股票或 ETF 的股價波動，往往會比高股息類型股票或 ETF 高，如果在股價下跌時被迫賣股換錢，那就得不償失了。所以對於那些經常需要從股市提錢過生活的人，高股息股票或 ETF 才是讓人能安心長期持有的股票，不必在需要錢的時候把股票賣在低點，少賺或甚至賠錢。

步驟 4》評估風險抵禦能力

一般來說年紀較輕、有能力透過本業和副業賺取主動收入的人，能承受較高的風險，可以把成長型股票或貼近市場的指數型 ETF 做為核心持股，高殖利率的股票或 ETF 則可以做為衛星持股。當你有在上班賺錢時，如果使用這種「先升值、後收息」的配置策略，便能趁年輕時把雪球盡可能地滾大。等到退休之日來臨時，本錢已經滾大了，能領到的股息自然不會少。而即將退休或是已經退休的投資人，建議以「收息為主，成長為輔」的配置策略，降低資產波動和打造穩定被動收入。

如果不確定自己的年紀該如何分配比例，可以用 100 減去自己目前的年齡，將得到的數字當作成長型股票或 ETF 的配置比例，舉例來說假設今年 30 歲，那就是把 70％的投資資金配置到成長型的股票或 ETF 做為核心持股，剩下 30％則配置到高殖利率的股票或 ETF。

總結來說，核心與衛星持股配置法沒有標準答案，投資人可以根據 4 大步驟梳理出最適合自身情況的配置比例。筆者將 4 大步驟整理成表格，方便讀者參考。

打造核心與衛星配置 4 步驟

步驟	說明
一、劃定投資能力圈	合理檢視自身的經驗值、過去績效和可用的時間與精力
二、計算資金使用的期限	是否會在短時間內使用投資的資金？
三、確認投資的需求	是否需要穩定的被動收入過生活？
四、評估風險抵禦能力	考慮年紀和距離退休的時間，可以用（100 －目前年齡）×100%的公式，分配成長型和高殖利率的比例

資料來源：作者整理

為何而投資陸股？

投資陸股的目標通常是為了分散過度集中投資於台股和美股的風險，或是單純看好中國未來的經濟發展。這種情況下，筆者會建議投資人將核心持股配置成追蹤陸股寬基指數的低成本 ETF 即可，因為投資人一來沒有強烈的人民幣現金流需求，二來是指數化投資可以省去不少研究和追蹤個股的精力。台灣投資人如果貿然選擇陸股的個股投資，很可能會犯下超出投資能力圈而不自知的錯誤。但如果你長期在中國工作或生活，對人民幣有一定需求的話，可以考慮選擇配息穩定的股票做為核心持股，以便創造穩定的現金流。

筆者投資陸股的最終極目的是分散風險，並在中國打造一套長期穩定的被動收入系統，核心持股會以長期配息穩定的定存股為主，分別從銀行股、公路股和電力股三大行業中挑選。衛星持股則搭配具有成長性的指數型 ETF，以及有機會賺價差的能源股，分別選擇了滬深 300 指數，以及容易受原物料周期變化影響的石油股和煤炭股。

在配置核心與衛星持股的比例時，核心持股的比例必須超過50%，標的則分散到3檔股票，且每檔股票占核心持股的比例最高不超過二分之一。衛星持股部分，指數型ETF的持股比例不低於30%，而能源股的上限為20%。接下來將完整分享陸股存股名單，並詳細說明如何透過「黃金三角」與「6大指標」，從滬深兩市4千多檔股票裡挑選出這些好股票與ETF。

筆者的核心與衛星持股

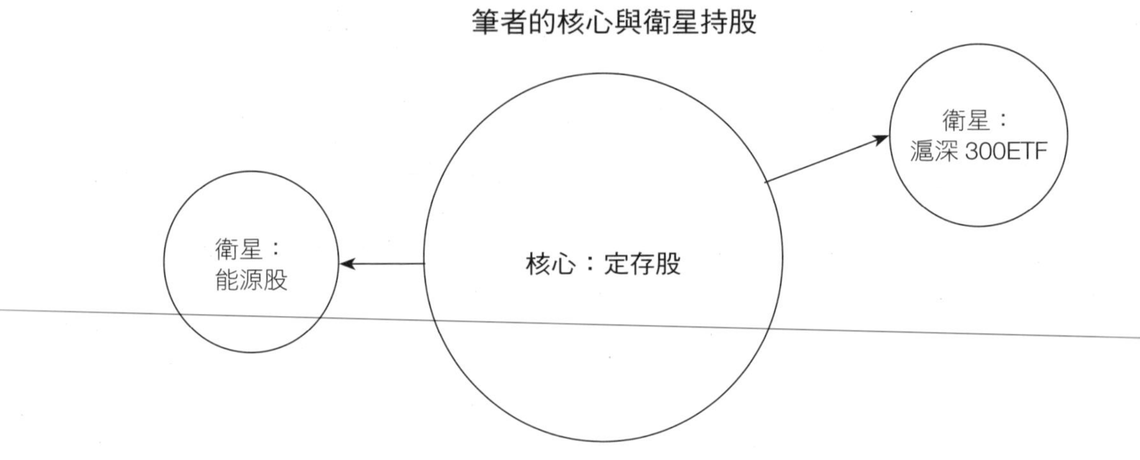

資料來源：作者整理

我的核心持股

挑選定存股應該找符合「黃金三角」選股邏輯的好公司，接下來將針對筆者精挑細選出的三大賽道：銀行、公路和電力，進行詳細說明與分析，並使用「6 大指標」從中挑選出適合存股的標的。筆者公開這份存股名單並不是為了「報明牌」，而是希望透過詳細闡述自己選股的邏輯，拋磚引玉。相信在超過 4 千檔上市公司的 A 股中，讀者也能挑出適合自己的寶藏股票。

核心 1 號：銀行股

曾看過有數據統計，中國有 4 千多家銀行，大致可分為以下 4 類：國有大型銀行、股份制商業銀行、城市商業銀行和民營銀行。一般來說，國有大型銀行和股份制商業銀行的分行會遍布全中國， 甚至不少大型國有銀行在全球主要城市都有營業據點。而城市商業銀行則在單一省內或市內，偶爾也會有跨省市設立分行的情況。至於規模最小的民營銀行，分行數量與前 3 種銀行相比會少很多。為了加強系統重要性、銀行監管和抵禦風險的能力，2020 年，中國人民銀行和銀保監會公布被評估認定為系統重要性銀行[1]的 19 家銀行，共分 5 組：

系統性重要銀行

組別	家數	名單
第 5 組	0 家	暫無銀行進入
第 4 組	4 家	中國工商銀行、中國銀行、中國建設銀行、中國農業銀行
第 3 組	3 家	交通銀行、招商銀行、興業銀行
第 2 組	4 家	浦發銀行、中信銀行、中國民生銀行、中國郵政儲蓄銀行
第 1 組	8 家	平安銀行、中國光大銀行、華夏銀行、廣發銀行、寧波銀行、上海銀行、江蘇銀行、北京銀行

資料來源：作者整理

級別最高的第 4 組就是一般認知的「四大行」，若加上交通銀行和中國郵政儲蓄銀行就是俗稱的「六大行」，這 6 家公司背後都是由國企或央企控制，屬於大型國有銀行。雖然這 6 家銀行長期的表現都非常穩定，但畢竟規模都已經非常大了，未來獲利成長空間相較於其他銀行會比較小；加上「國有」的特殊背景，在經營方面與難免會比較保守。

如果要考慮官股性質且具備一定獲利成長空間，那麼筆者會挑選第 3 組的剩下 2 家銀行，也就是招商銀行與興業銀行。這 2 家銀行的第一大股東同樣是官股背景。根據過去資料，營收成長性明顯優於「六大行」。扣除上市時間比較晚的郵儲銀行，「六大行」中剩下的 5 家銀行，從 2017 至 2021 年平均營收成長率僅約 31.81%，而招商銀行和興業銀行同期的營收成長率，分別為 49.95%與 58.05%。

第 3 組中股份制商業銀行

公司名稱	股票代號	第一大股東	2017 至 2021 年營收成長率
招商銀行	600036	招商局（國資委）	49.95%
興業銀行	601166	福建省財政廳（國家機關）	58.05%

資料來源：上交所網站

這兩家股份制商業銀行的第一大股東（最終控制人）都是官股背景，符合黃金三角中的國家生意。加上這兩家股份制商業銀行的核心業務以放貸款賺利息為主，生意模式相對更單純，因此基本符合黃金三角中的傻瓜生意。接下來用 6 大指標針對招商銀行與興業銀行進行評比，並將結果整理成以下表格。各項指標使用的數據為 2012 至 2021 年的資料。

指標 1》穩定獲利能力

中國股市在 2012 至 2021 年遭遇過股災、疫情和各種經濟危機，然而都不影響這兩家銀行持續賺錢。雖然過去不能代表未來，但筆者相信不論遇到什麼不利的情況，這些銀行都具備能抵禦風險與處理危機的能力。

2012 至 2021 年 EPS（人民幣：元）

公司名稱	2021	2020	2019	2018	2017	2016	2015	2014	2013	2012
招商銀行	4.61	3.79	3.62	3.13	2.78	2.46	2.29	2.22	2.30	2.10
興業銀行	3.77	3.08	3.10	2.85	2.74	2.77	2.63	2.47	2.16	2.15

資料來源：雪球網站

指標 2》長期分紅能力

從 2012 至 2021 年的分紅紀錄來看，這兩家銀行就像股東的超級印鈔機，連續 10 年都能保持穩定分紅的能力。

2012 至 2021 年每 10 股分紅（人民幣：元）

公司名稱	2021	2020	2019	2018	2017	2016	2015	2014	2013	2012
招商銀行	15.22	12.53	12.00	9.40	8.40	7.40	6.90	6.70	6.20	6.30
興業銀行	10.35	8.02	7.62	6.90	6.50	6.10	6.10	5.70	4.60	5.70

資料來源：雪球網站

指標 3》大方分紅政策

中國銀行股分紅率一般不會太高，所以這兩家銀行分紅率都不符合原先設定的 50% 門檻，因此可以變相篩選分紅率相對較高的那一家。從下表可以看到，招商銀行在 2017 至 2021 年的平均分紅率優於興業銀行，甚至優於同期四大行的平均分紅率 30.89%。

2017 至 2021 年平均分紅率

公司名稱	分紅率高於 50%	平均分紅率
招商銀行	X	32.09%
興業銀行	Y	26.01%

資料來源：雪球網站

指標 4》穩定成長的營收趨勢

攤開歷年營收數據，會發現這 2 家銀行的營收逐年呈現成長的趨勢。筆者計算從 2017 至 2021 年的營收成長率，並將數據做成下表。

2017 至 2021 年營收（人民幣：億元）與成長率

公司名稱	2021	2020	2019	2018	2017	收成長率
招商銀行	3312.53	2904.82	2697.03	2485.55	2208.97	49.95%
興業銀行	2212.36	2031.37	1813.08	1582.87	1399.75	58.05%

資料來源：雪球網站

指標 5》滬深港通資格

這兩家銀行都符合滬深港通資格，其中招商銀行還在香港掛牌上市，屬於 A+H 股。

滬深港通資格 /A+H

公司名稱	滬深港通資格	A+H
招商銀行	O	O
興業銀行	O	X

資料來源：雪球網站

指標 6》良好的 ESG 評級

根據中證指數網提供的 2022 年最新資料，這兩家銀行評級都在 A 以上，招商銀行取得 AAA 的最佳評級。

ESG 評級

公司名稱	ESG 評級
招商銀行	AAA
興業銀行	A

資料來源：中證指數網

這兩家銀行都非常值得做為定存股，除了具備穩定獲利和分紅能力，還具備高度成長性。雖然乍看之下興業銀行的營收成長率比較好，但從 2017 至 2021 年的 EPS 成長率來看，招商銀行和興業銀行的逐年成長率平均數據分別是 17.84%與 6.69%。而且這 5 年間招商銀行每年的 EPS 成長率都是正值，即使遇上疫情等不利影響，還能保持正成長。加上考慮到分紅率、滬港兩市上市和 ESG 評級分數，筆者會更傾向選擇招商銀行做為主要存股標的。

核心 2 號：公路股

中國有全球第一長的高速公路系統，截至 2022 年 6 月，中國的高速公路總長度累積超過 16 萬公里，可以繞行地球 4 圈。複雜的高速公路網，孕育出一批經營高速公路的公路股，因為道路具有公共財特性，所以背後最大股東通常是央企或國企。高速公路屬於獨特資源，同一條路線不會出現與之競爭或替代的第二條高速公路，所以這些經營高速公路的公司有資源和行政的壟斷優勢。

經營高速公路這門生意非常單純，通常不需要行銷和宣傳，只需要日常養護即可。過路費直接收現金，基本上不會出現賒帳的情況，公司也不需要保留商品庫存，所以財務報表相對其他行業來說非常簡潔，因此公路股符合黃金三角中的傻瓜生意。不過公路股也並不是沒有缺點，需要配合政策讓利於民，例如在 2020 年初疫情爆發時，各大高速公路就配合政府政策，免收幾個月的過路費。另外中國的高速公路並不會永久收費，年限通常在 25 年至 30 年，除非公司適當投資擴增該高速公路，否則收費年限到期後，就必須免費開放。

公路股的主要收入來源是收通行費，而影響通行費多寡的因素是車流量，取決於路段所經地區的經濟發展。一個地區經濟發展越好，人們越願意購車和出遊消費。若從商業的角度來看，貨運的數量也會隨著經濟發展越好而變得越多；城市間商務旅行的交流，也是根據區域經濟發展程度而定，因此挑選公路股的優先考量，便是研究公司經營管理的高速公路主要分布在哪些區域。

中國未來經濟發展最具潛力的區域為以下三大城市群：京津冀、長三角和大灣區，筆者挑選出 3 家主要經營這些區域的公路股，分別是江蘇省唯一上市公路股寧滬高速（600377），以及兩家經營廣東省高速公路的深高速（600548）和粵高速 A（000429）。

接下來使用 6 大指標對這 3 家公司進行評比，並將結果整理成以下表格。各項指標使用的數據來源為 2012 至 2021 年資料。

指標 1》穩定獲利能力

從過去的 EPS 數據可以看出，公路股的賺錢能力非常穩定，不容易受到經濟周期影響。

2012 至 2021 年 EPS（人民幣：元）

公司名稱	2021	2020	2019	2018	2017	2016	2015	2014	2013	2012
寧滬高速	0.83	0.49	0.83	0.87	0.71	0.66	0.50	0.44	0.54	0.46
深高速	1.11	0.94	1.18	1.58	0.64	0.54	0.71	1.00	0.33	0.31
粵高速 A	0.81	0.42	0.70	0.80	0.72	0.52	0.40	0.25	0.10	0.14

資料來源：雪球網站

指標 2》長期分紅能力

公路通常在建設初期需要投入大筆資金，日後就只有折舊成本，對現金流沒有太大影響。只有要投資其他公路或擴建時，才會有大筆支出。平時成本支出比較固定，所以分紅往往也非常穩定。

2012 至 2021 年每 10 股分紅（人民幣：元）

公司名稱	2021	2020	2019	2018	2017	2016	2015	2014	2013	2012
寧滬高速	4.60	4.60	4.60	4.60	4.40	4.20	4.00	3.80	3.80	3.60
深高速	6.20	4.30	5.20	7.10	3.00	2.20	3.40	4.50	1.60	1.30
粵高速 A	5.70	2.91	4.22	5.62	5.06	3.36	1.50	1.00	0.50	0.50

資料來源：雪球網站

指標 3》大方分紅政策

公路股在陸股中屬於配息政策比較大方的族群，其中寧滬高速和粵高速 A 分紅率長期保持在 50%以上，而深高速也沒有遜色多少，長期保持在 45%左右。

2017 至 2021 年分紅率

公司名稱	分紅率皆高 50%	平均分紅率
寧滬高速	O	61.12%
深高速	X	46.57%
粵高速 A	O	68.14%

資料來源：雪球網站

指標 4》穩定成長的營收趨勢

公路股的營收成長主要看公路所在區域的經濟發展，這 3 家公路股持有的核心路段分別在經濟發展領先全中國的長三角和大灣區，營收除了 2020 年受到因疫情免收通行費影響，其餘年度都呈現逐年成長的趨勢。寧滬高速的核心資產包含滬寧高速公路江蘇段連接上海、蘇州、無錫、常州、鎮江、南京 6 大城市 ，是中國最繁忙的高速公路之一。除滬寧高速江蘇段，截至 2021 年底，公司還擁有 9 條位於江蘇省內的高速公路。深高速的核心資產則是深圳區域高速、5 條廣東省內的高速公路，以及 4 條外省高速公路。粵高速 A 的核心資產包含廣東省內數條高速公路與轉投資外省高速公路。

2017 至 2021 年營收（人民幣：億元）與成長率

公司名稱	2021	2020	2019	2018	2017	5 年營收成長率
寧滬高速	137.93	80.32	100.78	99.69	94.56	+45.74%
深高速	108.72	80.27	63.90	58.07	52.10	+107.69%
粵高速 A	52.88	37.90	49.99	32.19	30.89	+73.33%

資料來源：雪球網站

指標 5》滬深港通資格

這 3 家公路股都符合滬深港通的資格，其中寧滬高速和深高速都在香港上市，屬於 A+H 股。

滬深港通資格 /A+H

公司名稱	滬深港通資格	A+H
寧滬高速	O	O
深高速	O	O
粵高速 A	O	X

資料來源：雪球網站

指標 6》良好的 ESG 評級

這 3 家公司都不是滬深 300 指數成份股，故中證指數網上查詢不到 ESG 評級的數據，不過可以從公司的年報中了解在 ESG 方面的表現。寧滬高速和深高速在 ESG 方面獲得較多市場的肯定，粵高速 A 則沒有在年報中揭露相關獲訊息。

2021 年 ESG 表彰

公司名稱	ESG 表彰
寧滬高速	· 上海證券交易所對公司最近兩年訊息披露考評結果均為最高級 A 級 · 蟬聯第 12 屆中國上市公司投資者關係天馬獎論壇「最佳董事會」獎 · 2021 年上市公司「金質量 · ESG 獎」
深高速	· 獲《證券時報》「第 15 屆中國上市公司價值評選 A 股上市公司社會責任獎」 · 獲 HKMA（香港管理專業協會）「2021 年最佳年報比賽」之「卓越 ESG 報告獎」 · 獲評《國際金融報》「第 4 屆中國企業 社會責任先鋒論壇」之「年度 ESG 最具投資價值企業」 · 獲深圳市公司治理研究會評「大灣區上市公司 Top 20」之「綠色治理獎」和「公司治理獎」 · 獲 Roadshow China（路演中）2021 年度「第 5 屆中國卓越 IR 評選」之「最佳 ESG 獎」「最佳信披獎」「最佳資本市場溝通獎」和「中國上市公司路演熱度榜 IR 熱度 TOP 10」
粵高速 A	年報未披露

資料來源：上市公司年報

這 3 家公路股都非常值得長期持有領股息，若要從中挑選一檔主要投資標的，考慮到公司分紅率與分紅的穩定性，筆者會更傾向選擇寧滬高速。除了這 3 檔優質的公路股，陸股中規模比較大的公路股，還有經營山東省公路為主的山東高速（600350）、經營四川省公路的四川成渝（601107），以及以轉投資為主的招商公路（001965），經營20多條公路分布全中國，並轉投資其他上市的公路股。仔細研究的話，或許能從這些穩定收息的公路股中，找出適合自己的定存股。

核心3號：電力股

如果說現代人的生活中，除了食物和飲水還有什麼是不可少的，那肯定非智慧型手機和家電產品莫屬，而這些電子產品背後少不了電力。此外，一個地方的經濟活動同樣少不了電力，如果沒有足夠的電來支撐企業和工廠，經濟要如何發展呢？由於電力有民生必需品的特性，在中國電力公司大多是官股背景，符合黃金三角中的國家生意。另外電力公司的業務也非常單一，就是發電和賣電，所以也符合傻瓜生意的投資邏輯。隨著「雙碳計畫」[2]推出，未來可以預期清潔能源，例如水電、風電和太陽能，將越來越受到中國官方重視。

在陸股眾多的電力股中，有一檔專門靠水力發電的公司，那就是全球最大水電上市公司長江電力（600900）。公司的最大股東為中國長江三峽集團有限公司，屬於國資委100%持有的央企，負責運營長江流域中的三峽、葛洲壩、溪洛渡、向家壩共4座巨型水電站，以及代管金沙江下游的烏東德和白鶴灘水電站，獨家壟斷了水力資源，符合黃金三角中的壟斷生意。只要長江流水不要停，公司就有用不完且幾乎免成本的水來發電。接下來使用6大指標對長江電力進行評比，並將結果整理成以下表格。各項指標使用的數據為2012至2021年資料。

指標 1》穩定獲利能力

中國未來對電的需求只會不斷增加，水電又屬於清潔能源，從政策面來看更容易受到國家的扶持，重要性勢必會日漸提升。不過由於長江電力的能源來自於水力，一旦氣候異常導致雨水不足的話，公司的發電量也會被牽連。從過去 10 年的數據顯示，公司的獲利能力大致穩定，且能保持成長。

2012 至 2021 年 EPS（人民幣：元）

公司名稱	2021	2020	2019	2018	2017	2016	2015	2014	2013	2012
長江電力	1.16	1.19	0.98	1.03	1.01	0.94	0.83	0.72	0.55	0.63

資料來源：雪球網站

指標 2》長期分紅能力

長江電力自 2003 年上市以來至 2021 年，保持連續 19 年都能分紅的紀錄。這段期間公司經歷過金融風暴、疫情、貿易戰、通膨等危機，可見這家公司的配息具有高度穩定性。

2012 至 2021 年每 10 股分紅（人民幣：元）

公司名稱	2021	2020	2019	2018	2017	2016	2015	2014	2013	2012
長江電力	8.15	7.00	6.80	6.80	6.80	7.25	4.00	3.79	2.80	3.32

資料來源：雪球網站

指標 3》大方分紅政策

除了分紅長期穩定，長江電力也是出了名的大方，2017 至 2021 年，年分紅率從未低於 5 成，是會賺又願意分享的公司，太適合拿來存股了。水電這種生意模式的特性就是生產成本極低，只有在水電廠建立初期需要投入大量的資金。建成之後公司通常只需要支付工資、折舊與維護成本，其中折舊又不會影響公司的現金流，因此公司利潤能以極高的比例分配給股東。

2017 至 2021 年分紅率

公司名稱	分紅率皆高 50%	平均分紅率
長江電力	O	66.02%

資料來源：雪球網站

指標 4》穩定成長的營收趨勢

水力發電廠的發電量會受到全年度水量多寡影響，在氣候和雨水穩定的情況下通常不會大幅變動。不過電價是民生必需品，價格也不能由公司任意調漲，所以長江電力的營收比較難大幅成長。這幾年長江電力積極投資更多發電站，像是烏東德電站和白鶴灘電站，提升公司的總裝機量帶動總發電量成長。長江電力的營收大體上呈現成長趨勢，從 2017 至 2021 年雖然略有波動，但 5 年來依舊成長了近 11%，若再往回推算至 2012 年的數據，這 10 年營收成長了 115.83%。

2017 至 2021 年營收（人民幣：億元）與成長率

公司名稱	2021	2020	2019	2018	2017	5 年營收成長率
長江電力	556.46	577.83	498.74	512.14	501.46	10.96%

資料來源：雪球網站

指標 5》滬深港通資格

雖然長江電力沒有在香港上市，但符合滬深港通資格，同時也是滬深 300 指數成份股之一。

滬深港通資格 /A+H

公司名稱	滬深港通資格	A+H
長江電力	O	X

資料來源：雪球網站

指標 6》良好的 ESG 評級

長江電力的 ESG 評分屬於 A 級，剛好符合標準。

ESG 評級

公司名稱	ESG 評級
長江電力	A

資料來源：中證指數網

長江電力雖然是一家業務簡單又無趣的公司，但從業績和分紅來看，卻是一檔適合長期持有的好股票。特別是喜歡收息的投資人很適合長期持有做為定存股。最後長江電力還有一項隱藏的優勢，那就是水壩資產折舊的時間遠低於實際可使用的時間，未來待折舊完成後，這部分的利潤就會呈現出來。

我的衛星持股

核心持股是以追求穩定和配息為主，而衛星持股則是追求成長性和價差，但這往往會伴隨更大的波動和風險，所以筆者不會讓衛星持股的比例超過 5 成。衛星持股的配置裡會以寬基指數為主，能源股為輔。寬基指數挑選了滬深兩市中最具代表性的滬深 300 指數 ETF，能源股則鎖定石油和煤炭兩大舊能源股。

衛星 1 號：滬深 300ETF

投資滬深 300 指數，相當於一次買下在上海和深圳上市公司中最優質的 300 家，攤開其成份股都是中國甚至全球知名的企業，地位是各行業的佼佼者。筆者整理了截至 2022 年 7 月底，該指數的前 10 大成份股和其權重。

滬深 300 指數前 10 大成份股

公司名稱	股票代號	行業	權重
貴州茅台	600519	主要消費	6.11%
寧德時代	300750	工業	3.56%
中國平安	601318	金融	2.34%
招商銀行	600036	金融	2.22%
隆基綠能	601012	工業	1.91%
五糧液	000858	主要消費	1.77%
比亞迪	002594	可選消費	1.49%
長江電力	600900	公用事業	1.39%
美的集團	000333	可選消費	1.38%
興業銀行	601166	金融	1.32%

資料來源：中證指數網

滬深 300 的編撰邏輯是按市值篩選，所以更能貼近滬深兩市整體的表現，說能代表中國整體經濟發展都不為過。滬深 300 從推出以來，成份股在各行業權重一直隨著中國經濟發展而變化，例如工業、醫療保健和公用事業的比例不斷上升，大體上符合中國這些年來產業變遷的歷程。根據陸股上市公司 2021 年報，滬深 300 成份股的營業收入、淨利潤和分紅總額，均超過所有 A 股上市公司總額的 50%。其中營業收入占 57%、歸母公司淨利潤占 77%，以及分紅占 69%，由此可見這 300 家公司的影響力。從指數績效面來看，滬深 300 指數自 2004 年成立以來至 2022 年 8 月，這 17 年創造的年化報酬率大約 8%。

陸股市場第一檔發行追蹤滬深 300 指數的 ETF 是華泰滬深 300ETF（510300），該 ETF 於 2012 年 5 月才成立，至 2022 年 5 月中旬剛好滿 10 年。在這 10 年裡，滬深 300 指數的年化報酬率是 4.3%，還原配息後則是 6.5%。而華泰滬深 300ETF 的年化報酬率則是 5.9%，加上基金的年管理費率和年託管費率合計 0.60% 後，約等於指數還原配息後和 ETF 的報酬差額，這檔 ETF 基本上實現了緊密跟蹤指數的作用。

起初筆者並沒有選擇華泰滬深 300ETF，而是規模第二大的華夏滬深 300ETF（510330），主要是考量到該 ETF 的報酬率略優於規模第一大的華泰滬深 300ETF。不過筆者發現，投資指數型基金除了規模和追蹤誤差，長期影響績效的關鍵因素是 ETF 的費用率，所以隨後筆者便把滬深 300ETF 投資標的，調整為易方達基金發行的滬深 300ETF 易方達（510310）。

如果想投資滬深 300 指數的話，只需要挑一檔規模較靠前的 ETF 即可，不需要太過於糾結誰好誰壞，就像討論元大台灣 50ETF（0050）和富邦台 50ETF（006028）孰優孰劣一樣，沒有太大意義。關於更多陸股滬深 300ETF 指數的介紹和比較，請見本書第 5 章。

衛星 2 號：石油股

石油又稱「黑金」或是「工業的血液」，除了早已成為生活中重要的能源，也是許多工業不可缺少的原物料。石油具有高度的稀缺性，供需帶來的價格變化經常對經濟產生重大影響，歷史上不少經濟危機和地緣衝突，都和石油危機脫不了關係。石油這麼重要的資源，在中國肯定是把持在官方手裡，幾家超大型石油企業背後都是由官股控制，甚至官方對於石油價格都有嚴格的管理政策，因此這門生意符合黃金三角中的官股生意。

中國的石油資源從開採、運輸、加工到銷售，都是由少數幾家大型石油企業取得特許經營權，基本上屬於資源和品牌的壟斷。而這些公司除了幾乎沒有競爭，也沒有其他複雜的轉投資，業務相對單純，屬於傻瓜生意。中國最具規模的三大石油公司分別是中國石油（601857）、中國石化（600028）和中國海油（600938），俗稱「三桶油」。筆者特別把 3 家石油公司的業務整理成下表：

三桶油業務比較

公司名稱	業務介紹
中國石油	三桶油中規模最大的公司，主要優勢為把持大量原油和天然氣資源，其原油產量約占全中國的 50%，天然氣更是占到 70%。除了開採之外，還負責原油產品以及化工產品的生產與銷售，形成一條龍的產業
中國石化	規模小於中國石油，仍屬於大型的石油企業。主要業務為進口原油與天然氣後，進行煉化和銷售。業務集中在中國經濟發達的長三角、大灣區和東南沿海一帶，擁有鄰近市場的地利之便
中國海油	成立最晚卻也最沒有包袱，更符合國際化石油企業的標準。主要業務為原油和天然氣的探勘和開採，是中國海域最主要的石油和天然氣生產商

資料來源：雪球網站

從業務面來看，中國海油和兩位老大哥相比，更像是一家純石油的開採公司，其業績和股價容易受到石油景氣循環變化的影響。加上中國海油 2022 年才於上海證券交易所上市，沒有太多歷史數據供參考，所以暫時不納入考慮，建議感興趣的投資人可以先觀察公司這幾年的表現。接下來筆者將用 6 大指標針對中國石油和中國石化進行評比，並將結果整理成以下表格。各項指標使用的數據為 2012 至 2021 年的資料。

指標 1》穩定獲利能力

雖說石油屬於景氣循環行業，但這兩家陸股石油巨頭長期都能保持平穩的獲利，即使油價下跌的那幾年（例如 2020 年），都能至少保持小賺而不虧錢。

2012 至 2021 年 EPS（人民幣：元）

公司名稱	2021	2020	2019	2018	2017	2016	2015	2014	2013	2012
中國石油	0.50	0.10	0.25	0.29	0.12	0.04	0.19	0.59	0.71	0.63
中國石化	0.59	0.28	0.48	0.52	0.42	0.38	0.27	0.41	0.54	0.54

資料來源：雪球網站

指標 2》長期分紅能力

這兩家石油巨頭簡直就是存股族的超級印鈔機，即使遭遇到曾出現「負油價」的 2020 年，導致獲利不如往年，中國石油竟然還能繳出超過 100％的分紅率。而且有別於大多數陸股上市公司年配息，中國石油和中國石化都是採半年配的方式，通常在 6 月和 9 月。身為股東一年能夠領兩次股息，真的好有感。

2012 至 2021 年每 10 股分紅（人民幣：元）

公司名稱	2021	2020	2019	2018	2017	2016	2015	2014	2013	2012
中國石油	2.27	1.75	1.44	1.79	1.30	0.59	0.87	2.64	3.19	2.84
中國石化	4.70	2.00	3.10	4.20	5.00	2.49	1.50	2.00	2.40	3.00

資料來源：雪球網站

指標 3》大方分紅政策

這兩家石油公司分紅政策都非常大方，近期分紅率都超過 5 成，中國石化甚至高達 8 成。不過因為石油股屬於景氣循環股，EPS 波動往往較大。雖然分紅大方，也容易受到業績影響忽高忽低。

2017 至 2021 年分紅率

公司名稱	分紅率皆高 50%	平均分紅率
中國石油	X	67.77%
中國石化	O	82.96%

資料來源：雪球網站

指標 4》穩定成長的營收趨勢

根據《財富》2022 年發布的世界 500 強企業名單，中國石油和中國石化分別排名全球第 4 名和第 5 名，更是石油企業的前兩名。因為石油屬於景氣循環行業，公司獲利容易受到油價變化影響，營收會呈現波動的趨勢。不過好在中國的石油企業都是官股生意，相對於歐美高度自由的市場來說，更容易受到政策的保護。

2017 至 2021 年營收（人民幣：兆元）與成長率

公司名稱	2021	2020	2019	2018	2017	5 年營收成長率
中國石油	2.61	1.93	2.52	2.37	2.02	+29.20%
中國石化	2.74	2.10	2.96	2.89	2.36	+16.10%

資料來源：雪球網站

指標 5》滬深港通資格

這兩家大型官股石油企業都符合滬深港通的資格，同時也在香港和美國上市，財報需要受到三地市場的監管。早在中國石油於上交所上市前，巴菲特在 2002 年就開始投資當時在香港上市的中國石油，這也是第一檔受到股神青睞的中國公司。

滬深港通資格 /A+H

公司名稱	滬深港通資格	A+H
中國石油	O	O
中國石化	O	O

資料來源：雪球網站

指標 6》良好的 ESG 評級

根據中證指數網提供的 ESG 評級資料，這兩家石油企業的分數皆高達 AA。

ESG 評級

公司名稱	ESG 評級
中國石油	AA
中國石化	AA

資料來源：中證指數網

這兩家石油巨頭是具備長期賺錢能力和大方分紅的好公司，筆者會更傾向於挑選老大哥中國石油。投資石油股，需要留意的是原油價格波動帶來的影響。此外，投資石油股還有一項隱憂，那就是中國這幾年積極發展新能源和電動車，未來經濟對石油的依賴程度，未必會像過去一樣那麼高。

衛星 3 號：煤炭股

中國從 2015 年就開始針對煤炭行業推動「供給側改革」，意思是適度削減產能，並推動煤炭行業兼併重組。供給減少的情況下，逐漸帶動煤炭價格回穩，同時透過整併大者恆大，讓國有煤炭企業的市占率進一步提升。除了政策所帶來的供給端利多，碳中和政策也會為煤炭的需求端帶來利多。乍聽之下可能有些衝突，碳中和不是應該要拋棄煤炭嗎？實際上新能源產業的出現，反而會加大對煤炭的需求。

舉例來說，太陽能電池板中所需的矽元素，在冶煉的過程需要消耗大量電力，另外像是 5G 和電動車也是高耗能行業。這些電從哪來呢？答案就是煤炭。根據中國統計局的資料顯示，以 2021 年為例，以煤炭做為主要燃料來源的火力發電量依然占據首位，約占中國總發電量的 7 成。雖然中國近期也在加強再生能源發電（例如水力、風力和太陽能），但這些能源靠天吃飯，例如 2022 年夏天就因為長期高溫加上乾旱，導致部分區域出現暫時性缺電的問題。

筆者預測在能源轉型完成之前，煤炭依舊會負起非常重要的能源供應責任。中國的煤礦資源屬於壟斷性質，行業內幾家大型煤炭企業背後都是由官股控制，符合黃金三角中的壟斷生意和官股持有。加上煤炭股的生意單純，基本上就是生產、運輸和銷售，沒有太過複雜的轉投資，屬於傻瓜生意。滬深兩市中煤炭行業上市公司市值排名前三位的公司，分別是陝西煤業（601225）、中國神華（601088）和兗礦能源（600188），陝西煤業在 2014 年才上市，暫時不納入考慮。

接下來使用 6 大指標針對中國神華與兗礦能源這兩家煤炭巨頭進行評比，並將結果整理成以下表格。各項指標使用數據為 2012 至 2021 年資料。

指標 1》穩定獲利能力

兩家煤炭公司的獲利能力容易受煤炭價格周期變化影響，不過長期賺錢的能力還是不容忽視。

2012 至 2021 年 EPS（人民幣：元）

公司名稱	2021	2020	2019	2018	2017	2016	2015	2014	2013	2012
中國神華	2.53	1.97	2.17	2.21	2.26	1.14	0.81	1.88	2.30	2.44
兗礦能源	3.34	1.46	2.02	1.61	1.38	0.44	0.17	0.44	0.26	1.09

資料來源：雪球網站

指標 2》長期分紅能力

從過去的紀錄來看，這兩家公司都具備長期配息的能力，不過波動幅度比較大，易受景氣循環影響。

2012 至 2021 年每 10 股分紅（人民幣：元）

公司名稱	2021	2020	2019	2018	2017	2016	2015	2014	2013	2012
中國神華	25.4	18.1	12.6	8.8	34.2[3]	4.6	3.2	7.4	9.1	9.6
兗礦能源	20.0	10.0	15.8[4]	5.4	4.8	1.2	0.1	0.2	0.2	3.6

資料來源：雪球網站

指標 3》大方分紅政策

雖然在這 5 年間沒有達成年年配息率都高於 50%的門檻，但是整體來看，兩家公司的配息紀錄都非常大方。特別是中國神華配息率高達 88%，若扣除 2017 年特別股息後，依然高達 66.42%。

2017 至 2021 年分紅率

公司名稱	分紅率皆高 50%	平均分紅率
中國神華	X	88.95%
兗礦能源	X	57.08%

資料來源：雪球網站

指標 4》穩定成長的營收趨勢

中國神華主要業務包含煤炭、電力的生產和銷售。而兗礦能源則是以煤炭的產銷和煤化工為主，並輔以少部分電力生產和銷售，雖然 2021 年營收看似減少了 29.3%，但淨利受惠於煤炭價格增加 128.3%。總而言之，煤炭股的業績會受到煤炭市場供需變化影響，營收會呈現一定程度的波動而非穩定成長。

2017 至 2021 年營收（人民幣：億元）與成長率

公司名稱	2021	2020	2019	2018	2017	5 年營收成長率
中國神華	3352.16	2332.63	2418.71	2641.01	2487.46	34.76%
兗礦能源	1519.91	2149.92	2146.88	1630.08	1512.28	0.50%

資料來源：雪球網站

指標 4》滬深港通資格

這兩家煤炭股都符合滬深港通的交易資格，並都在香港上市，可以查詢到正體字的財務和年度報告。

滬深港通資格 /A+H

公司名稱	滬深港通資格	A+H
中國神華	O	O
兗礦能源	O	O

資料來源：雪球網站

指標 6》良好的 ESG 評級

在 ESG 方面，兩家公司的表現都非常優異，中國神華更是拿下 AAA 的評比。為了符合「雙碳」行動方案，近年這兩家公司都大力推動綠色能源，如風電產業，或許未來有發展潛力。

ESG 評級

公司名稱	ESG 評級
中國神華	AAA
兗礦能源	AA

資料來源：中證指數網

這兩家煤炭股都是超級賺錢機器，能長期穩定為股東帶來可觀的分紅，筆者傾向選擇業務較為全面的中國神華。在中國進一步完成新能源轉型前，火力依舊會是發電的主力，特別是近年面對極端氣候，煤炭的供電角色依舊重要。例如 2022 年夏天，中國就曾因為各地高溫導致用電量大增，加上碰到枯水乾旱，導致以水力發電的發電量不如預期，供電的缺口轉由靠煤炭發電的火力發電來補上。

筆者把自己陸股存股觀察名單整理成下表，並依照股權登記日當天的收盤價，計算出個股於 2018 至 2022 年這 5 年每年的殖利率。由於中國石油和中國石化採年中與年末配息，股價依照年度第一次分紅股權登記日當天的收盤價計算。

筆者的陸股存股名單

公司名稱	股票代號	行業	2022 年殖利率（%）	2021 年殖利率（%）	2020 年殖利率（%）	2019 年殖利率（%）	2018 年殖利率（%）
招商銀行	600036	銀行	4.17	2.48	3.00	2.61	3.15
寧滬高速	600377	公路	5.81	4.83	4.51	4.20	4.69
長江電力	600900	電力	3.26	3.45	3.55	3.75	3.85
中國石油	601857	石油	5.56	4.07	3.61	2.39	2.01
中國神華	601088	煤炭	[illegible]	[illegible]	[illegible]	[illegible]	[illegible]
易方達滬深300ETF	510310	寬基指數	無	無	無	無	無

資料來源：雪球網站

建立好陸股的核心與衛星存股名單後，接下來要持續關注公司經營是否出現重大變化，導致黃金三角崩塌，例如官股公司民營化、原有的壟斷保護政策消失，以及公司開始盲目投資其他項目等。此外還要每年定期追蹤公司的表現是否符合 6 大指標的門檻，如果某年度公司因為一次突發事件，導致表現不符合指標，只要這次事件不造成毀滅性打擊，通常都不需要太過擔心。但如果連續 2 年出現衰退，那便要對這家公司重新評估，看看好學生是不是變成壞學生了。接下來，筆者將進一步分享如何打造一套「存股の迴轉壽司」投資系統，在不斷累積股數的同時，還可以降低成本，並提升殖利率與報酬率。

---

1 系統重要性銀行指體量非常大、業務複雜且廣泛的銀行，一旦經營陷入困難甚至破產時，可能會對一個國家甚至其他國家的金融系統穩定性和經濟產生重大負面影響。

2 雙碳計畫為中國官方 2020 年宣布的兩項節能減碳目標，分別是在 2030 年前實現碳達峰、2060 年前實現碳中和，故稱雙碳行動。

3 中國神華於 2017 年決議派發特別股息每股人民幣 2.51 元。該年度配息則為每股人民幣 0.912 元。

4 兗礦能源 2019 年共分紅兩次，分別是中報每 10 股派人民幣 10 元，以及年報每 10 股派人民幣 5.8 元。

第 7 章 只能炒短？買進持有策略也行得通

本章將介紹筆者獨創的「存股の迴轉壽司」投資系統，並且詳細介紹筆者在存陸股的時候，是如何使用不同的定期定額投資策略（中國簡稱定投），分別針對定存股、指數型 ETF 以及能源股進行投資。

存股の迴轉壽司

筆者對壽司料理毫無抵抗力，不過比起傳統看菜單點餐的壽司料理店，筆者更喜歡吃迴轉壽司。因為筆者非常享受那種被各式美食圍繞著的感覺，光是看著運輸帶上各種可口美味的壽司和生魚片從面前不斷經過，就感到心滿意足。此外，吃迴轉壽司還有一項樂趣，那就是當看到自己想吃的料理，只需要伸出手就能拿到，方便又有效率。

還記得在幾年前，有一次和友人約在上海某知名的迴轉壽司店用餐，那天晚上大家正好聊到投資理財，話題圍繞在如何搭建一套存股系統。看著一圈又一圈的壽司料理從面前轉過，突然有個不成熟的想法從腦海中閃過，迴轉壽司和股票投資這兩個看似無關的事，似乎有許多相似之處，或許可以參考迴轉壽司的設計理念，打造一套存股系統。

靈感源自於迴轉壽司

迴轉壽司和存股究竟有什麼關係呢？首先，迴轉壽司店的料理輸送帶上會擺放著店家精心準備的各種美味壽司料理，而投資人的存股名單上則會放著精心挑選的好公司。海鮮市場上會充滿著各種新鮮海產，不過一家店能準備的料理畢竟有限，不可能把整個市場的料理都搬到壽司店，通常只會挑選壽司師傅拿手的料理，擺放到迴轉壽司的輸送帶上給饕客享用。股市裡一樣充斥上千檔股票，投資人不可能把每一檔股票都納入存股名單，所以只需要從股市中挑選出好公司，然後放到投資的輸送帶（存股名單）上即可。

確認輸送帶上都有什麼料理後，還需要設定這條輸送帶轉一圈的速度，這將決定每一道料理會隔多久經過面前一次。如果轉得太快，很可能會來不及拿取；轉得太慢又會影響節奏，將轉速調整適合自已才是最恰當的。

對存股來說，轉速就是買進股票的頻率，也就是說固定多長時間會循環投入一次。如果循環的速度太快，很快便會把子彈都用光；如果轉得太慢又會持有過多子彈，造成資金空轉的浪費。接下來，當迴轉壽司轉動起來之後，還要考慮自己的食量，不能因為一時貪吃就暴飲暴食，當然也不能吃太少。這就好比存股時每次投入的資金，需要根據自己的情況來設定每次投入金額，避免超出能力範圍。

最後當用餐結束要結帳的時候，迴轉壽司餐廳通常採取按盤計價的模式，將每一盤單價乘以客人吃的總盤數，就會得出消費金額。要特別留意的是，每個盤子價格會根據盤子顏色而有差異，舉例來說，假設黃色的盤子是新台幣 30 元，紅色的盤子 60 元，黑色的盤子 100 元，吃的時候必須仔細計算好每盤的價格，才不會不小心多吃了而超出預算。這就好比在存股的時候，每一次買進股票的價格都不太一樣，所以同樣要仔細評估，確認股票是否不小心被放到「價格高的盤子」上，才不會多花了冤枉錢。筆者將迴轉壽司的設計理念與存股投資進行一系列比較，並把結果整理成下表：

存股與迴轉壽司比較

迴轉壽司	存股
挑選輸送帶上的壽司料理	挑選存股名單上的股票
調整輸送帶迴轉的速度	決定每次買進的頻率
決定要吃多少盤壽司	設定投入多少金額
計算每盤壽司的價格	評估每次股票的價格

資料來源：作者整理

4 步驟建立「存股の迴轉壽司」

接下來就可以開始打造「存股の迴轉壽司」投資系統，筆者會依以下 4 個步驟，一步步建立屬於自己的存股系統。

打造「存股の迴轉壽司」4 步驟

步驟	內容	說明
1	挑選存股名單	使用「黃金三角」和「6 大指標」挑選存股名單
2	設定投入頻率	常見的頻率像是周、月、雙月、季度
3	設定投入金額	將可用資金分配到每次扣款，盡可能讓投入每檔股票的金額均衡
4	判斷投入標準	針對不同股票採用相對應的投資策略，判斷是否投入

資料來源：作者整理

首先要決定迴轉輸送帶上的料理有哪些，也就是存股的名單有哪些股票。第 6 章分享了筆者如何根據「黃金三角」從陸股的眾多行業中挑選出銀行、公路、電力、石油和煤炭共 5 大行業類股，並使用「6 大指標」進一步從這 5 種行業的上市公司，分別挑選出一檔最合適的存股標的。這些股票分別是招商銀行、寧滬高速、長江電力、中國石油，以及中國神華。加上從寬基指數中挑選出滬深 300 指數（滬深 300ETF 易方達），筆者把這 6 檔股票放到存股名單中。

第二步是依照自己可用於投資的資金安排投入的頻率，一般來說小資上班族薪水都是按月領取，所以建議投資頻率也是按月投入。規劃定投頻率時，請根據自身的資金情況做最適安排。如果條件允許的話，能月月定投是最理想的狀態；若資金有限，也可以改為每兩個月投入一次，千萬不要做超過能力範圍的事情。設定好頻率之後，就要設定每一檔股票扣款日期。為了多領一些分紅，筆者會根據每檔股票近幾年股權登記日，安排扣款日期，盡可能於除息月份買在股權登記日之前。舉例來說，長江電力過去5年（2018～2022年）的股權登記日分別如下：

長江電力歷年股權登記日

年分	股權登記日	除權除息日／配息日
2022	2022/07/20	2022/07/21
2021	2021/07/15	2021/07/16
2020	2020/07/16	2020/07/17
2019	2019/07/17	2019/07/18
2018	2018/06/21	2018/06/22

資料來源：雪球網站

觀察後會發現，只要在每月16日前買進長江電力，就能多領一次股息。筆者的3檔定存股以及滬深300ETF每月投入日期規劃如下表，若遇到非交易日，則順延至次一個交易日買進。

投入日期計劃表

股票名稱	每月定投日期
招商銀行	5日
寧滬高速	10日
長江電力	15日
滬深300ETF易方達	30日

資料來源：作者整理

看到這裡讀者內心肯定想問：「為什麼計畫表上沒有中國石油和中國神華呢？」主要是筆者認為能源股就好比迴轉壽司店的季節限定料理，只有在特殊的季節才適合品嘗。這種料理通常不會放在料理輸送帶上，需要客人額外下單點菜。能源股業績和股價較容易受到原物料價格周期變化影響，若不是合適的時機點，就不值得買進，就好比冬天的西瓜肯定不如夏天來得美味。以下是「存股の迴轉壽司」的系統示意圖。

定期定額存股の迴轉壽司

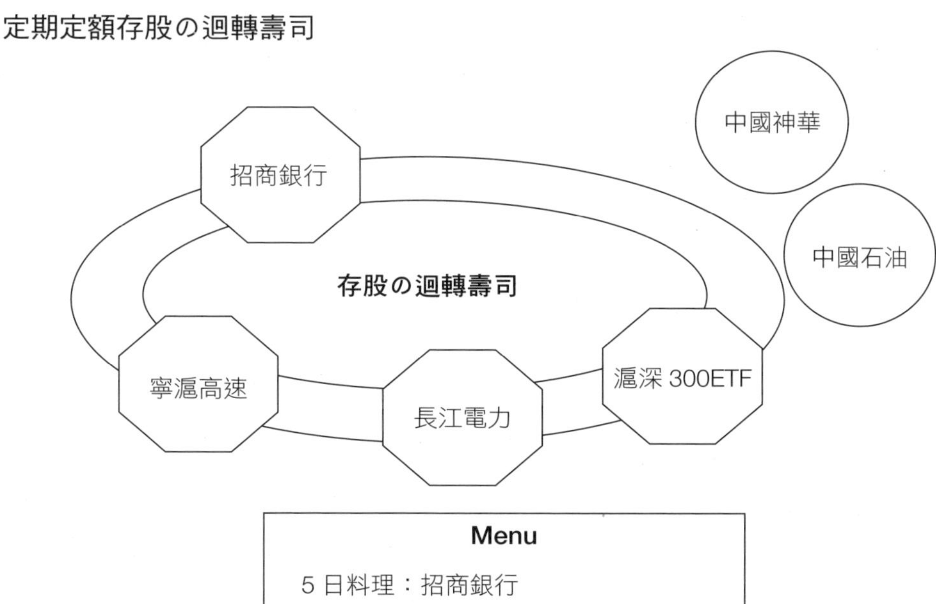

Menu
5 日料理：招商銀行
10 日料理：寧滬高速
15 日料理：長江電力
30 日料理：滬深 300ETF
季節限定料理：
中國石油 & 中國神華

資料來源：作者整理

確認買進日期後，第三步要設定每檔股票每次投入的資金，筆者習慣將可用於投資的資金分為 36 份，也就是在正常情況下足夠投入 3 年。假設總資金是人民幣 36 萬元，每月便可投入人民幣 1 萬元。由於陸股沒有零股交易，每次投入的最低單位是 100 股，所以不同股票的投入金額上很難做到每次一致。舉例來說，依照前面的假設，可用總資金是人民幣 36 萬元，分攤到 3 年，相當於每月可投入人民幣 1 萬元，接下來平均分配到 4 檔標的，每檔投入為人民幣 2,500 元。以第一檔投入的股票招商銀行來說，2022 年 1 月 5 日的收盤價為每股人民幣 49.05 元，人民幣 2,500 元還買不到 1 手，想定投的話，勢必要投入人民幣 4,900 多元，如此便會壓縮到其他股票的資金。這種情況下筆者建議把存股標的分為兩兩一組，並採雙月投入的策略，例如奇數月買招商銀行和寧滬高速，偶數月買長江電力和滬深 300ETF，如此一來每月每檔股票均能分配到約人民幣 5,000 元。

如果可用於投資的資金有限，那就減少每月定投的標的，先集中存某一檔股票，當累積的股數達到目標之後，再換下一檔股票來存。筆者不會因為好公司的股價比較高（高不代表貴），就轉而選擇同行業裡股價更便宜、或長期在人民幣 10 元以內的銅板股。銅板價的公司不代表不好，但如果覺得股價高就退而求其次，放棄了行業內最優的選擇，對投資人來說比較可惜。

最後一個步驟就是開始吃「存股の迴轉壽司」時，還要設定每次投入的標準，並根據每次的股價做出相對應判斷，才不會不小心買得不划算。接下來筆者將詳細介紹「定期定額」與「定期不定額」兩種常見的投資策略，以及如何使用這些方法投資陸股的指數型 ETF、定存股，以及能源股。透過這套獨創的「存股の迴轉壽司」系統，搭配適當的投資策略，可以幫助投資人在每一次交易中做出最好的判斷。

定期定額策略

還記得筆者剛開始買股票的年代，台股零股交易還不像現在那麼方便，筆者的投資策略就是在看好某檔股票後，在自認為股價相對便宜的時機點一次買進一張或以上的股票。如果後來這檔股票的股價上漲了，內心便會感到非常興奮，感覺自己就像是股神一樣。不過卻又會擔心輕易賣掉股票獲利了結的話，如果之後股價繼續上漲，豈不是錯失獲得更高收益的機會。

相反的，若這檔股票的股價下跌，通常筆者也沒有多餘的資金可用來加碼或攤平，因為筆者同時把資金分散投入到其他檔標的，最高紀錄筆者曾持有多達 20 檔以上的個股和 ETF。這種高度分散的策略，讓當時資金非常有限的筆者變得極為被動，通常在一次性買入某檔股票之後，就沒有調整倉位的機會。

使用這種策略投資，筆者幾乎不能犯下任何錯誤，一旦買在錯的時機點，很可能會被一檔股票套牢好幾年。雖然這種方式只要押對寶就能賺到不錯的報酬率，但筆者畢竟不是專業投資人，根本沒有足夠的精力和能力深度研究和追蹤股票，所以經常誤判買賣時機。在這個階段，筆者的投資績效大幅落後於同期大盤績效。

一直到後來接觸了定期定額概念之後，才驚覺原來天底下竟然還有這種省時省力又能提高勝率的好策略，於是便開始採用定期定額的投資策略並按紀律執行。接下來就介紹什麼是定期定額，以及這種投資方法有哪些優缺點。最後還會和讀者分享筆者的陸股定期定額計畫，以及在執行過程中該注意什麼。

何謂定期定額？

定期定額在中國稱作「定投」，是指投資人固定每隔一段時間，固定使用一筆金額，買進固定一檔股票或 ETF 的投資策略。前面這段話中出現 3 個「固定」，應該不難猜到這種投資策略的特性，就是需要投資人長期保持紀律。相較於其他投資方式，在定期定額的過程中，往往是枯燥乏味又無趣的，但正是因為操作簡單且容易執行，加上幾乎沒有技術含量，很適合剛踏入股市的新手投資者。

定期定額策略經常被用在股票、基金和 ETF，現在台灣許多券商都會提供自動扣款功能，進行定期定額的交易，讓這項策略操作起來更加方便。不過在中國通常除了基金可以設定自動定投，投資股票或

ETF，則需要投資人自行下單。筆者把定期定額和單筆投入的比較彙整如下表：

定期定額 vs. 單筆投入

項目	定期定額	單筆投入
適合對象	非專業投資人	專業投資人
所需時間精力	較低	較高
交易時機點的重要程度	較低	較高
交易方式	陸股除了基金可以自動交易，股票或 ETF 皆須手動交易	手動交易
投資目標	追求平均報酬	追求超額報酬
操作時間	長期	長／短期

資料來源：作者整理

定期定額的優缺點

雖然定期定額對投資人來說看似完美，不過並非百利無一害，仍然有其劣勢和限制。下表是筆者整理出的優缺點：

定期定額的優點

	優點	說明
1	投資門檻低	定期定額讓投資人可以量力而為，把資金分成好幾筆投入
2	省時省力	前期挑選投資標的時付出時間和精力，接下來就只要保持紀律即可。平時也不太需要看盤或操作，能把時間省下來做其他更有意義的事情
3	克服人性的弱點	當股價上漲時，投資人往往會被貪婪的情緒遮蔽；當股價下跌時，又會被恐懼的情緒淹沒。定期定額可以把非理性影響降到最低，讓操作自動化
4	降低風險	投資人不需要擔心如果一次 all-in 後血本無歸，透過分散買點達到分散風險
5	靈活彈性	當投資人臨時有資金需求時，只要暫緩定期定額投入即可，不需要擔心錢都已經投入股市，突然要用錢時要賣股換現

資料來源：作者整理

定期定額的缺點

	缺點	說明
1	無法獲取超額報酬	定期定額的終極目標就是盡可能取得市場的平均報酬，因此投資人幾乎不可能靠這種方式打敗大盤
2	選錯標的依舊會虧損	定期定額成功的關鍵在於是否選擇了長期會上漲的標的，如果選到長期向下的股票或 ETF，那麼即使再怎麼定期定額攤平，只會越虧越多
3	短期無法見效	定期定額的策略需要透過長時間取得貼近平均值的成本，若投資人急於在短期獲利，通常是看不到效果的
4	出場時機很關鍵	雖然透過定期定額可以取得平均成本，不用擔心會買在高點。不過當投資人決定要獲利了結的話，時機點又變得極為重要。因為如果選在股市低迷的階段出場，報酬率勢必會打折扣
5	需要忍受帳面虧損	由於定期定額策略需要比較長的投資周期，在過程中往往會經歷牛市與熊市。如果投資人沒辦法在股市下跌時忍受帳面虧損，並持續保持紀律，很可能會在最壞的時機認賠出場

資料來源：作者整理

另外台灣的投資人要特別留意的是，在使用定期定額這種策略時，陸股和台股存在一些區別。如前面所提，中國券商目前還未提供投資人股票或 ETF 的定期定額服務，投資人需要定期自行進行交易，因此在實務操作上比較費工。另外，因為券商沒有這項額外服務，所以定期定額的手續費也不像台灣券商會有折扣。一般來說，中國券商給散戶每次交易最低的手續費是人民幣 5 元，假設手續費率是萬分之三的話，單筆交易金額需要達到約人民幣 16,670 元才會是這個費率，否則實際的手續費率會更高。舉例來說，若定期定額每筆金額是人民幣 5,000 元，那麼實際上每次交易的手續費率會高達千分之一。下表筆者整理了陸股與台股的定期定額投資有哪些區別：

陸股與台股定期定額區別

市場	是否能零股交易	券商是否提供自動交易服務	手續費是否有優惠
陸股	否	否，除非買基金	與平時交易無區別，通常最低是人民幣 5 元
台股	是	是	通常會有優惠，甚至有些券商給出最低新台幣 1 元

資料來源：作者整理

如果單純想採用定期定額策略投資陸股的指數型基金（ETF），投資人除了手動透過券商 APP 下單，還可以透過銀行銷售管道（通常是 APP），購買與 ETF 聯結的基金標的。各家銀行基本上都會提供基金的「定投」服務，只要根據以下 3 個步驟操作，就能夠輕鬆建立「定投」的計畫。

步驟 1：打開銀行 APP，找到「基金」的功能區塊。

步驟 2：輸入要查詢的 ETF 名稱，並進入該 ETF 的頁面。

步驟 3：點選「定投」按鍵，設定固定扣款的頻率和金額。

要注意每家銀行的起投金額不同，通常在人民幣 100 元至 300 元之間，且必須是 100 的倍數。舉例來說，浦發銀行是 300 元起投，工商銀行則是 100 元起投。至於交易的頻率，至少都會提供按日、按周或按月的頻率讓投資人選擇，有些銀行則是額外提供每兩月和每季的選項。

以下使用浦發銀行 APP，並選擇易方達滬深 300ETF 聯結的基金為範例。

浦發銀行 APP 基金功能頁面

資料來源：浦發銀行 APP

浦發銀行 APP 基金搜尋頁面

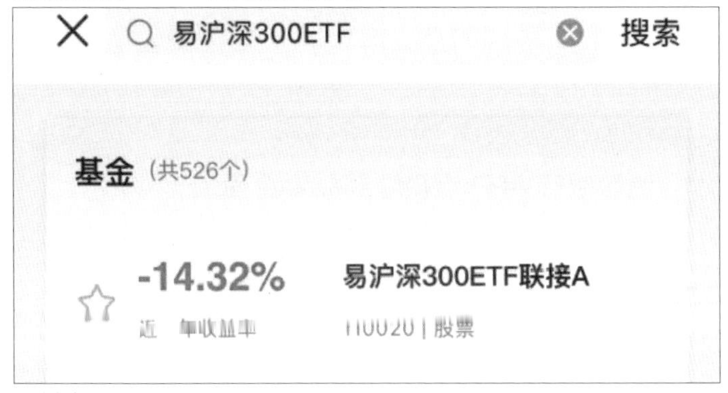

資料來源：浦發銀行 APP

浦發銀行 APP 易方達滬深 300ETF 聯接 A 頁面

資料來源： 浦發銀行 APP

浦發銀行 APP 定投時間設定頁面

每日
每周
每月 1号
每两月 2号
每季 3号
4号

資料來源：浦發銀行 APP

定投適合買什麼？

一般來說，定期定額策略非常適合用來投資長期向上的指數型ETF，因為只要時間拉的足夠長，這種策略能讓投資人不斷降低成本，從而稀釋風險，哪怕市場長期處於起伏的狀態，依然可以穿越熊市實現獲利。 除了採用定期定額投資指數型ETF，台股還有許多投資人會用相同的策略，來買那些長期配息穩定的個股。這些投資人認為只要公司能持續穩定地賺錢和配息，買股時就不需要顧慮股票的估值[1]是高還是低，因為透過定期定額的方式，就能取得接近個股的平均成本，投入的時間拉得夠長，就有很高的機率不會賠錢。

或許在相對成熟的股票市場，如美股和台股，投資人可以使用定期定額的方式來存個股，但若是選擇投資陸股個股，就不適合使用定期定額買進長期存股。因為從過去的行情走勢來看，陸股長期有波動起伏較大的特徵，而且個股也比較容易受市場炒作，而在短時間內出現暴起暴落的情況。如果投資人單純使用定期定額的策略，不論股價高或低都無腦買進的話，很可能會在股價暴漲時買在極高點，而在大跌時錯失可以加快累積股數與降低成本的機會。若無腦長期定期定額，最後有可能會落得「賺了股息，賠了價差」的窘境。

打造「存股の迴轉壽司」時，陸股的指數型ETF，就非常適合使用這種無腦的「定期定額策略」。所謂「無腦」並不是從頭到尾都不動腦思考，而是指一旦確定標的、策略和目標之後，在紀律執行的過程中就不太需要耗費精力和腦力。為了讓讀者更了解定期定額滬深300指數的長期績效，筆者簡單回測了滬深300指數成立以來的報酬率。

該指數成立於2004年12月31日，基點為1000點。根據2021年12月31日收盤資料，滬深300指數為4940.37。換言之，這17年滬深300指數成長了3.94倍，年化報酬率約為9.85％。而滬深300ETF

易方達這檔 ETF，成立於 2013 年 3 月初，截至 2021 年底，累積報酬率約為 129%，年化報酬率 10.91%。台灣投資人比較熟悉的台股寬基指數 ETF 元大台灣 50ETF（0050），自 2003 年 6 月成立至 2021 年底，這 18.5 年該 ETF 配息再投入的總報酬率約 587%，換算年化報酬率為 11%左右，並沒有贏滬深 300 多少。

雖然過去績效不能保證未來的收益，但只要中國經濟持續長期向上成長，那麼具代表性的滬深 300 指數，未來要保持 10%的年化報酬率，或者更高，都不是不可能的事情。下圖是滬深 300 指數 2009 至 2022 年的走勢圖，會清楚看到雖然波動較大，但長期趨勢是向上走的。

滬深 300 指數走勢圖

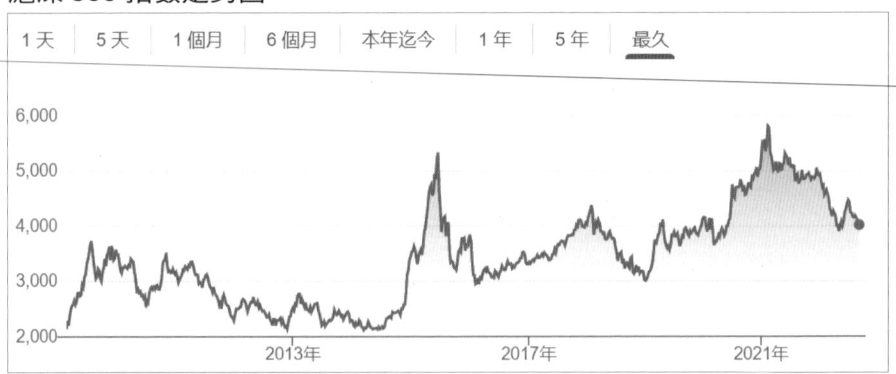

資料來源：Google Finance

總結來說，投資中國股市時，只有選擇長期向上的寬基指數做為定期定額標的，才有底氣不考慮股價高低持續買進。若是投資個股，筆者還是會選擇保留一些「安全邊際」[2]，以降低風險並提升長期報酬率。接下來介紹筆者如何使用定期定額的雙胞胎兄弟「定期不定額」投資陸股個股，以及針對不同類型股票使用相對應的投資策略。

定期不定額策略

如果仔細觀察便會發現，一般情況下，迴轉壽司店裡高級又精緻的食材，往往都會被放在最貴的盤子上，而比較便宜的食材，則會被放到便宜的盤子上。但股市中的股民可不像迴轉壽司店老闆一樣理性，很可能會因為一時的情緒悲觀，而把昂貴食材放到價格較低的盤子上；又或是因為一時情緒樂觀，而把便宜食材放到價格較高的盤子上。使用定投策略存股的投資人若沒有一套判斷準則，可能會花不少冤枉錢。如果能趁股票便宜時多買一點，昂貴時少買一點，甚至賣出一些，那麼長期報酬率才有機會提升。這種固定買入時間，但投入金額不固定的投資策略，就叫做定期不定額。

何謂定期不定額？

定期定額指的是在固定的時間，投入固定的金額去買一檔股票或 ETF，可以理解為被動的操作策略，畢竟投資人設定好計畫後，只需要無腦買進即可，不需要加入任何判斷。使用定期定額投資，每個月投入的金額是固定的，所以每一次能買到的股（單位）數，會受到股價波動的影響。當股票價格高，同樣金額買到的單位數比較少，價格便宜時買到的單位數就比較多。但對以長期存股為目標的投資人來說，能用越少的成本累積越多的股數，才能領到更多股利，以便取得更好的報酬率。

於是定期不定額策略的優勢就浮現出來了，投資人一樣需要在固定的時間投入，並且保持長期紀律地執行；不同的地方是，投資人還會根據特定條件和情況，調整原訂的投入金額，因此定期不定額可以理解為一種主動的操作策略。投資人可以根據股價調整投入的部位，在股價相對低時，多買一些股數；在股價相對高時少買、甚至不買，保留更多的安全邊際。

乍聽之下，定期不定額似乎是比定期定額更好的策略，但筆者提醒讀者，使用這種策略並不能保證報酬率一定會比定期定額好。首先，這種涉及主動判斷的策略，不一定適合每個投資人，如果內心不夠堅定，可能會在股價大幅下跌時感到害怕，反而因為主動判斷，而錯失投入機會。不過對於不喜歡買貴的投資人來說，這種「低買高不買」的邏輯，或許會更符合自己的認知，不需要因為採取定期定額的策略，在股價偏高時也必須買進，而感到不安。

依照操作思維的不同，定期不定額策略又可細分為以下兩種：逆勢策略（左側交易）和順勢策略（右側交易）。

定期不定額的兩種類型

策略	什麼時候買？	什麼時候賣？	優點	缺點
逆勢策略	當股價開始下跌時逆勢加碼	當股價開始上漲時逆勢減碼	1. 容易買在相對低點（抄底），未來獲利空間大 2. 存股族能加快股數累積，降低成本	1. 向下加碼的過程中會被套牢，心理壓力過大恐砍在低谷 2. 若選錯股票，股價很有可能漲回不來
順勢策略	當股價開始上漲時順勢加碼	當股價開始下跌時順勢減碼	1. 若設好停損點，風險整體可控 2. 向上加碼的過程中比較容易安心	1. 判斷錯誤恐追高殺低 2. 違反人性想撿便宜和賣在高點的心理

資料來源：作者整理

這兩種投資方式並沒有優劣之分，投資人只須找到與習慣相符的方式操作即可，如果不確定哪一種適合自己，可以透過模擬操作先實驗一段時間，等確定哪種方式更合適自己之後，再開始實踐也不遲。對於筆者來說，一檔股票只要通過「黃金三角」和「6 大指標」的篩選，便能安心地長期持有。因此當股價越跌越深，不會過於焦慮擔心，反而有底氣越買越多。這種股價越跌越買的策略還有一項好處，那就是能給投資人留下較大的安全邊際，若未來股價表現不如預期時比較不會感到焦慮，畢竟持有成本足夠低。

至於要如何客觀評斷一檔股票的價格什麼時候算便宜，什麼時候又算昂貴呢？對於普通投資人來說，最簡單又方便計算的方法就是使用本益比。

P/E 分位值定投法

本益比的計算公式為股價／每股盈餘，意思是當投資人用這個價格買進後，預期多久可以回本，一般被投資人用來評一檔股票的估值高低。對於想長期存股的投資人來說，能否持續降低成本並累積股數，是決定投資績效的關鍵，當然會希望買在估值較低的時候，並且避免在股價被嚴重高估時買進。針對筆者挑選的 3 檔定存股，筆者查詢了過去 5 年（2017 ～ 2021 年）的平均本益比、最低本益比，以及最高本益比各是多少，並將結果彙整如下表：

招商銀行近 5 年本益比

	2017 年	2018 年	2019 年	2020 年	2021 年
平均	6.67	5.92	5.87	5.21	4.93
最高	7.21	7.38	6.50	6.06	5.90
最低	5.89	5.02	5.12	4.73	4.43

資料來源：億牛網

寧滬高速近 5 年本益比

	2017 年	2018 年	2019 年	2020 年	2021 年
平均	14.60	12.10	11.91	15.89	14.27
最高	[illegible]	10.00	[illegible]	20.10	[illegible]
最低	12.60	10.35	11.02	10.94	9.06

資料來源：億牛網

長江電力近 5 年本益比

公司名稱	2017 年	2018 年	2019 年	2020 年	2021 年
平均	15.68	15.75	16.95	18.82	18.00
最高	17.01	17.39	18.92	22.45	20.53
最低	14.23	13.95	14.95	15.98	15.51

資料來源：億牛網

從數據可以發現，招商銀行的本益比有逐年下降趨勢，表示投資人不願意出更高的價格買股票；而長江電力的本益比則是有逐年成長趨勢，表示投資人願意用更高的價格來買股票；至於寧滬高速則是保持平穩。

雖然平均本益比是非常直觀的數據，不過若想有效評估股價的位階，比起看本益比的平均值，筆者更喜歡參考本益比的分位值，主要是考慮到如果一檔股票在某幾年的每股盈餘突然大幅度成長或衰退，那麼本益比也很容易會突然飆高或大幅降低，如果取平均值，整體數據容易被極端值影響，而出現失真的情況。採用本益比的分位值，可以更清楚判斷某價格本益比位於歷史中的位階。

分位值就是將過去一段時間內的本益比數值從小到大排序，然後根據當前的本益比判斷，在過去一段時間的本益比中處在什麼位置。舉例來說，若當前本益比處在過去某一段時間 25 分位值，那麼表示本益比只高於過去這段時間裡 25%的時間；若是處在 75 分位值，則表示比過去這段時間裡 75%的時間還要高。簡單來說，本益比分位值越低，表示估值越低。

為了有效估算定投時股價的高低，筆者設計了一套針對陸股存股的「P/E 分位值定投法」，每次定投時，只要使用當前的本益比與歷史本益比分位值進行對照，並根據結果決定這次該投入多少資金即可。

P/E 分位值定投法（X= 當前本益比分位值）

標準	動作
X≤30 分位值	買入兩份
30 分位值 < X < 50 分位值	買入一份
X≥ 50 分位值	不投入

資料來源：作者整理

如果在某次定投的時機點，股票的本益比介於 50 分位值與 30 分位值，筆者會選擇投入 1 份資金。當本益比小於等於 30 分位值，那麼表示估值已經來到歷史的相對低檔，此時筆者選擇加倍投入，也就是投入 2 份資金。本益比如果大於等於 50 分位值，那麼表示股票的估值已經偏高，筆者會放棄本次投入。

舉例來說，假設原先的定投計畫是在每月 15 日買入 1 手的長江電力股票，那麼在 2022 年 6 月 15 日時，長江電力當日的收盤價為每股人民幣 23.67 元。根據當時已公布的 2021 年財報顯示，每股盈餘為 1.16 元，可計算出以當天的收盤價買入的話，本益比約為 20 倍。長江電力過去本益比的 30 分位值約 15.7 倍，而 50 分位值則約 18 倍。透過以上數據判斷，很容易就能得知 20 倍的本益比，在本益比歷史分位值中偏高，如果當下買入公司的股票，價格有過高的疑慮，安全邊際不足。

以長江電力為例（人民幣：元）

日期	當日股價	2021 年 EPS	本益比	本益比 50 分位值	本益比 30 分位值
2022/6/15	23.67	1.16	約 20 倍	約 18 倍	約 15.7 倍

資料來源：雪球網站

為了更清楚比較兩種定投策略之間的績效差異，筆者分別使用「定期定額法」和「P/E 分位值定投法」兩種策略，回測 3 檔定存股從 2012 ～ 2021 年定投的含息報酬率。期間假設計畫每次投入的數量為

1 手（100 股），在不考慮交易費用的情況下，回測定投績效如下表所示。為了方便對照績效，筆者把滬深 300 指數同期的表現也放到了表上。提醒讀者，過去的績效並不能保證未來的獲利。

定存股 10 年績效回測

股票名稱	定投時間	投資策略	含息總報酬率（%）	含息年化報酬率（%）
招商銀行	每月 5 日	定期定額	119.78	8.19
招商銀行	每月 5 日	P/E 分位值定投法	206.35	11.85
寧滬高速	每月 10 日	定期定額	31.82	2.80
寧滬高速	每月 10 日	P/E 分位值定投法	37.48	3.23
長江電力	每月 15 日	定期定額	94.60	6.68
長江電力	每月 15 日	P/E 分位值定投法	168.42	10.38
滬深 300 指數			115.68	7.99

資料來源：作者整理

從結果來看會發現除了寧滬高速，長江電力和招商銀行只要使用「P/E 分位值定投法」來操作，長期都能跑贏大盤，而且使用「P/E 分位值定投法」存股的長期績效，確實會優於單純使用定期定額。

為什麼這個策略對寧滬高速不管用呢？只要仔細看過去的本益比分位值走勢圖就會發現，平均值和中位數存在較大落差。寧滬高速在 2001 ～ 2008 年，本益比長期都在 20 倍以上，甚至動不動就超過 30 倍。而 2008 年之後，本益比長期都保持在 20 倍以下，甚至 10 倍左右。如果使用「P/E 分位值定投法」投資像寧滬高速這種估值前後落差很大的公司，很可能本益比在某一段時間中處在相對高檔，卻因為過往的本益比更高，導致長期分位值被拉低，造成投資人判斷分位值時出現偏誤。

針對寧滬高速這種類型的股票，下一節將分享另一種更適合的指標，判斷股價是否適合投資。

寧滬高速歷史本益比分位值

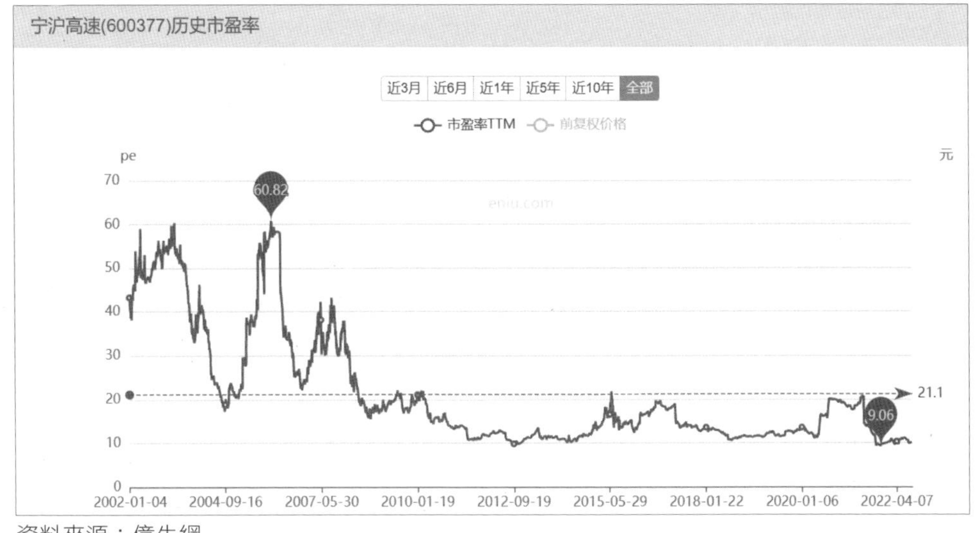

資料來源：億牛網

長期投資定存股不會輕易賣出股票，目標是要不斷累積股數，然後領股息以及享受股價成長帶來的資產價格上漲。通常只有以下兩種情況筆者才會賣掉股票，首先是當公司從好學生變成壞學生的時候，也就是不再符合「黃金三角」或「6 大指標」。第二種情況則是，當筆者發現更優異的投資標的時，才會進行換股，但未必會全部出清。假如真的需要賣股換現金，會挑選本益比落在 70 分位值以上時，這種時候股價往往已經被市場過度炒作到昂貴價。

5%殖利率定投法

公路股在殖利率不高的陸股中，屬於高股息的股票，以長期穩定且高分紅的特性著稱，是許多中國收息股愛好者的首選。公路股之所以能成為高股息股票，主要的原因有以下幾點：首先公路的收入都能保持穩定成長，不太容易受到景氣波動而出現太大影響。其次是公路股在不投資或擴建新高速公路的情況下，每年的成本會保持固定。公司只需要支付維護道路和相關人工費用而已，剩下就是財務報表上的折舊費用，因此利潤會比較穩定。

加上公路股往往配息大方穩定，不少投資人會把這類型的股票視為類似債券的投資商品。筆者會選擇投資高股息的定存股，目的就是希望拿到比銀行定存更高的利率，否則把錢存銀行就好了。對股票來說利率就是殖利率，中國又稱股息率，計算方式為每股股息除以每股股價後乘以 100%。舉例來說，寧滬高速 2022 年 6 月 30 日的收盤價為人民幣 8.57 元，當年度分紅為每股 0.46 元，由此可知殖利率為 5.36%。

每一位投資人對殖利率的要求都不一樣，理論上殖利率是越高越好，有些人認為 4%就可以接受，有些人則是希望更高。台股上市櫃公司 2021 年的現金股利共新台幣 2.35 兆元，台股現金殖利率高達 4.2%，勇奪全球股票市場冠軍。因此投資陸股的高股息股票時，殖利率當然至少要高過台股的平均，不然投資台股就好了。由於中國股市屬於非本土市場，所以至少要有 5%的殖利率，對筆者來說才有吸引力，只要定投的時候殖利率大於等於 5%，就可以投入一份，殖利率大於等於 6%時則投入兩份，以此類推。

寧滬高速的配息資訊通常會在年報中揭露，陸股規定上市公司最遲要在 4 月 30 日前發布前一年度的年報，所以每年 5 月就可以使用最新一年度的配息數據來評估殖利率，至於 1 月到 4 月的數據，只能藉由前一年度的配息數據計算。這種方式評估的準確度是否可靠？筆者認為要視股票的情況而定，對於營收與配息穩定的公路股來說，使用這種方法稱不上完美，但也不至於犯下重大錯誤。不過如果用這種策略來評估營收波動較大、容易受景氣影響的股票，很可能會被配息的數據給誤導，畢竟配息屬於過去的表現，並不能代表公司當下或未來的表現。

寧滬高速 2021 年配息公布

五、 董事会决议通过的本报告期利润分配预案或公积金转增股本预案

本报告期，本公司实现归属于母公司股东的净利润约为人民币4,178,794千元，每股盈利约0.8295元，本公司董事会以总股本5,037,747,500股为基数，提议向全体股东派发现金股息每股人民币0.46元（含税）。拟派股息预期于2022年8月5日前派付。

資料來源：上交所網站

筆者針對寧滬高速這檔股票，使用「5％殖利率定投法」回測 2012 ～ 2021 年間的績效。假設期間計畫每次投入的數量為 1 手（100 股），在不考慮交易費用的情況下，回測定投績效如下表，並使用定期定額操作，以及滬深 300 指數同期績效做為對照。

寧滬高速 10 年績效回測

股票名稱	定投時間	投資策略	含息總報酬率（％）	含息年化報酬率（％）
寧滬高速	每月 10 日	5%殖利率定投法	99.30	7.14
寧滬高速	每月 10 日	定期定額	31.82	2.80
滬深 300 指數			115.68	7.99

資料來源：作者整理

根據回測結果來看，寧滬高速的績效稍遜同期的滬深 300 指數，不過長期下來並沒有差到哪裡去。與滬深 300 指數掛鉤的 ETF 相比，投資寧滬高速還有一項優勢就是，每年基本上都會有配息可以領，為投資人創造穩定的現金流。至於高股息定存股什麼時候該賣掉呢？答案是和定存股一樣，當公司不再符合「黃金三角」或「6 大指標」的門檻，或是發現更合適的投資標的。還有一種情況筆者也會出清持股，那就是當公司的分紅變小氣，或是每股盈餘逐年衰退，導致殖利率越來越差時。

PB 分位值定投法

前面提過石油股或煤炭股這類型能源股，不能當作家常便飯，只能當作季節限定料理。原因是這類型的公司屬於景氣循環股，業績容易受到經濟變化或原物料價格影響。除了能源股，常見的景氣循環股還包含鋼鐵股、航運股、營建股與水泥股等。

解釋什麼是景氣循環股前，要先介紹什麼是景氣循環，意即經濟不可能永遠向上，總會有幾年會出現衰退，而這種變化這正受到經濟周期循環影響。經濟周期通常可以分為以下 4 階段：衰退、復甦、擴張、趨緩，然後再衰退，周而復始。每一次循環的時間長度往往也不固定，少則 5 ～ 7 年，長則 7 ～ 12 年都有可能，因此投資景氣循環股需要更多的耐心。

景氣循環股在景氣或原物料周期向上時，公司業績也會噴發，此時每股盈餘會呈現明顯的成長。例如原油價格較高的 2011 ～ 2014 年、2018 ～ 2019 年，中國石油的每股盈餘也跟著水漲船高；反之油價下跌的 2015 ～ 2017 年、2020 年，中國石油每股盈餘則明顯下滑。

原油價格與中國石油每股盈餘對照

	2020	2019	2018	2017	2016	2015	2014	2013
中國石油每股盈餘（人民幣元）	0.10	0.25	0.29	0.12	0.04	0.19	0.59	0.71
布蘭特原油均價（美元／桶）	41.96	64.28	71.34	54.71	45.13	53.03	98.97	108.56

資料來源：作者整理

投資景氣循環股對一般投資人來說並不容易，傳統的指標如本益比或殖利率都會失效。當股票的本益比越低，通常表示股價越便宜，但套用到景氣循環股，往往就不是這麼一回事了。先複習一下本益比的公式：股價／每股盈餘。如果每股盈餘大幅提升，股價沒有跟著提升，本益比很可能會變低。上述這種情況就經常會發生在景氣循環股身上，當景氣開始復甦，甚至擴張的時候，公司的業績也會明顯提升，此時本益比很可能會大幅降低。這種盈餘的成長並不能保持長期穩定，只能說是一種暫時性的高盈餘。這時候投資人被低本益比吸引進場後，下場就是被套在高點很長一段時間，直到下一次循環來臨，才有可能解套。如果使用「P/E 分位值定投法」投資景氣循環股，便會完全失效，讓投資人無法取得預期的投資結果。

如果使用「5%殖利率定投法」投資景氣循環股，結果很可能也會不如預期，因為殖利率公式中股息這項數據，本來就是落後的。一檔景氣循環股可能在某一年還有高配息，但別忘了配息是從前一年的利潤中提取的，若景氣已經出現變化導致利潤下降，從殖利率這項數據中，投資人無法及時察覺。此時投資人很可能被暫時的高殖利率蒙蔽雙眼，等發現公司獲利大幅衰退甚至虧損時，股價已經反映了一段時間，最終可能賺了股息卻賠了價差，被套牢很長一段時間。

那麼究竟該如何投資景氣循環股呢？筆者認為投資人必須對景氣或原物料周期變化有高度的把握，才有機會在景氣或原物料價格爆發之前就布局，然後靠著景氣上升後大賺一波。但要準確判斷景氣周期或原物料價格變化，並不是一件容易的事情，強如股神巴菲特都曾吃過虧，在 2008 年國際油價最高點時，大手筆買入康菲石油公司（ConocoPhillips），結果幾個月後金融危機爆發，導致國際油價暴跌，最終損失 26 億美元。

一般投資人並不具備預測景氣或原物料價格的能力，但中國的石油股和煤炭股可說是穩賺不賠、又沒有競爭的好生意，如果放棄這麼優質的股票，豈不是太可惜了。為什麼會這麼說呢？首先是對天然資源的壟斷，例如中國神華擁有神東礦區、準格爾礦區、勝利礦區及寶日希勒礦區等優質煤炭資源；中國石油則有長慶、大慶、塔里木等多處油田和天然氣採礦權。接著是規模優勢，如中國神華是中國最具規模的的煤炭公司之一，業務涵蓋煤炭、電力的生產和銷售，鐵路、港口和船舶運輸，煤製烯烴等，形成規模龐大的煤炭「生產－運輸（鐵路、港口、航運）－轉化（發電及煤化工）」一體營運模式；中國石油則是中國規模最大、全球最具規模的石油企業之一，擁有超過 2.2 萬座加油站以及多座大型煉油廠。最後是政府對於行業嚴格的審批政策，石油和煤炭行業的老大哥能夠長期保持領先地位，主要受惠於嚴格的審批政策保護，讓市場上幾乎不會有新公司加入競爭。

投資這些能源股可以從買入公司資產的角度來思考，畢竟公司的資產很大一部分是石油、天然氣、煤礦和相關開採與運輸的設備，以及煉製廠或加工廠。一家公司的資產由負債和股東權益所組成，假設公司今天宣布解散，將資產都換成現金之後，首先需要償還各種負債，剩下的股東權益才是股東能分配的部分。股東權益又稱作淨值，是指資產中股東實際擁有的部分。公司股價相對淨值的比率就叫做股價淨值比，中國又叫做本淨比，計算公式為每股股價除以每股淨值。

舉例來說，根據中國石油發布的 2022 年中報顯示，公司每股淨值為人民幣 7.29 元，2022 年 8 月 30 日的收盤價為每股人民幣 5.47 元，可以算出中國石油在該日的股價淨值比約為 0.75。換句話說，股價是公司淨值的 0.75 倍，也就是投資人只要用 0.75 元就能買到 1 元的淨值。一般來說投資人會使用數值 1 做為參考指標，當股價淨值比小於 1，表示投資人可以用低於公司價值的錢買進股票，通常表示撿到便宜。當股價淨值比大於 1，代表著投資人必須用高於公司價值的錢買進股票。

投資人不應單純把 1 這個數字做為評估股價貴還是便宜的絕對參考依據，而是要根據公司過往的股價淨值比判斷高低，此時就需要使用股價淨值比分位值。與本益比分位值的意涵相似，股價淨值比分位值能幫助投資人判斷股價淨值比在過去一段時間內處在什麼位置。舉例來說，若當前的股價淨值高於過去某一段時間的 25 分位值，表示股價淨值比相較過去這段時間裡 25%的時間還要高；若是處在 75 分位值之上，則表示相較於過去這段時間裡 75%的時間還要高。簡單來說，股價淨值比分位值越低，表示股價越便宜。

投資能源股時筆者會採用「PB 分位值定投法」，股價淨值比小於等於 30 分位值時，採用期定額的方式分批買入，一直買到股價淨值比回升至 30 分位值以上才會停止。通常股價淨值比偏低，表示景氣循環來到趨緩甚至是衰退的階段，公司的獲利和股價也會跟著明顯下滑，表示買進該能源股的時機已經到來，筆者會把握這段時間品嘗美味的季節料理。

筆者會把股票納入定期定額的行列，並每月買入 1 份，日期會以股票近年股權登記日之前為主，盡可能多領一些股息。投資景氣循環股主要的目標是為了賺取價差，領股息只是輔助，所以當股價循環到相對高點時，便會分批出清持股。至於該如何判斷高點呢？ 筆者會以股價淨值比 50 分位值做為依據，當股價淨值比超過該分位值之後，賣出一半持股，若超過股價淨值比 70 分位值則賣出剩下一半，若未超過 70 分位值則繼續持有剩下一半持股。由於石油股和煤炭股都屬於長期穩定高分紅的股票，就算股價淨值比超過 70 分位值時不完全清倉，保留一些部位穩定收息，對於有現金流需求的投資人來說，也是不錯的選擇。

從烏龜量化的網站上，能查到中國石油與中國神華過去 10 年的股價淨值比分位值數據，筆者分別整理出 2012 年 10 月至 2022 年 9 月，兩家公司分位值低於 30 的區間段。

低股價淨值比區間

股票名稱	區間一	區間二	區間三
中國石油	2013 年 4 月至 2014 年 11 月	2016 年 1 月至 12 月中旬	2018 年 11 月中旬至 2022 年 9 月
中國神華	2013 年 3 月至 2014 年 7 月	2015 年 9 月至 2016 年 9 月	2019 年 11 月至 2020 年 11 月

資料來源：烏龜量化網站

接下來回測中國石油與中國神華這兩檔能源股，在這 3 個區間段使用「PB 分位值定投法」的含息報酬率。假設每次投入的數量為 1 手（100 股）為 1 份，投入日期為每月 5 日，不考慮交易費用的情況下，回測投資績效分別如下表所示。為了方便對照，筆者計算了同期滬深 300 指數的年化報酬率。

中國石油績效回測

定投區間	時間	賣出時間點	含息總報酬率（%）	含息年化報酬率（%）	滬深 300 年化報酬率（%）
區間一	2013/4 ～ 2014/11	2014/12&2015/1	43.16	19.65	17.60
區間二	2016/1 ～ 2016/12	2017/2&2018/2	20.69	9.86	10.05
區間三	2018/11 ～ 2022/9	無	8.05	1.95	6.16

資料來源：作者整理

區間一的投資績效明顯優於同期滬深 300 指數，但區間二的投資績效就略為遜色。整體來說兩者之間算是平分秋色。接下來就等區間三的績效出來之後，才能得知中國石油是否扳回一成。

中國神華績效回測

定投區間	時間	賣出時間點	含息總報酬率（%）	含息年化報酬率（%）	滬深 300 年化報酬率（%）
區間一	2013/3～2014/7	2014/12&2015/1	21.97	10.44	13.44
區間二	2015/9～2016/9	2016/11&2017/9	39.77	18.22	6.76
區間三	2019/11～2020/11	2021/9&2022/2	48.56	18.78	6.31

資料來源：作者整理

除了區間一的投資績效略遜於滬深 300 指數，區間二和區間三的投資績效都大幅領先滬深 300 指數。根據回測數據顯示，使用「PB 分位值定投法」投資中國神華，確實能取得打敗大盤的績效。

雖然石油股和煤炭股是陸股中非常優質的股票，但景氣循環股的投資風險會高於定存股和指數型 ETF，若想要投資這類型股票，不建議占投資組合的比例過高。其實投資滬深 300 指數 ETF，成份股本來就會包含這兩檔能源股和其他景氣循環股，如果不想承擔額外風險，不配置這類股票也無傷大雅。

最後複習一下本章所介紹的「存股の迴轉壽司」投資系統，分別有以下 4 個步驟： 挑選合適的標的、設定投入的頻率和金額，以及採用合適的投資策略。策略方面，筆者針對不同類型股票設計了 4 種存股定投策略，分別是定期定額、P/E 分位值定投法、5%殖利率定投法，以及 PB 分位值定投法。筆者將精華整理成以下表格。

四種定投策略

策略	適合標的	說明
定期定額	指數型 ETF	每月固定日期投入固定金額
P/E 分位值定投法	定存股	本益比介於 50 分位值與 30 分位值投入 1 份；本益比小於等於 30 分位值加倍投入；本益比大於等於 50 分位值則不投入
5%殖利率定投法	收息股	殖利率高於等於 5%時投入 1 份，高於等於 6%則投入 2 份，以此類推。殖利率小於 5%則不投入
PB 分位值定投法	能源股	股價淨值比小於等於 30 分位值，採用期定額的方式投入 1 份；高於 30 分位值時則不投入。當股價淨值比大於 50 分位值時賣出一半持股，若高於 70 分位值，再賣出剩餘的一半持股

資料來源：作者整理

建立好屬於 A 股的「存股の迴轉壽司」之後，接下來只需要保持紀律和耐心，不斷把雪球滾大即可。無論未來世界秩序如何變化，只要同時滾著美股與陸股的雪球，就不需要擔心大國博弈誰輸誰贏。畢竟雞蛋已經放到兩個不同的籃子裡了，哪個籃子會打翻、哪個籃子更牢固？似乎也沒那麼重要了。與其操心這些無能為力的問題，還不如多多陪伴家人，或是從事自己感興趣的事情，剩下的老天自有安排。

---

1 估值指估算某家公司的股票值多少錢，通常可分為相對估值和絕對估值兩種。

2 安全邊際（margin of safety）指當投資人在評估一檔股票的價值時，須同時考慮自己犯錯的風險。於是在買入股票時，投資人對於價格應該更謹慎保守，保留安全邊際預留犯錯空間，進而降低風險。

後記

投資是一場終生的旅行

筆者是一個很喜歡旅行的人，每當有機會離開自己待膩的生活環境，到全新的城市旅行時，總會有一種重獲新生的感覺。來到中國以後，由於工作的性質，有機會走遍大江南北，掐指一算，這些年已經到訪 50 多座大大小小的城市。一邊跑業務、一邊旅行，成為了日常，工作之餘還可以體驗不同的美食、文化，以及自然風光。

不過現在回想起差旅的過程，也不是處處都那麼完美。還記得有一回曾在東北遇過航班延遲，在機場苦等一天的飛機；曾在前往安徽的高鐵上，因為列車故障，而在車上多坐了好幾個鐘頭；又或是往徐州小縣城的路上，不小心搭上了嚴重超載的黑車，並在高速公路上瘋狂奔馳。除了克服舟車勞頓，各地的氣候差異也是一項不小的挑戰。每到一座城市，總要花上幾天去適應當地氣候。或許是因為從小在台灣長大，已經習慣了空氣中充滿濕潤的水氣，每次去北方或內陸城市，就免不了要遭受乾冷空氣的攻擊。幸好只要吃上一頓當地的美食，就能暫時忘卻旅途中的不愉快。

投資和旅行其實有異曲同工之妙，總會有開心與不開心的時候。當投資人買進人生的第一張股票，就正式踏上了股市之旅。但股市不可能只漲不跌，熊牛交替循環才是常態，就好比峰谷總是相連。當股市陷入低谷時，市場多半會陷入極度悲觀，如果沒有做好情緒管控，很容易被負面情緒給吞沒。此時，能否在股災來臨時找到撫慰心靈的良藥，就顯得至關重要。至於什麼才是良藥呢？對每個人來說或許不盡相同，有些人是透過閱讀；有些人則是透過與人交流；有些人則是踏上一趟旅行。總之，找到讓自己面對股市波動，依舊能保持情緒穩定的方法，將是長期投資過程中非常關鍵的課題。

筆者在寫這篇後記時，正逢美國公布 2022 年 8 月 CPI 數據，超乎預期的通貨膨脹讓美股三大指數創下近兩年單日最大跌幅。其實從 2022 年初至 9 月，不論是台灣加權指數、S&P500 指數或滬深 300 指數，都跌了超過 15%，不少投資人在熊市中提早從股市畢業。隨著俄烏戰爭、中國疫情封控與美國升息持續進行且交互影響，全球經濟已經開始出現明顯衰退的跡象。

不少財經專家甚至開始大肆唱衰中國的經濟，表示最壞時刻即將到來，距離房地產與金融體系崩潰不遠了。先不論這套「崩潰論」會不會成真，對於投資人來說，「危機」既是危險，也代表機遇，往往當市場越悲觀，機會越大。假如某人生於 1980 年代，並從美國網路泡沫後開始努力工作存錢，不斷累積投資本金，到 2008 年美國次貸危機爆發時，理論上應該已經存到至少一桶金。若在市場極度悲觀之際，逢低買進房地產或股票等優質資產，到了 14 年後的 2022 年，他應該不需要上班，就可以過上很富足的生活。

正如英國前首相邱吉爾說過的：「永遠不要浪費一場危機。」每一次經濟危機都是難得一見財富重新分配的機會。雖然網路泡沫和次貸危機發生時，筆者還在念書，沒有來得及參與，但凡事都有規律和周期。下一次危機來臨之前，筆者會保持耐心與紀律，透過本業努力積累投資本金，並執行本書分享的存股計畫。當寒冬到來，眾人陷入極度悲觀與恐懼之際，筆者會勇敢危機入市，以便宜價格買進優質資產。接著便會踏上一段嚮往已久的旅行，讓自己遠離市場的喧囂與負面情緒，然後靜待春暖花開。

台灣廣廈國際出版集團
Taiwan Mansion International Group

國家圖書館出版品預行編目（CIP）資料

我存A股而不是台股！如何在大陸市場長期獲利的技巧和祕訣 /
雪球滾滾 著，
-- 初版. -- 新北市：財經傳訊, 2022.10
面； 公分
ISBN 978-626-961-067-9（平裝）
1.CST：證券投資 2. CST：基金 3. CST：中國大陸

563.62 111012285

財經傳訊
TIME & MONEY

我存A股而不是台股！
如何在大陸市場長期獲利的技巧和祕訣

作 者／雪球滾滾
編輯中心／第五編輯室
編 輯 長／方宗廉
封面設計／張天薪
製版・印刷・裝訂／東豪・弼聖・秉成

行企研發中心總監／陳冠蒨
媒體公關組／陳柔彣
綜合業務組／何欣穎
線上學習中心總監／陳冠蒨
產品企劃組／黃雅鈴

發 行 人／江媛珍
法律顧問／第一國際法律事務所 余淑杏律師・北辰著作權事務所 蕭雄淋律師
出 版／台灣廣廈有聲圖書有限公司
地址：新北市235中和區中山路二段359巷7號2樓
電話：（886）2-2225-5777・傳真：（886）2-2225-8052

代理印務・全球總經銷／知遠文化事業有限公司
地址：新北市222深坑區北深路三段155巷25號5樓
電話：（886）2-2664-8800・傳真：（886）2-2664-8801
郵政劃撥／劃撥帳號：18836722
劃撥戶名：知遠文化事業有限公司（※單次購書金額未達500元，請另付60元郵資。）

■出版日期：2022年10月
ISBN：978-626-961-067-9